권능있고 신령한 군사되기 원하는 분들의 필독서

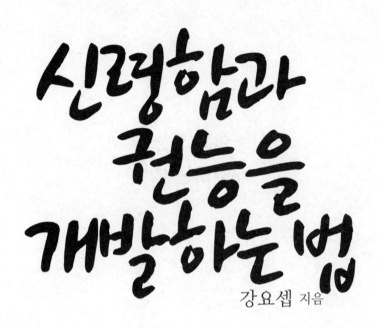

신령함과 권능을 개발하는 법

강요셉 지음

이 책을 읽으면 권능과 신령함이 배가 된다.

성도는 하나님이 주신 권세가 나타나야 한다.
권세를 사용할 수 있는 비결을 알아야 한다.

그리스도인은 권세있고 신령해야 하나님이 사용한다.

성령출판사

신령함과 권능을
개발하는 법

성령

들어가는 말

하나님은 축복의 하나님이십니다. 그러나 지금 많은 성도들이 영육의 문제로 고통을 당하고 계십니다. 제가 지난 십삼 년간 성령치유 사역을 하면서 체험한 바로는 우리 성도들이 영적인 면을 몰라서 불필요한 고통을 당한다는 것입니다. 정말 사역을 하면서 마음이 아픈 경험이 한 두 번이 아닙니다. 조금만 일찍 알았더라면 이런 지경까지 가지 않았을 것인데…. 하면서 안수를 하면서 치유를 합니다.

치유하면서 깨달은 것은 성도들이 영적인 비밀을 많이 알아야 한다는 것이었습니다. 이 책은 하나님의 축복을 받을 수 있도록 영적인 신비를 알리는 책입니다. 영적인 신비를 알려 권세 있는 성도가 되게 하기 위함입니다. 권세는 하나님과 관계가 열려야 나타납니다. 하나님과 관계가 열리려면 영적으로 변해야 합니다. 이 책은 영적으로 변하여 하나님과 친밀해질 수 있는 영적인 신비들이 제시되어 있습니다. 이 책을 통하여 많은 성도들이 하나님과의 관계가 열릴 것을 확신합니다. 성도가 하나님과 관계만 열리면 영육의 축복을 받습니다. 우리가 알고 깨닫고 보면 우리에게 무한한 권능이 있습니다. 우리의 권세를 알면 마귀는 아무

것도 아니라는 것을 느끼게 됩니다. 우리는 적을 알아야 합니다. 또 자신을 알아야 합니다. 그래서 이번에 제가 지난 세월동안 성령 사역을 하면서 궁금했던 것을 말씀도 묵상하고, 영적인 책도 읽고, 기도도 하여 풀어낸 영적인 신비를 독자들과 같이 나누려고 한 권의 책으로 완성했습니다. 제목은 "신령함과 권능을 개발하는 법"입니다. 책의 내용이 깊고 신령한 내용니다. 이 책은 읽을수록 은혜가 되고, 영적인 눈이 시원하게 열리는 진리입니다. 이 신비를 깨닫기 위하여 제가 많은 세월 잠을 자지 않으면서 기도하여 터득한 비밀들입니다. 이 책을 읽고 영적인 눈과 권능이 임하여 하나님의 군사들이 다되시기를 소원합니다. 만약에 이 책의 내용 중에 미비점이나 잘못 표현된 부분이 있으면 정죄하거나 비평하시지 마시고 저자에게 메일로 알려주시면 감사하겠습니다.

주후 2014년 02월 10일

충만한 교회 성전에서

저자 강요셉목사.

세부적인목차

1장 신령한 것에 관심을 갖게 하는 성령

(골 1:9)"이로써 우리도 듣던 날부터 너희를 위하여 기도하기를 그치지 아니하고 구하노니 너희로 하여금 모든 신령한 지혜와 총명에 하나님의 뜻을 아는 것으로 채우게 하시고"

하나님은 신령한 것을 사모하라고 말씀하십니다. 사모하라는 것은 신령한 것에 관심을 갖으라는 말입니다. 예수를 믿고 성령으로 세례를 받은 성도는 신령한 영의 사람입니다. 신령한 것을 사모할 때 헛된 세상의 것을 쉽게 버리고, 능력과 권능이 임하며, 하나님께서 원하시는 열매를 맺습니다. 당신은 얼마나 신령한 것을 사모하십니까? 영이신 하나님께서는 그의 자녀들이 신령한 것을 사모하기를 원하십니다. 빛에 속한 영의 세계, 곧 천국에 있는 신령한 것을 사모해야만 신속히 영의 마음을 이루어 좋은 천국에 들어갈 수 있기 때문입니다.

'신령한 것'이란 육과 반대되는 영적인 것을 말합니다. 우리는 3차원에 살고 있지만 우리가 알지 못하고 보이지 않는 4차원 이상의 세계가 있습니다. 이러한 영의 세계는 영원히 변치 않는 세계이며 하나님 주권 아래 움직입니다. 특히 빛에 속한 영의 세계, 천국의 모든 것은 신령합니다.

우리가 예수 그리스도를 영접해 성령을 선물로 받으면 죽었던 영이 살아나 신령한 사람이 됩니다. 하늘나라 생명책에 이름이 기록되고 천국 시민권을 받으니 당연히 영의 세계에 대해 알아야 합니다. 만일 교회에 다니기만 하고 신령한 것을 사모하지 않으면 입으로는 믿는다고 하지만, 하나님과 교통할 수 없습니다. 하나님은 영이시기 때문입니다. 영이신 하나님께 응답을 받거나 하나님 역사를 체험할 수도 없으니, 영의 세계를 이야기하면 의심하며 믿지 않게 됩니다. 성경에서 예수님이나 제자들이 핍박받은 이유가 바로 이러한 것입니다.

그러면 신령한 것을 사모하라는 말씀의 의미는 무엇일까요? 천국에 있는 모든 것은 영원히 썩지 않으며 빛도 바래지 않습니다. 또한 악이 전혀 없고 선만 가득하며 어둠이 전혀 없고 오직 빛만 있습니다. 슬픔, 아픔, 힘듦도 없으며 오직 기쁨과 행복, 평안만 있지요. 따라서 신령한 것을 사모하라는 것은 빛에 속한 영의 세계를 사모하라는 의미이며, 또한 자신의 마음이 천국처럼 되기를 사모하라는 의미입니다.

그렇다면 우리는 육의 세계에 살고 있는데 어떻게 영의 세계인 천국을 사모하며 신령한 것을 사모할 수 있을까요? 그것은 성령의 도움으로 가능합니다. 요한복음 14장 17절에 "저는 진리의 영이라 세상은 능히 저를 받지 못하나니 이는 저를 보지도 못하고 알지도 못함이라 그러나 너희는 저를 아나니 저는 너희와 함께 거하심이요 또 너희 속에 계시겠음이라"했습니다. 진리의 영인 성령이 우리 마음속에 있기 때문에 성령 충만한 사람은 신령한 것을 사모합니다.

고린도전서 12장에는 성령의 역사와 구체적인 예들이 나오는데 예수님을 구세주로 온전히 믿을 수 있도록 도와주고, 각 사람에게 신령한 은사를 줄 수 있습니다.

일반적으로 우리는 신령한 사람이라고 하면 무언가 남다른 부분이 있을 것이라고 생각합니다. 기도도 많이 하고 하나님과 가까운 사람이라고 여깁니다. 또한 신령한 사람이라고 하면 부정적으로 보기도 합니다. 일반적인 사람들과 잘 어울리지 않고 세속적인 것과는 멀리 하고, 다소 고립된 삶을 사는 사람이거나 영적인 일에만 치우쳐 현실적인 일에는 관심을 가지지 않는다고 생각합니다. 이것은 막연한 세속적인 판단에 의한 것이지 하나님의 말씀에 근거한 것이 아닙니다.

영적인 것에 관심을 가지는 이유가 어떻든 간에 우리가 반드시 알아야 할 성경적인 가르침은 우리 모두가 신령한 사람이 되어야 한다는 것입니다. 신령한 사람이 되는 것은 우리의 노력에 의해서 그 자격을 얻는 것이 아니라, 우리 안에 이미 주어져 있는 신령함에 눈을 뜨는 것을 말합니다. 우리는 그리스도로 말미암아 하나님의 영이신 성령을 받았습니다. 이 성령은 하나님의 깊은 곳까지 아시는 분입니다. 그러므로 우리는 하나님이 우리에게 은혜로 주신 것들을 성령으로 말미암아 알게 되는 것입니다.

신령한 자로 세워진 우리가 신령한 자로서의 자세를 가지지 못하고 여전히 육체에 속한 사람들처럼 행동하는 것은 신령한 자로 세우신 분의 뜻을 어기는 것입니다. 신령한 자로 세워진 가장 큰 특권이 고린도전서 2장 15절에 언급되어 있는데 즉 "신령한 사람은 모든 것을 판단하나, 자기는 아무에게도 판단 받지 않습니다." 라는 말씀입니다. 이 얼마나 가슴 설레는 말씀입니까? 저는 이 말씀을 대하면 그야말로 힘이 마구 솟는 것 같습니다.

여기서 사용된 '판단하다'라는 말의 헬라어는 '아나크리노'라는 단어인데 이 말이 의미하는 바는 '질문하다', '검사하다', '판단하다'. '평가하다', '법정에 서다', '소환되다' 라는 등의 내용입니다. 사용된 용어들을 보면 주로 법정에서 사용되는 그런 말들이 아닙니까? 그렇습니다. 재판과 연관되어 사용되었던 단어입니다. 바울이 신령한 사람을 설명할 때 이와 같은 단어를 채용한 까닭은 법관이 법관석에서 소송 당사자들을 판결할 때, 그들이 자신들의 생각을 가지고 판단하는 것이 아니라, 정해진 법률에 근거해서 법적 지식을 가지고 판결하는 모습과 같기 때문에 이런 표현을 사용했다고 봅니다.

신령한 사람은 하나님의 기준이 무엇인지를 깨달아 아는 사람입니다. 성령은 하나님의 모든 것을 살피고 심지어 경륜까지 살핀다(고전2:10절)고 말했습니다. 그리고 그런 성령을 우리가 소유하고 있기 때문에 필요하다면 그런 것까지 알 수 있기 때문에 신령한 사람의 판단은 법률에 근거해서 판결하는 법관들처럼 모든 것을 판결할 수 있는 자격이 있으며, 그 판결이 다른 어떤 사람들로부터 침해를 받지 않는다는 것입니다.

신령한 사람의 또·다른 특권은 "그리스도의 마음을 가지는 것"입니다. 우리가 그리스도의 마음을 가졌다는 사실 역시 굉장한 특권입니다. 바울은 "누가 주의 마음을 알았습니까? 누가 그분을 가르치겠습니까?"라고 반문합니다. 이 말이 의미하는 바는 우리의 특권이 이처럼 독특하고 아무나 얻을 수 있는 것이 아니라는 사실을 강조하기 위해서 이런 반문을 하는 것입니다. 신령한 사람이 이런 특권을 가지고 있고 이것은 곧 그리스도의 마음을 소유하는 그런 엄청난 특권이라는 사실입니다. 이런 특권을 가진 사람이 곧 신령한 사람이며, 이어서 이와 같지 않은 사람에 대해서 언급하고 있는데 그들은 육에 속한 사람이라는 것입니다.

　바울은 우리가 그리스도와 연합한 그 즉시 이미 우리는 이런 신령한 사람으로서의 특권이 주어졌음에도 불구하고 우리가 젖만 먹고 밥을 먹지 않아서 성장하지 못했기 때문에 그러하다는 것입니다. 젖은 부드러운 음식이며, 밥은 단단한 음식입니다. 음식은 말씀을 상징하는 것이며, 부드러운 젖은 말씀을 알기 쉽게 설명하는 설교나 강해를 의미하며, 단단한 음식인 밥은 성경의 기록된 말씀을 삶에 적용하여 체험함으로 깨달아 알게된 말씀입니다. 우리 가운데는 사람들이 쉽게 설명하는 설교나 강해만을 들으려고 하고 성경말씀을 읽으려 하지 않는 사람들이 많습니다.

　설교를 들으면 쉽고 재미도 있는데 성경을 읽으려면 힘들고 이해도 잘 되지 않기 때문에 그렇습니다. 바울은 육에 속한 사람의 특징을 어린아이로 비유하고 있고 그들이 먹는 것은 젖이지 밥이 아니라고 말합니다. 즉 부드럽고 쉬운 말씀만 먹을 수 있는 사람은 어린 아이이며 그리고 육에 속한 사람이라고 지적합니다. 이런 사람들은 신령한 사람이 누리는 그런 특권을 누릴 수 없다는 것입니다.

처음 그리스도인이 되면 불가불 젖을 먹어야 하는 시기가 있습니다. 그런데 그 시기를 지나 이제는 밥을 먹어야 할 만큼 성장했음에도 불구하고 여전히 젖만 먹는다면 그런 사람은 신령한 사람으로 설 수 없게 됩니다. 우리는 기본적으로 신령한 사람에 속합니다. 그런데 이런 사실을 인식하지 못하면 우리는 여전히 육에 속한 사람처럼 아무런 권리도 누리지 못하게 됩니다. 신령한 사람은 자신 속에 주어진 성령의 움직임과 역사하심을 알고 성령의 가르치시는 것을 아는 사람입니다.

그런데 여기에 문제가 있습니다. 성령의 가르치시는 것들을 자연적으로 알기란 말처럼 쉽지가 않습니다. 모든 사람들이 자연적으로 그런 사실을 알려면 많은 시간과 시행착오를 겪게 됩니다. 또한 영에는 성령만 있는 것이 아니라 마귀의 영이 있고 자신의 속사람의 영이 있습니다. 이렇게 복잡하기 때문에 이런 것들을 먼저 경험한 사람들로부터 배워야 실수도 적게 하고 무엇보다 빠르게 신령한 사람이 되어 하나님이 주신 특권을 누리는 삶을 살 수 있게 됩니다. 그리스도의 마음을 알고 하나님의 뜻을 알면 우리는 아무에게도 판단 받지 않게 됩니다. 실상 이런 상태가 하나님이 원하시는 바이며 우리가 바라는 최상의 소망이지요. 하나님의 뜻을 알고 그대로 행한다면 우리는 죄에서 떠난 삶을 살게 될 것입니다. 그러면 우리에게 약속된 축복이 임하여 건강한 삶을 살게 되는 것이지요.

신령한 사람은 딱딱하고 거친 음식을 먹는 사람입니다. 딱딱하고 거친 음식이 무엇을 의미하는지 우리는 잘 알고 있습니다. 말씀을 삶에 적용하여 체험함으로 믿어지는 것이 거친 음식입니다. 이 음식을 계속 먹어야 신령한 사람으로서 누리는 특권에 참여할 수 있는 것입니다. 우리가 신령한 사람으로 온전히 서기까지 이런 음식에 해당하는 영적 훈련을 거치고 가르침을 받아서 바로 서야 하는 과정을 거치게 되는 것입니다. 이 과정은 몸에는 고달프고 괴롭지만 우리의 영은 날로 강건해져서 성령의 가르치심을 제대로 소화해 낼 수 있게 될 것입니다.

성령은 우리에게 가르치시는 방법이 여러 가지입니다. 계시와 감동을 비롯해서 느낌과 떠오르는 생각, 꿈과 환상, 들리는 음성, 환경, 사람들의 가르침, 교훈과 말씀, 여건 등 수많은 다양한 방법들이 있습니다. 그런 다양한 것들 가운데 자신에게 맞는 몇 가지 주된 통로가 있습니다. 이 통로를 발견하고 집중적으로 개발함으로써 성령의 가르침을 받을 수 있게 되며, 이로써 신령한 사람으로 서게 되는 것입니다.

신령한 사람은 하나님의 뜻을 아는 사람이며, 그리스도의 마음을 소유한 사람입니다. 신령한 사람을 영매나 선승처럼 이해하는 것은 올바르지 못한 생각입니다. 능력을 행하고 병자를 고치고 예언을 한다고 신령한 사람이 아닙니다. 물론 신령한 사람은 그런 능력을 행합니다. 그러나 그렇다고 해서 모두가 신령한 사람은 아닙니다. 능력을 행하더라도 여전히 육신에 속한 사람이 있습니다. 신령한 사람은 주님으로부터 받은바 은혜의 의미를 제대로 알고 사람들을 섬기는 그리스도의 사랑으로 가득한 사람입니다. 하나님의 말씀이라면 그대로 믿고 순종하는 사람입니다. 당신은 신령한 사람입니다. 다만 이 사실을 절실하게 자각하고 그렇게 행동하고 있으면 당신은 신령한 사람에게 주어진 특권인 판단 받지 않는 자리에 서게 될 것입니다. 신령한 사람은 어떤 사람입니까?

첫째, 육신의 말이 아닌 하나님의 말씀만 듣는 사람입니다. 잠언17장 4절에 "악을 행하는 자는 사악한 입술이 하는 말을 잘 듣고 거짓말을 하는 자는 악한 혀가 하는 말에 귀를 기울이느니라" 이 말씀을 반대로 생각하면 됩니다. 그러나 악행하는 사람은 악에 귀를 기울입니다. 좋은 말이 많아도 악의 말을 기울입니다. 그러기 때문에 악해집니다. 그래서 주님은 무엇을 듣는가 조심하라고 했습니다. 막4장 24-25절에 "또 이르시되 너희가 무엇을 듣는가 스스로 삼가라 너희의 헤아리는 그 헤아림으로 너희가 헤아림을 받을 것이며 더 받으리니 있는 자는 받을 것이요, 없는 자는 그 있는 것까지도 빼앗기리라" 말 잘못 듣다가는 패가

망신 당한다는 말씀입니다.

　사람은 듣는 대로 됩니다. 듣고 영향 받은 그것이 곧 자기의 모습입니다. 그래서 공급처를 주의해야 합니다. 그래서 디모데후서 3장 14에 바울도 "너는 배우고 확신한 일에 거하라 너는 누구에게서 배운 것을 알며 또 어려서 부터 성경을 알았나니" 누구에게 배웠는가도 무시할 수 없이 중요합니다.

　조심해야 할 이유는 각자 관점 체계 자체가 다르기 때문입니다. 기독교적 시각은 유신론을 기초로 모든 이론이 전개되지만, 불교나 공산주의는 무신론을 기초로 이론이 성립되기 때문에 관념 자체가 다릅니다. 그러므로 내가 무엇을 배웠고 누구의 혹은 무엇의 영향을 받고 있느냐? 이것은 대단히 중요합니다.

　기독교가 부흥에 치명적이었던 것은 악의 세력들이 방송과 인터넷을 장악했기 때문입니다. 그래서 계속하여 부정적인 면만 보여주고 비판했습니다. 잘하고도 비난만 받았습니다. 잘못된 정보를 심었기 때문입니다. 큰 어른들은 정치 다툼에 여념이 없을 때 악의 세력들은 교회를 초토화시켰습니다. 그 결과 전도의 길은 막히고 교회를 부정하는 불신의 육의 사람들만 양산하고 말았습니다.

　이처럼 세상의 말에 귀를 기울이지 않고 하나님의 말씀에 기울여야 합니다. 예수님은 하나님의 나라는 사람이 씨를 땅에 뿌림과 같다고 하셨습니다. 씨는 말씀입니다. 그런데 사탄은 자꾸 자기 씨를 덧뿌리려고 합니다. 마13:24-30절을 보면 사람들이 잘 때 원수가 곡식 가운데 가라지를 덧뿌리고 갑니다. 이렇게 되면 신령한 사람이 되지 못합니다. 신령한 사람이란 말씀 충만한 사람입니다.

둘째, 육의 눈으로 판단하지 않고 영의 눈으로 보는 사람입니다. 잠언 17장 5절에 "가난한 자를 조롱하는 자는 그를 지으신 주를 멸시하는 자요" 사람들은 재물을 가치 판단의 기준으로 삼기 때문에 가난하면 멸시합니다. 사람대접 받으려면 잘 살아야 합니다. 그러나 이것은 그를 지으신 주를 멸시하는 큰 죄입니다. 왜 그런 죄를 범할까요? 신령하지 못하니까 육에 속하여 육의 관점대로 판단했기 때문입니다.

그러므로 영의 눈으로 보아야 합니다. 성경을 기록한 저자의 눈으로 보아야 합니다. 부자라고 귀하거나 가난하다고 천한 것이 아닙니다. 부자를 지으신 분도 하나님이시오, 가난한 자를 지으신 분도 하나님이십니다. 하나님은 공평하신 하나님이십니다.

그래서 야고보서 2장 5-7절에"내 사랑하는 형제들아 들을지어다. 하나님이 세상에서 가난한 자를 택하사 믿음에 부요하게 하시고 또 자기를 사랑하는 자들에게 약속하신 나라를 상속으로 받게 하지 아니하셨느냐 너희는 도리어 가난한 자를 업신여겼도다. 부자는 너희를 억압하며 법정으로 끌고 가지 아니하느냐 그들은 너희에게 대하여 일컫는바 그 아름다운 이름을 비방하지 아니하느냐"했습니다.

그러므로 잠언 17장 5절은 육신으로 판단하지 말라는 교훈입니다. 육신의 눈으로 보지 않고 영의 눈으로 보는 것이 신령입니다. 예수님 얼마나 신령하셨습니까? 요한복음 8장 15절에"너희는 육체를 따라 판단하나 나는 아무도 판단하지 아니하노라"하셨습니다. 요한복음 2장 24-25절에도 "예수는 그의 몸을 그들에게 의탁하지 아니하셨으니 이는 친히 모든 사람을 아심이요 또 사람에 대하여 누구의 증언도 받으실 필요가 없었으니 이는 그가 친히 사람의 속에 있는 것을 아셨음이니라" 바울도 그랬습니다. 그가 육신의 눈만 있을 때는 핍박했지만 예수를 만나 눈에 비늘이 떨어진 후에는 달라졌습니다. 고린도후서 5장 16절에 "그러므로 우리가 이제부터는 어떤 사람도 육신을 따라 알지 아니하노라 비록 우리가 그리스도도 육신을 따라 알았으나 이제부터는 그같이 알지 아니하노라"했습니다.

그러면서 17절에"그런즉 누구든지 그리스도 안에 있으면 새로운 피조물이라 이전 것은 지나갔으니 보라 새 것이 되었도다" 고린도후서 4장 16절서는"그러므로 우리가 낙심하지 아니하노니 겉 사람은 후패하나 우리의 속은 날로 새롭도다"신령한 눈으로 보면 우리 인생은 허무한 것이 아닙니다. 하나님의 큰 섭리의 경륜 가운데 진행되는 것입니다. 영의 눈으로만 판단하시기 바랍니다. 그것이 신령한 것입니다.

셋째, 육신의 감정 따라 행하지 않는 사람입니다. 잠언 17장 5절 하반 절에"사람의 재앙을 기뻐하는 자는 형벌을 면하지 못할 자니라."사람의 재앙을 기뻐하는 자는 형벌을 면하지 못하는데도 남이 벌 받는 것을 왜 좋습니까? 육신의 감정 때문입니다. 미운 사람이 당하면 즐겁습니다.

그러나 육신의 감정과 영의 감정은 다릅니다. 밉지 않고 불쌍합니다. 기쁨도 다릅니다. 눅10:21에 "예수께서 성령으로 기뻐하셨다"는 말씀이 있습니다. 임종하면 육신으로는 슬퍼도 영적으로는 기쁨입니다. 육신의 감정은 가짜입니다. 믿음 없기에 육신에 속아서 슬프고 허무하고 두려운 것입니다.

즐거움도 다릅니다. 영의 사람은 하나님 섬기는 것이 즐거움입니다. 마음이 하나님으로 충만하게 채워지니 즐겁습니다. 이것은 체험해본 사람만 알 수 있습니다. 그러나 육신의 사람은 하나님 섬기는 것은 짐이요, 세상 향락이 즐거움입니다. 분노도 다릅니다. 육신의 분노는 미움과 그 이상까지 나아갑니다. 그러나 신령한 사람은 죄가 미워 밤새토록 그를 위해 기도할지라도 미워하지 않습니다.

그래서 갈라디아서 5장 17절에"육체의 소욕은 성령을 거스리고 성령의 소욕은 육체를 거스린다" 하셨고, 로마서 8장 13절에는"너희가 육신대로 살면 반드시 죽을 것이로되 영으로써 몸의 행실을 죽이면 살리니 무릇 하나님의 영으로 인도함을 받는 그들은 곧 하나님의 아들이라"했습니다. 그러므로 육신을 따라 살지 말고 성령을 따라 행하시기 바랍니다.

넷째, 하나님의 은혜에 감사하는 사람입니다. 하나님의 은혜는 성령으로 신령함이 개발되어야 알 수가 있습니다. 하나님의 은혜는 이러한 것들이 있습니다. ① 하나님께서 인류를 구원하시려고 아들을 보내셨습니다. 하나님께서 인류 역사상 가장 귀한 선물을 보내셨는데 그분이 바로 하나님의 아들 예수 그리스도이십니다. ② 예수님께서 인류에게 생명을 주셨습니다. 예수님께서 우리에게 새 생명을 주셨습니다. 예수님께서 이 세상에 오셔서 하나님의 사랑을 보여주셨고 인류와 우리의 죄를 용서하시고 구원하시려고 참혹한 십자가에 달려 돌아가심으로서 하나님께서 하나님을 믿는 우리의 죄를 용서하시고 구원해 주셨습니다. 예수님께서 우리를 구원하시려고 십자가에 죽으셨고 생명을 주셨습니다.

③ 하나님께서 우리에게 구원과 영원한 천국을 주셨습니다. 하나님의 아들 예수님을 믿으면 구원받고 영생을 얻으며 하나님의 나라 천국에서 영원히 살게 됩니다.

④ 하나님께서 죄 사함과 성령을 보내주셨습니다. 회개하여 죄 사함을 받으면 성령을 선물로 받는다고 성경에 약속하셨습니다(행2:38). 성령은 보혜사입니다. 성도 곁에서 하나님의 뜻을 알고 따라가도록 돕는 자입니다. ⑤ 성령의 은사를 주셨습니다. 지식, 지혜, 병 고침, 능력 행함, 예언, 권면, 방언, 영분별, 방언통역, 믿음, 자비, 다스림, 구제, 사도, 전도, 양육, 섬김, 대접, 이적(표적)의 은사 등입니다.

⑥ 하나님께서 인류에게 하나님의 생명의 말씀인 성경책을 주

셨습니다. 성경은 인류역사상 가장 베스트셀러이며 하나님의 말씀과 사랑이 담긴 책입니다. 성경은 성령의 감동으로 약 1,500여 년간 기록된 하나님의 말씀입니다. 하나님께서 우리에게 생명과 건강을 주셨습니다.

⑦ 아브라함의 복을 주셨습니다. 하나님은 우리 예수를 믿는 모든 성도가 아브라함의 복을 받기를 원하십니다. 하나님은 모든 성도들이 모두 잘되는 선물을 주셨습니다.

이외에도 하나님께 감사할 것이 있습니다. ① 우리는 우리의 생명을 선물로 받았습니다. 생명은 하나님이 주신 선물입니다. ② 가정을 선물로 받았습니다. 아무도 돈을 내고 가정을 산 사람은 없습니다. 부모, 처자, 형제, 그 어느 하나도 값을 지불하고 사지 않았습니다. ③ 소위 우리가 말하는 자연이라는 것도 사실은 하나님의 선물입니다. 저 하늘과 땅과 바다는 하나님의 창조요 피조물입니다. 저 산천초목과 오곡백과도 하나님의 소유입니다. 하나님께서는 이 모든 것들을 창조하셔서 인간들에게 관리하고 이용하도록 하셨습니다. 이처럼 하나님의 사랑과 은혜에 감사하는 사람이 신령한 사람입니다. 하나님 잘 경외하는 사람이 신령합니다. 다윗처럼 날마다 찬송하며 사시기 바랍니다. 능력 있다고 내가 대접 받고 영광 받는 것이 신령한 것 아닙니다. 모든 영광 하나님께 돌리고 감사하는 사람이 신령한 것입니다. 신령한 것을 사모하는 자가 되면 어떤 유익이 있습니까?

첫째, 헛된 세상의 것을 쉽게 버릴 수 있습니다. 만 일 배를 좋아하는 사람이 꿀 한 숟가락을 먹고 나서 바로 배를 먹으면 어떨까요? 앞서 먹은 꿀이 너무 달기 때문에 나중에 먹은 배는 마치 무처럼 느껴질 수 있습니다.

이처럼 신령한 것을 맛본 사람은 이 세상이나 세상에 있는 것들에게서 아무런 맛도 재미도 느끼지 못합니다. 그래서 헛된 세상의 것을 쉽게 버릴 수 있습니다. 사도 바울은 신령한 것을 맛본 후에 이 세상이나 세상에 있는 것들을 '배설물'로 여겼습니다. 이 세상에 있는 것들은 너무도 무익하고 오히려 해가 됨을 깨달은 것입니다. 그는 단 한 번 주님을 만나는 체험을 통해 철저히 세상을 끊었습니다. 그리고 주님을 핍박했던 자신을 용서하고 오히려 사도로 삼아주신 은혜에 감사해 자기를 깨뜨려 나갔습니다.

영으로 변화되는 만큼, 사도 바울은 더 깊은 영의 세계를 체험하게 됩니다. 성령과의 밝은 교통 가운데 하나님 마음을 깊이 깨닫고, 영으로 천국에 다녀오는 체험도 합니다. 때론 핍박과 고난도 당했지만 마음은 항상 천국에 있었습니다. 이처럼 신령한 것은 세상의 그 무엇과도 비교할 수 없습니다. 그 은혜로 말미암아 세상 그 어디에서도 얻을 수 없는 평안과 기쁨과 감사를 얻을 수 있습니다. 또한 신령한 은혜 안에는 결코 사라지지 않는 참된 소망이 담겨 있습니다. 그래서 이 세상에 속한 헛된 것을 쉽게 버리고 하나님께서 원하시는 선한 마음을 만들 수 있는 것입니다.

둘째, 능력이 임하며 더 나아가 권능도 받을 수 있습니다. 신령한 것을 사모해 진리의 사람, 영의 사람이 되면 위로부터 능력을 받고, 온전한 성결을 이루어 온 영의 사람이 되면 권능을 받습니다.

저는 교회를 개척하고 영적인 눈이 열리기 시작하면서 신령한 것에 관심이 많아졌습니다. 신령한 것들을 사모하여 하나하나 깨달으니 정말 말로 표현할 수 없는 영의 만족을 느꼈습니다. 점차로 하나님의 은혜로 신령한 세계가 열렸습니다.

이처럼 하나님 은혜를 사모하니 점차 하나님 뜻을 깨닫게 되었고 말씀대로 행할 수 있었습니다. 간절히 영을 사모하며 하나님 말씀대로 살아가니 기도의 응답도 척척 왔습니다(요일 3:22). 만 3년의 훈련을 통해 영으로 들어 간 후에는 더 크고 놀라운 하나님 능력이 임했고 온 영의 단계에 들어오면서는 권능이 나타났습니다. 누구든지 영을 사모해 영의 마음이 되면 위로부터 능력이 임하고 어둠의 세력을 물리치는 권세도 임합니다. 나아가 온 영을 이루고 불같이 기도하면 권능도 받을 수 있는 것입니다.

셋째, 하나님께서 원하시는 열매를 맺습니다. 신령한 것을 사모하는 사람은 하나님 나라의 일을 하든, 세상에 속한 일을 하든, 하나님께서 원하시는 열매를 맺어 영광 돌릴 수 있습니다. 영을 사모해 영혼이 잘된 사람은 성령의 밝은 음성과 인도 주관을 받아서 일할 수 있기 때문입니다. 이는 내가 하는 것이 아니라 하나님께서 주시는 지혜로 일하는 것이므로 사람의 힘과 지혜로 할 수 있는 그 이상의 열매를 낼 수 있습니다.

다니엘과 요셉은 이방나라에 잡혀간 포로와 종의 신분이었으나 어떤 상황에서도 하나님 법을 지키며 영의 마음으로 살아가니 위로부터 뛰어난 지혜와 명철이 임했습니다. 큰 나라의 총리로서 영육 간에 자질을 두루 갖추어 왕과 백성으로부터 인정과 사랑을 받았지요. 그들은 하나님 마음을 깨달아 행하므로 하나님께서 원하시는 열매를 맺은 것입니다.

신령한 것을 사모해 영의 사람이 될수록 영이신 하나님 마음을 더 깊이 깨달을 수 있습니다. 성령의 음성을 더 밝히 들을 수 있고, 성령의 주관도 더 정확히 받을 수 있습니다. 그래서 성령의 음성과 주관에 순종해 나가면 범사가 잘되고 형통합니다. 세상 사람도 인정할 수밖에 없는 뛰어난 실력자가 될 수 있는 것입니다. 그러므로 신령한 것을 사모하는 자가 되어 하나님께서 원하시는 귀한 열매를 맺으며 각각의 분야에서 영광 돌릴 수 있기를 바랍니다.

2장 신령한 사람을 만들어 가는 비밀

(고전 2:13-15)"우리가 이것을 말하거니와 사람의 지혜가 가르친 말로 아니하고 오직 성령께서 가르치신 것으로 하니 영적인 일은 영적인 것으로 분별하느니라. 육에 속한 사람은 하나님의 성령의 일들을 받지 아니하나니 이는 그것들이 그에게는 어리석게 보임이요, 또 그는 그것들을 알 수도 없나니 그러한 일은 영적으로 분별되기 때문이라. 신령한 자는 모든 것을 판단하나 자기는 아무에게도 판단을 받지 아니하느니라"

하나님께서는 우리가 성령을 체험하면 신령한 사람으로 태어나기를 원하십니다. 신령한 성도란 영이신 하나님과 관계가 열린 성도입니다. 하나님은 영이십니다. 영이신 하나님과 관계가 열리니 신령해지는 것입니다. 신령해지려면 예수님과 같은 영성을 갖추어야 합니다. 예수님과 같은 인격이 되어야 합니다. 영성이 있고 인격이 되려면 잠재의식에 숨어있는 세속의 것들을 치유해야 합니다. 세속의 것들이 떠나가야 신령한 사람이 될 수가 있습니다. 성령하나님은 예수를 믿는 성도의 잠재의식을 치유하시려고 마음 안에 임재하신 것입니다. 임재하신 성령께서 잠재의식을 포함한 전인격을 장악하시면서 치유하시는 것입니다.

신령한 사람이 되게 하기 위하여 성령께서 하시는 일입니다. 성령께서는 성도를 인도하며 연단하시며 시험하시며 훈련하십니다. 성령께서 인도하시면서 신령한 영적체험을 하게 하십니다. 하나님께서 우리에게 영적 경험을 시켜주는 근본적인 이유는 첫째 영적 세계의 실제를 경험하게 하심으로써 우리의 삶을 살아가는 가치관을 바꾸어 주시려는 것이고, 둘째는 이를 통하여 우리의 믿음을 성장하게 하시려는데 목적이 있습니다.

그러므로 모든 그리스도인들은 물과 피로 거듭나고 성령으로 세례를 받고 나면 모두 나름의 영적 경험을 하게 됩니다. 이것은 보편적인 이유로 하게 되는 영적 경험이요, 또 그리스도인이라면 실상 모두가 이러한 보편적 의미에서의 영적 경험은 하여야 합니다.

그러므로 우리가 성령으로 세례를 받게 되면 방언을 비롯한 다양한 성령의 나타남과 영적 경험을 하게 되는 것입니다. 이론과 지식으로만 아는 것은 실상 내면에서 관념적으로만 머무를 뿐 영적 실제가 되지 못합니다. 그러므로 그리스도인은 모두가 성령으로 세례를 받고 영의 실재와 영적 세계의 실제에 접촉해 보아야 합니다. 우리 중 많은 사람이 그러한 경험을 하였을 것입니다.

그러한 과정을 통하여 가치관이 바뀌고, 육에 속한 사람이 영에 속한 사람으로 바뀌어 가며, 신령한 것들에 관하여 눈을 떠가게 되는 것입니다. 삶도 그러하지만 신앙도 실제를 자신이 경험하지 못하면 관념적 신앙에 머물 뿐이기 때문에 종교인일 뿐이요, 신령한 것을 아는 영에 속한 사람은 되지 못합니다.

그러므로 인간적으로 볼 때 지극히 경건하고 도덕적이었던 백부장 고넬료에게 하나님은 천사를 보내서서 베드로를 통하여 성령으로 세례를 받게 하신 것입니다. 성령께서 신령한 것을 알게 하시기 때문입니다. 신령한 사람이 되어야 하나님과 교통하면서 하나님의 일을 할 수가 있기 때문입니다. "우리가 이것을 말하거니와 사람의 지혜의 가르친 말로 아니하고 오직 성령의 가르치신 것으로 하니 신령한 일은 신령한 것으로 분별하느니라"(고전 2:13).

나아가 하나님께서 우리에게 영적 경험을 허락하시는 또 다른 이유로는 소명이나 위로와 관계가 있습니다. 하나님의 뜻과 섭리 안에서 자신이 앞으로 감당하여야 전문적인 소명의 분야가 있다면 그 분야에 있어서 평범한 사람들이 경험하지 못하는 깊은 영적 경험을 하게 됩니다. 이는 앞으로 자신의 그 영역에 있어서 감당해야 할 소명과 관계가 있습니다.

또 하나님은 때때로 우리의 위로를 위하여 황홀하고 신비로운 영적 경험을 허락하십니다. 너무도 어렵고 극한 상황에 놓이게 되면 아무리 믿음이 좋은 사람이라 할지라도 엘리야처럼 탈진을 경험하게 됩니다. 그러한 가운데 하나님이 베푸시는 하늘의 놀라운 영광의 영적 경험은 말할 수 없는 위로가 되는 것입니다.

가령 말할 수 없는 핍박의 상황에 놓였던 스데반에게 하나님은 하늘 문을 여시고 놀라운 하늘의 영광을 보게 하심으로써 죽음마저도 감사와 기쁨으로 이길 수 있도록 하신 것입니다. "스데반이 성령이 충만하여 하늘을 우러러 주목하여 하나님의 영광과 및 예수께서 하나님 우편에 서신 것을 보고 말하되 보라 하늘이 열리고 인자가 하나님 우편에 서신 것을 보노라 한 대"(행7:55-56).

우리가 영적 경험을 하게 되는 이러한 하나님의 섭리적 이유는 이와 같은 것들이 있지만, 또 한편 우리가 영적 경험을 할 수 있는 실천적 방법이 있습니다. 물론 사도바울의 경우와 같이 하나님의 전적인 주권 안에서 일어나는 경우도 있지만 보편적으로는 심은 대로 거두는 하나님의 공의의 법칙에 따라 힘쓰고 애쓰는 자에게 주어집니다. 그것은 무엇보다도 기도입니다. 하나님이 우리에게 주신 영의 세계와 교통하는 길은 오직 기도이기 때문에 충만하고도 깊은 기도를 통하여 우리는 영적인 경험을 하게 됩니다. 오순절 날 제자들이 예수님께서 약속하신 성령의 세례를 경험하게 된 것도 예수님의 약속을 붙잡고 전혀 기도에 애썼기 때문입니다. "여자들과 예수의 모친 마리아와 예수의 아우들로 더불어 마음을 같이하여 전혀 기도에 힘쓰니라"(행1:14).

가끔은 어떤 분들이 '저는 성령의 세례와 성령의 역사가 경험되지 않습니다.'라고 말씀을 합니다. 하지만 성령을 훼방하고 거역하는 사망에 이르는 죄와 같은 영적으로 무서운 죄를 지은 경우가 아니라면, 마가 다락방의 제자들처럼 한동안 작정을 하고 전혀 기도에 힘쓰면 누구나 성령의 세례를 경험하게 됩니다.

간절히 사모하는 마음으로 작심을 하고 하루 몇 시간씩 기도에 전념하다보면 누구나 반드시 보편적인 수준에서의 성령의 세례와 영적인 경험은 하게 됩니다. 왜냐하면 우리가 받기 원하는 것보다 사실상 하나님께서 우리에게 더욱 성령으로 세례를 주시기 원하시기 때문입니다. 그토록 우리에게 성령으로 세례를 주시고 영의 세계와 영의 사람으로 인도하시고 싶어 하시지만, 주시지 못하는 것은 죄가 하나님의 우리 사이를 가리고 있기 때문입니다.

그러므로 철저히 하나님 앞에서 자신을 돌아보며 회개를 통하여 죄의 문제를 해결하고 전심으로 하나님의 은혜를 구하면 누구나 성령으로 기름부으심을 받게 됩니다. "베드로가 가로되 너희가 회개하여 각각 예수 그리스도의 이름으로 세례를 받고 죄사함을 얻으라 그리하면 성령을 선물로 받으리니"(행2:38).

성령의 세례의 경험이던지 더 깊은 영적인 경험이던지 모두가 깊고도 충분한 기도를 통하여 경험하게 됩니다. 저의 경우도 성령으로 세례의 경험은 평신도일 때 경험하였지만, 보다 깊은 영의 세계가 열리고 경험하게 된 것은 극한 환경의 어려움 속에서 밤낮이 없는 3년여의 기도를 통하여서입니다.

악한 영의 역사를 떠나보내려고 두려움과 애절함을 안고, 주야를 막론하고 대부분의 시간 교회 안에서 홀로 앉아서 말과 마음으로 눈만 뜨면 하나님을 찾았습니다. 그러한 기도의 시간을 통하여 더 깊이 영이신 하나님을 경험하고 영적인 체험을 하게 된 것입니다. 이처럼 영적인 세계를 경험적으로 알고 영적인 체험을 하려면 성실하고 충만하고 깊은 기도를 늘 드려야 합니다.

하나님의 자녀들이라면 누구나 신령한 영의 사람이 되고자 합니다. "전 아직 육의 사람, 영의 사람 그 개념이 먼지 모르겠어요" 하시는 분들이라도 네 좋습니다. 지금부터 알아 가시면 되는 것입니다. 먼저는 간단하게 육의 사람, 영의 사람에 대해서 개념을 정리합시다. 육의 사람이란 육신을 좇는 자를 말합니다. 여기서 말하는 육신이란, 썩어지고 변질되는 하나님의 것과는 반대되는 것을 말합니다.

이런 육신을 좇는 일은 크게 두 가지로 나눠집니다. 하나는, 육체의 일입니다. 손발과 입술 등으로 죄짓는 것을 말하지요. 둘째로는, 마음과 생각의 일입니다. 손발로는 죄짓지는 않는다고 해도 마음과 생각으로는 하나님 보시기에 악한 것을 생각하고 품고 있는 것을 말합니다. 영의 사람이란 영의 일을 좇는 자로서, 행위적으로나 마음 적으로나 성령의 기운과 영의 생각이 충만한 사람을 말하는 것입니다.

여기서 우리가 착각하지 말아야 할 것은, 영의 일을 한다하여 그 사람이 곧 영의 사람은 아니라는 것입니다. 다시 말합니다. 영의 사람은 영의 일을 합니다. 영의 일을 한다하여 "영의 사람이라고 말할 수는 없다"라는 것입니다.

예를 들어서 성경을 읽는다고 합시다. 성경을 읽는 일은 영의 일에 속합니다. 성경을 읽더라도 저마다 동기가 다릅니다. 어떤 일은 하나님과 가까이 하고자 성경을 보는 이가 있습니다만, 반

면 어떤 이는 성경의 오류를 찾아내어 성경을 반박하고자 읽을
수도 있는 것입니다.

그런데요, 하나님을 믿는 자녀들 중에서도 심판의 때가 이르
면 양과 염소를 가른다고 하셨습니다. 알곡과 쭉정이를 같이 자
라게 하시다가 추수 때가 되면 알곡과 쭉정이를 엄밀히 분리하
신다 하셨습니다.

무슨 말입니까. 예수를 영접한 사람들이라고 해도 그 안에는
쭉정이가 있고 염소 같은 사람들이 있다는 것입니다. 여기서 염
소란 믿는다 하면서도 하나님과 반대되는 길을 가면서 불법을
행하는 자들입니다. 쭉정이란, 얼핏 보면 믿는 사람 같으면서도
하나님 보시기에는 천국에 들일 수가 없는 죽은 믿음을 가진 사
람들을 말하지요.

이런 염소 같은 사람과 쭉정이가 바로 육의 사람입니다. 이리
말하면, 사람들이 대개는 '난 아니네. 난 그래도 믿음생활 해. 주
일날 교회가지. 헌금 드리지. 때론 전도도 하고 봉사도 하지. 동
영상 퍼 나르지'좋습니다. 계속해서 은혜를 같이 나누다보면 성
경에서 말하는 육의 사람과 영의 사람이 어떻게 다른지 구분이
가실 것입니다.

우리가 세상에 있을 때는 육의 사람이었습니다. 하나님의 것
과 반대되는 육신의 일을 좇으면서도 그것이 죄이고 사망인지
몰랐습니다. 그러다, 예수님 영접하고 나서 성령을 받은 이후로
는 영이 깨어나기 시작하니 영의 일을 하게 되고, 그 안에서 영

의 마음도 이루는 과정을 거치고 있습니다.

육에 속한 사람은 이 땅의 아무리 선한 지식과 지혜를 쌓는다고 해도 영의 사람이 되지 않습니다. 아무리 착하고도 고운 마음씨를 가졌다고 해도 결코 영의 사람은 될 수 없습니다. 우리의 마음속에 영이 깨어나는 것은 성령이 아니고서는 아니 되기 때문입니다.

그렇다면 예수님을 영접하고 성령을 받은 사람은 영의 사람이 되겠네요. 그러나 그리 간단하지가 않습니다. 성경에서 말하는 영의 사람은 단지 성령을 받아 영이 깨어난 사람을 말하는 것이 아닙니다. 다시 말하면, 성경에서 말하는 영의 사람은 예수님과 사귐이 있는 사람인데요, 여기서 '사귐이 있다'는 것은 빛 가운데 거하는 사람들에게 예수님은 사귐의 교제를 나누어 주신다는 것입니다.

빛 가운데 거하는 것이라고 하면 어렵게들 생각하는데요, 자신의 죄와 허물을 주님 앞에 드러내는 것을 말합니다. 시편 90편 8절에 "주께서 우리의 죄악을 주의 앞에 놓으시며 우리의 은밀한 죄를 주의 얼굴 빛 가운데 두셨사오니"

우리가 믿는다 하면서도 그 안에는 염소나 쭉정이 같은 육의 사람이 있고, 하나님이 인정하시는 영의 사람이 있다고 하였는데요, 영의 사람이 되기 위해서는 크게 4가지 연단의 과정을 거치게 됩니다.

이 연단은 믿음 안에서 이루어지는 일이요, 주님께서는 각각 저마다의 마음과 처지, 형편, 기질, 성격, 환경 등을 종합적으로 고려해서 연단을 주십니다. 그 연단은 우리에게 힘듦과 고통을 주는 것이 목적이 아니라, 우리의 행위와 마음을 정결케 하시어 하나님과 사귐이 있는 자녀로 만들어 가시기 위한 성결의 과정임을 우리는 감사히 받을 수 있어야 합니다.

첫 번째 연단은 육체의 일을 버리게 하십니다. 육체의 일이란 행위적으로 죄짓는 일을 말합니다. 고린도전서 6장 9절~10절에 "불의한 자가 하나님의 나라를 유업으로 받지 못할 줄을 알지 못하느냐 미혹을 받지 말라 음란 하는 자나 우상 숭배하는 자나 간음하는 자나 탐색하는 자나 남색 하는 자나 도적이나 탐람하는 자나 술 취하는 자나 후욕하는 자나 토색하는 자들은 하나님의 나라를 유업으로 받지 못하리라"말씀하고 있습니다.

우리가 주님을 영접했다고 해도 단번에 죄를 끊어버리지는 못합니다. 누구나 세상에서 수십 년간 살아오면서 비 진리로 '자아'를 형성해 온 것이 많기 때문에 마음이 정욕과 세속으로 물들어 있는 것이 사실입니다.

하나님께서는 성령을 받은 자녀들이 육체의 일을 버리는 연단을 주십니다. 그것은 육체의 일은 너무나도 현저하여 하나님의 나라를 유업으로 받지 못한다는 공의가 있기 때문입니다. 쉽게 표현하여 육체의 일이란 음란, 우상숭배, 간음, 탐색(이성과의 성적욕망을 채우려 기웃거리는 짓), 남색(동성끼리의 성교), 도적, 탐람(탐욕스런 욕심), 술(몸에 중독이나 취함을 유발하는 모든 짓), 후욕(판단하고 정죄), 토색(지위와 권세를 이용하여 남의 것을 갈취 하는 짓) 등을 말합니다. 하나님은 이런 육체의 일을 버리도록 연단하십니다. 빨리 버리면 연단의 기단이 짧아집니다. 깨닫지 못하고 버리지 못하면 연단의 기간은 길어집니다. 하나님은 육체의 일을 끊을 때까지 연단을 하십니다.

내 자신의 손발과 입술에 아직도 위와 같은 행위가 있다면 우리는 그때마다 회개하여 돌이킬 수 있는 능력을 내리 받아야 하는 것입니다. 위의 행위는 천국에 들어갈 수 없는 사망과 직결되는 대표적인 육체의 일들입니다. 이 외에도 행위적인 죄들에는 더 많은 것들이 있을 것입니다.

둘째로는, 육신의 일을 버리게 하십니다. 하나님께서는 새신자나 초신자들에게도 연단을 시작하는 것은 아닙니다. 그분들에게는 먼저는 하나님의 사랑을 느끼고 하늘의 신령함도 체험하는 시간들을 주시며 하나님의 것이 얼마나 좋은 것인지 느끼는 시간들을 주십니다. 그러다 어느 정도 때가 되면 일차적으로는 행위적인 육체의 일들을 버리는 연단을 해 가시면서 그 연단이 어느 정도 마무리가 되어가는 시점에서는 육신의 일을 버리는 연단을 해가십니다.

육신의 일을 버리는 연단이란, 마음과 생각에서 악의 모양을 버려가는 연단을 말합니다. 가령, 간음을 하던 사람이 예수님을 영접하고 신앙생활을 합니다. 처음에는 간음은 이젠 다 버린 것 같지만 시간이 지나고 조건이 주어지면 슬슬 예전에 지었던 간음이 생각나기도 하고 떠올라지게 됩니다. 하나님이 두렵고 성령의 음성을 듣기에 예전마냥 간음은 하지 않는다고 해도 그 간음의 죄성이 마음 안에 남아있는지라 외롭거나 특정 환경에 처해지면 간음 끼가 끓어오르기 시작하지요.

예전 구습에서 죄를 지으면서 '그 죄의 느낌이 좋았다'라는 것이 마음과 생각에 심기어져 있기에 이제부터는 육신의 일 즉, 마음과 생각에서 악의 모양을 버려가도록 하는 연단이 시작되게 되는데, 이것이 참 고통스럽습니다.

아이가 수술대가 올리어져 썩어가는 살을 칼로 그 상처를 도려내면 당장은 아프더라도 차후로는 완치가 되듯이, 마음과 생각의 죄의 모양을 버려가는 연단은 정말이지 마음이 너무나도 아프고 때로는 고통 받는 일이기도 합니다. 차라리 새벽기도 40일을 하는 것이 더 쉬울지도 모릅니다. 사람마다 연단의 과정과 그 기간은 다르겠지만, 하나님께서는 자녀를 영의 사람으로 만들기 위해서는 육신의 일을 버리는 연단을 반듯이 행하시며, 이로 인하여 자녀의 마음이 고통스러운 것을 아시면서도, 자녀가 그 연단을 잘 통과하기를 바라십니다.

가령, 어떤 성도는 자기는 분 냄이나 혈기 같은 것은 없는 줄 알았답니다. 그런데 직장에서 어느덧 자기를 미워하는 상사를 만나게 된 것입니다. 그 이유는 모르겠지만, 상사가 자꾸 자기에게 건건히 시시비비를 거는 듯 불편하게 하는 것입니다. 그러다 보니 그 상사가 미워집니다. 게다가 결혼도 해서 아이도 생겼는데 아이가 잠을 안자고 울어 보채고 그러다보니 아내와 다툼이 잦아지고 혈기가 나서 문도 주먹으로 부수기도 하였답니다.

자신에게 이런 감정과 혈기가 있는지 몰랐다는 것입니다. 이 것은 없었던 미움과 혈기가 어느 날 툭! 튀어나온 것이 아니라, 마음 안에 내재되어 있었습니다. 그러나 지금껏 마음의 연단을 받을만한 그릇이 아니 되었기에 하나님께서는 그 연단을 미루어 두시다가 이제는 자기를 발견하고 변화되어야 하기에 허락하신 것입니다.

성령하나님은 중심을 보시고 우리의 마음속에 어떤 더러운 죄 성들이 있는지 훤히 보시면서 드러내신다면 우리는 정말이지 돌 을 들고 누군가를 정죄하는 일에 앞장서는 것이 얼마나 부끄러 운 일인지 알게 되는 것입니다.

이렇게 마음과 생각에 내재되어 있는 악의 모양을 드러내는 연단이 제일 오랜 시간이 걸립니다. 그러다보니, 사람들 중에는 신앙을 열심 내어 이것저것 하다가도 어느 날 허무하기도 하고 실족하기도 하고 열매가 없어 낙심하기도 하고….

내 자신이 정말 믿음이 있는가, 의구심도 들고, 어느 때는 예 전마냥 충만함이 오지도 않고 주님의 사람이 느껴지지도 않으니 모든 것을 다 내어 버리고 싶은 충동도 느끼는 것입니다.

특히나, 그래도 열심 내어 남 못지않게 신앙생활을 한다 하는 데요, 신앙이 성장하지 못하는 정체성과 주님과의 교제가 멀리 느껴지시는 분들은 이제부터는 마음과 생각의 연단을 받아가야 하는 때가 왔음을 인식하시고 기도해 가시는 것도 좋을 것 같습니다. 자 이렇게 육체의 일과 육신의 일을 버리는 연단을 거치게 되면 3번째 연단이 기다리고 있습니다.

세 번째로는 양심의 악을 깨닫는 연단을 하십니다. 양심이란 무엇입니까? 나의 가치판단 기준입니다. 그런데 사람들마다 기준이 다를 것입니다. 그렇기에, 동일한 현상을 보고서도 저마다 판단이 다른 것입니다.

그런데, 이 양심은 말씀으로 비추어 보아서 딱히 죄라고는 할 수 없는 것들이 많습니다. 그러다보니 더더욱 발견하는 것이 어렵기도 합니다. 이것은 성령님이 깨우쳐 주지 않으면 자기 자신으로서는 도저히 알 길이 없습니다. 내 양심의 기준을 어떤 가치에 두느냐에 따라 나의 판단이 달라지는데요, 이것이 사람마다 양심이 다르다보니 응당 다를 수밖에 없습니다.

그러다보면 상대와 다툼이 나오고 마음도 불편해지기 마련이겠지만, 양심의 악을 깨닫는 연단의 과정에서는 육체의 일과 육신의 일을 버리는 연단을 거쳤기에 드러내놓고 상대와 시시비비를 논하며 다투지는 않습니다만, 이 과정이 바로 날마다 죽어지는 연단의 과정입니다. 일찍이 사도바울도 [날마다 죽어지노라] 하셨지요. 무슨 말입니까. 사도바울도 연단의 과정을 거치는 과정에서 양심의 악을 발견하여 버리는 과정이 있었는데요, 자기 입장에서는 분명 이것이 진리고 이것이 옳은 일임에도 저마다 너무나도 생각이 다르고 판단기준이 다른 것입니다.

이에 사도바울은 자신의 양심의 가치판단기준조차도 내려놓고 말씀과 기도로 날마다 죽어지는 연단의 과정을 겪다보니 마음에서 절로 탄식이 나오면서 그리 고백을 한 것입니다.

우리들 중에는 보면 자신이 좀 양보를 했거나 혈기를 꾹 눌러 참고 한마디 해주고 싶은 것을 안 한 것 갖고서 날마다 죽는다고 고백을 하기도 하는데요, 그 고백의 진정성은 내 자신의 어떤 악의 모양을 좀 참았거나 눌러놓은 것으로 고백하는 것이 아니라, 말씀으로 비추어보아 악의 모양은 아니지만 세상에서 만들어진 나의 옳음과 가치판단기준마저도 상대의 유익과 생명을 위해서라면 내려놓는 것을 말하는 것입니다. 끝으로 이렇게 3번째 연단을 거치게 되면,

넷째, 이제는 본성속의 악을 발견하는 연단을 거치게 하십니다. 본성속의 악! 무슨 말입니까. 바로 부모로부터 내리받은 육에 속한 기질마저도 버리는 과정을 말하는 것입니다. 쉽게 말하면 성질머리 뜯어고치는 과정이라는 것입니다.

많은 목회자들이 그리 말하지요. 하나님 믿는 다해도 변화되려고 노력은 하는 거지, 성격마저 고쳐지는 것은 아니라고요. 그럼 이젠 사람들 중에는 이런 연단의 과정을 모르거나 깨우쳐보지 못한 사람들은 "아멘, 아멘 맞아요. 그냥 우리는 노력을 좀 할 뿐인지 못 고쳐요. 그러니 스트레스 받지 말고 적절히 신앙하는 것이 자유 함입니다."이렇게 쉽게 말할 수도 있을 것입니다.

그런데 미안합니다만 성질머리가 고쳐지지 않으면 신령한 영

의 사람이 될 수가 없습니다. 성질이 고쳐지지 않았다면 여전하게 육의 사람입니다. 생명의 말씀과 성령으로 땅의 사람의 성질 머리를 영의 사람(예수님) 성질로 바꾸어야 합니다. 제가 체험한 바로는 성령께서 자동적으로 성질을 고치도록 하십니다. 성질을 내면 반드시 문제가 생기는 것이 있기 때문입니다. 성질을 내고 나면 기도가 되지 않는다든지, 말씀이 들리지 않고, 보이지 않는다든지, 가슴이 답답하든지, 허리가 아파진다든지, 소화가 되지 않는다든지, 밤에 잠을 이룰 수가 없다든지, 등등의 이상 현상을 체험하게 하십니다.

성령께서는 어찌하든지 성도를 신령한 영의 사람으로 바꾸기 위하여 역사하시기 때문입니다. 이는 경험하여 보지 않으면 알 수가 없습니다. 이 분야는 아무리 많은 설명을 해도 경험해보지 않으면 이해가 안 되고, 오해가 되는 소지가 있기에 여기까지의 연단이 있다는 것을 우리는 알아두시면 좋겠습니다. 말씀을 정리합니다. 믿는 사람이 육의 사람에서 영의 사람이 되기 위해서는 크게 4가지 연단을 거친다고 하였습니다.

첫째, 육체의 일을 버리는 연단. 둘째, 육신의 일을 버리는 연단. 셋째, 양심의 악을 버리는 연단. 넷째, 본성속의 악을 버리는 연단. 그런데 이런 연단이 쉼 없이 계속 이어지는 것이 아닙니다. 그리 하다면 우리는 아마 숨도 못 쉴 것입니다. 하나님께서 저마다에다 맞게 적절하게 허락하시니 우리는 연단에 대해서 두려움을 갖지 마시고, 자기모습이 발견되고 악이 발견되면 복이구나, 하나님께서 나를 변화시키시고 신령한 복을 더해주시려는 구나 믿음으로 감사히 받으시면 되는 것입니다. 로마서 8장 18절"생각건대 현재의 고난은 장차 우리에게 나타날 영광과 족히 비교할 수 없도다" 고난과 연단은 상호관계입니다. 매 과정마다 승리하시어 하나님께 영광 돌리신 분들에게는 차후 천국에 가보시면 자기 처소를 얼마나 큰 영광으로 하나님께서 상급으로 갚아주셨는지 감사의 고백과 더불어 눈물이 절로 흐르실 것입니다.

좀더 빨리 신령함을 개발하시고 싶은 분은 하나님께 시간과 마음과 물질을 아낌없이 드려야 합니다. 많이 드리면 드린 만큼 빨리 하나님이 원하시는 수준에 도달할 수가 있습니다.

특히 우리 교회에서 매주 토요일 하는 개별집중치유를 권해드립니다. 이 사역은 상처와 질병이 깊고, 귀신역사가 강하여 기존 집회 시간에 해결이 안 되는 분들과, 성령의 권능을 전이 받기위해 꼭 필요한 분들을 위하여 하는 사역입니다.

많은 분들이 이 사역을 통하여 깊은 영성을 회복하고 신령함과 권능을 개발하고 있습니다. 신령함은 깊은 무의식과 잠재의식이 성령으로 정화가 되어야 개발이 됩니다. 이 사역을 한번 받으면 기존 2박 3일 집회 8번 받은 것과 같은 효과를 느낄 수가 잇습니다. 사람마다 성령으로 장악이 되는데 시간이 소요되기 때문입니다.

3장 신령함을 개발하는 비결

(벧전 2:1-2)"그러므로 모든 악독과 모든 기만과 외식과 시기와 모든 비방하는 말을 버리고, 갓난아기들 같이 순전하고 신령한 젖을 사모하라 이는 그로 말미암아 너희로 구원에 이르도록 자라게 하려 함이라"

하나님은 성도들이 신령한 사람이 되기를 원하십니다. 하나님이 영이시기 때문에 신령함을 개발하도록 성령으로 인도하시면서 훈련을 하십니다. 성경은 "사람이 물과 성령으로 거듭나지 아니하면 하늘나라를 볼 수 없다"고 말씀하셨습니다. 육으로 난 것은 육이요, 성령으로 난 것이 영입니다. 우리는 부정모혈로 육으로 태어나 육의 사람이 되었지만 이제 또 다시 태어나야 하는 것입니다. 우리는 성령으로 태어날 수밖에 없는 것입니다.

이러므로 유대인의 선생이요 율법사로서 윤리와 도덕적인 면에서 흠이 없는 사람이었던 니고데모가 주님을 찾아왔었을 때 예수님께서는 단도직입적으로 "네가 진실로 진실로 네게 이르노니 사람이 물과 성령으로 거듭나지 아니하면 하늘나라를 볼 수 없느니라"고 말씀하셨던 것입니다. 이와 같이 신령한 사람으로 거듭난다는 것은 하나님께로부터 태어나는 것입니다. 이는 혈통으로나 육적으로나 사람의 뜻으로 나지 않고 아버지께로부터 태어나야 하는 것입니다.

이렇게 거듭나게 하기 위해서 하나님께서 그 아들 예수님을 보내주신 것입니다. 하나님의 아들 예수님은 바로 우리의 생명 나무요 생명의 씨앗인 것입니다. 예수께서 오셔서 우리의 거역한 모든 죄를 당신의 몸에 짊어지고 죄악을 다 책임지시고 십자가에서 몸 찢고 피 흘리시며 죽으심으로 말미암아 우리를 구하시고 죽으신지 3일 만에 부활하심으로 말미암아 생명의 원천이 되신 것입니다. 이러므로 예수 그리스도를 구주로 모시지 않고 거듭날 수 있는 사람은 한 사람도 없습니다. 예수님의 생명나무에 접붙임을 받지 않고 생명을 얻을 존재는 없습니다. 예수를 믿고 성령으로 세례를 받아야 신령한 영의사람이 될 수가 있습니다. 예수님의 생명의 씨앗을 받아야 우리가 영의 사람, 신령한 사람으로 태어나게 되는 것입니다. 성령이 아니고는 신령한 영의사람으로 태어나 신령함을 개발할 수가 없습니다. 성령의 인도를 받아야 합니다.

신령한 영의 사람이 된 후에는 우리 속에 거듭나고 하나님의 자녀가 되고 하나님의 성령이 내주 하십니다. 하나님의 영광이 같이 하므로 영의 사람, 육의 사람의 갈등이 생기는 것입니다. 우리는 모두 육의 사람으로 육을 쓰고 태어났다가 예수님을 믿고 신령한 사람으로 거듭났기 때문에 외적인 육의 사람, 내적인 영의 사람 간에 치열한 쟁탈전이 벌어지는 것입니다. 이것을 사도 바울 선생도 로마서 7장에 분명히 말씀하고 있습니다. "내가 속사람으로는 하나님의 법을 즐거워하나 겉 사람이 죄의 법으로 나를 잡아오는 것을 보는 도다 오호라 나는 곤고한 사람이로다. 누가 이 사망의 몸에서 나를 건져내랴”고 탄식한 것입니다. 이 같은 내적인 갈등이 영의 사람이 된 사람들에게는 다 있는 것입니다.

우리가 영의 사람이 되고 나면 하나님의 성령께서 우리의 연약함을 도우시기 위해서 우리 속에 와 계시는 것입니다. 성령의 도우심이 없이는 이 세상과 마귀와 육체를 이겨서 살아갈 힘이 없는 것입니다. 그러나 우리 속에 하나님의 성령을 보내신 것은 성령은 우리의 연약한 것을 도우실 뿐 아니라 죄와 사망의 권세에서 우리를 해방시켜 주시기 위해서입니다. 이러므로 성령님을 인정하고 환영하고 모셔드리며 성령께 의지함이 없이 영의 사람이 육을 이기고 살아갈 힘이 없습니다. 바울 선생도 탄식한 후 로마서 8장에 “그러므로 그리스도 예수 안에 있는 자에게는 결코 정죄함이 없나니 이는 그리스도 예수 안에는 생명의 성령의 법이 죄와 사망의 법에서 너를 해방하였음이라”고 말했습니다.

우리는 해방될 수 있습니다. 우리는 죄악과 마귀와 육체의 유혹을 이길 수 있습니다. 이는 우리 속에 주신 보혜사 성령을 의지할 때 가능한 것입니다. 성경은“너희가 죄를 이기었나니 이는 너희 안에 계신 이가 세상에 있는 이보다 크심이라”고 말씀하고 있기 때문입니다. 우리 속에 계신 하나님께서 주신 성령은 세상의 어떤 마귀나 육신의 어떠한 유혹이나 죄악보다 강한 것입니다. 그러므로 성령을 의지하면 우리는 승리할 수 있습니다.

그 뿐 아니라, 성령이 충만한 삶을 살기 위해서는 규칙적으로 기도해야 합니다. 기도를 아무렇게나 하지 말아야 합니다. 1차적으로 아침, 점심, 저녁 중 시간을 정해놓고 규칙적으로 하나님과 대화하고 기도해야 합니다. 2차적으로 무시로 하나님에게 기도해야 합니다. 무시로 기도하라는 것은 마음으로 늘 하나님을 찾으라는 말입니다. 무시로 하나님을 찾아야 성령의 그 위대한 은혜와 믿음, 소망, 사랑을 공급받을 수 있습니다. 기도한 하나님과의 대화요, 하나님의 신령한 은혜를 공급받는 길인 것입니다. 나아가서 규칙적인 예배 출석하여 영과 진리로 예배를 드려야 합니다. 성령의 임재 가운데 말씀의 묵상이 있어야 합니다. 하나님의 교회에 출석하면 성령이 충만히 임하여서 우리의 믿음이 자라나게 되며, 말씀을 끊임없이 묵상하고 듣고 먹음으로 말미암아 우리의 신앙이 점점 힘을 얻게 되는 것입니다. 이렇게 해야 육의 사람을 이길 수 있는 것입니다.

또 은혜의 교제가 필요합니다. 사람이 나쁜 친구를 사귀면 타락해 버립니다. 그러나 좋은 친구를 사귀면 점점 좋아집니다. 신앙도 마찬가지입니다. 신앙이 좋은 사람들과 모여서 함께 대화하고 기도하면 그 신앙이 내게 큰 도움이 됩니다. 그렇기 때문에 지속적으로 성령이 충만한 교회의 예배에 출석한다는 것은 대단히 중요합니다. 신앙적인 대화가 이루어지고 서로 위해서 기도하고 격려해 줌으로 신앙이 성장할 수 있습니다. 무엇보다 우리는 영의 사람이 되었으므로 단호한 마음의 결심을 해야 합니다.

"이제는 나는 죄악을 상관하지 않겠다. 마귀와 짝하지 않겠다. 육신의 정욕과 짝하지 않겠다"는 마음의 단호한 결심을 해야 합니다. 결심하지 않고 신령한 은혜를 받은 후 육의 유혹이 있으면 또 넘어지는 흔들리는 사람이 되어서는 안 됩니다. 마음에 단호히 결심한 사람을 하나님께서는 도와주시는 것입니다.

이 세상의 삶이란 하나님의 농사 기간입니다. 하나님의 종들이 씨를 심고 물을 주면 하나님께서 자라게 하여 주시는 것입니다. 영의 씨앗인 예수님을 받아들여 거듭나고 말씀과 성령의 은혜를 입어 하나님의 사람으로 성장할 것이냐 그렇지 않으면 육의 사람으로 남아 있다가 육이 날이 다 지난 후 파멸에 처할 것이냐를 선정하는 기간이 육신이 이 땅에서 사는 삶인 것입니다. 추수기가 곧 다가옵니다. 개인적으로는 우리의 심판의 날이 다가오고 인류적으로 세계적인 심판의 날이 다가옵니다. 모두 예수 안에서 신령한 사람이 되도록 노력해야 합니다.

어떻게 해야 신령함을 개발할 수가 있습니까? 신령한 생활에 힘쓰는 것입니다. "신령한 생활"은 그리스도인의 생활을 특징짓는 말이라고 하겠습니다. 신령한 생활을 하려면 먼저 기도가 바르게 되어야 합니다. 기도를 성령으로 해야 합니다. 영의기도가 되어야 한다는 것입니다. 영으로 기도할 때 영이신 하나님이 들으시고 응답하시기 때문입니다. 영의 기도에 대하여 바르게 알기를 원하시면"깊은 영의기도 숙달하는 비결"과 앞으로 출간될 예정인 "기도 쉽게 바르게 하는 법"을 읽어보시기를 바랍니다.

그러면 무엇이 신령함을 개발하는 생활인가를 살펴보겠습니다.

첫째, 하나님의 음성을 듣고 순종하는 것입니다. 신령한 성도는 하늘에 속한 성도입니다. 하늘에 속한 성도는 살아계신 하나님의 음성을 듣고 순종해야 합니다. 하나님은 하나님의 말씀을 듣고 순종하는 성도를 으뜸이 되게 하십니다. 하나님은 지금도 살아서 역사하시는 분이기 때문입니다. 하나님에게 쓰임을 받으려면 음성을 듣고 순종하는 영성이 되어야 합니다. 마태복음 16장에 13절 이하에 보면 예수님이 제자들에게 자신이 누구인지 물어보는 사건이 나옵니다. "예수께서 빌립보 가이사랴 지방에 이르러 제자들에게 물어 이르시되 사람들이 인자를 누구라 하느냐, 이르되 더러는 세례 요한, 더러는 엘리야, 어떤 이는 예레미야나 선지자 중의 하나라 하나이다. 이르시되 너희는 나를 누구라 하느냐, 시몬 베드로가 대답하여 이르되 주는 그리스도시요 살아 계신 하나님의 아들이시니이다. 예수께서 대답하여 이르시되 바요나 시몬아 네가 복이 있도다. 이를 네게 알게 한 이는 혈육이 아니요 하늘에 계신 내 아버지시니라. 또 내가 네게 이르노니 너는 베드로라 내가 이 반석 위에 내 교회를 세우리니 음부의 권세가 이기지 못하리라. 내가 천국 열쇠를 네게 주리니 네가 땅에서 무엇이든지 매면 하늘에서도 매일 것이요, 네가 땅에서 무엇이든지 풀면 하늘에서도 풀리리라 하시고, 이에 제자들에게 경고하사 자기가 그리스도인 것을 아무에게도 이르지 말라 하시니라"

예수님은 사람의 소리나 소문을 듣고 말하는 성도에게는 관심이 없습니다. "사람들이 인자를 누구라 하느냐, 이르되 더러는 세례 요한, 더러는 엘리야, 어떤 이는 예레미야나 선지자 중의 하나라 하나이다." 하나님이 하시는 말씀을 직접 듣고 행하는 사람을 으뜸으로 대우하여 주십니다. "너희는 나를 누구라 하느냐" "시몬 베드로가 대답하여 이르되 주는 그리스도시요 살아 계신 하나님의 아들이시니이다. 예수께서 대답하여 이르시되 바요나 시몬아 네가 복이 있도다. 이를 네게 알게 한 이는 혈육이 아니요 하늘에 계신 내 아버지시니라."

하나님의 말씀을 듣고 말한 베드로를 칭찬하십니다. 베드로가 하나님의 말씀을 들을 수 있는 영성이 되었다는 것입니다. 즉, 베드로는 하나님의 말씀을 들으려고 집중했다는 것입니다. 우리도 베드로와 같이 하나님에게 집중하여 하나님의 말씀을 듣고 말씀대로 순종하는 것이 신령한 생활 태도입니다.

민수기 12장 1절이 하에 보면 이런 사건이 나옵니다. "모세가 구스 여자를 취하였더니 그 구스 여자를 취하였으므로 미리암과 아론이 모세를 비방하니라. 그들이 이르되 여호와께서 모세와만 말씀하셨느냐 우리와도 말씀하지 아니하셨느냐 하매 여호와께서 이 말을 들으셨더라. 이 사람 모세는 온유함이 지면의 모든 사람보다 더하더라. 여호와께서 갑자기 모세와 아론과 미리암에게 이르시되 너희 세 사람은 회막으로 나아오라 하시니, 그 세 사람이 나아가매, 여호와께서 구름 기둥 가운데로부터 강림하사

장막 문에 서시고 아론과 미리암을 부르시는지라. 그 두 사람이 나아가매, 이르시되 내 말을 들으라. 너희 중에 선지자가 있으면 나 여호와가 환상으로 나를 그에게 알리기도 하고 꿈으로 그와 말하기도 하거니와 그(모세)와는 내가 대면하여 명백히 말하고 은밀한 말로 하지 아니하며, 그는 또 여호와의 형상을 보거늘 너희가 어찌하여 내 종 모세 비방하기를 두려워하지 아니하느냐. 여호와께서 그들을 향하여 진노하시고 떠나시매, 구름이 장막 위에서 떠나갔고 미리암은 나병에 걸려 눈과 같더라. 아론이 미리암을 본즉 나병에 걸렸는지라"

하나님이 모세를 비방하는 사람들을 향하여 진노하시면서 모세는 너희들과 다르다고 말씀을 하십니다. "그(모세)와는 내가 대면하여 명백히 말하고 은밀한 말로 하지 아니하며, 그는 또 여호와의 형상을 보거늘 너희가 어찌하여 내 종 모세 비방하기를 두려워하지 아니하느냐." 선지자라고 다 똑같은 선지자가 아니라는 것입니다. 하나님의 말씀을 대면하여 듣는 모세를 으뜸으로 대우하셨습니다. 하나님의 말씀을 직접 듣는 선지자가 으뜸이 된다는 것입니다. 하나님의 음성을 직접 들으려고 성령의 불세례도 받고 음성을 듣는 훈련도 하는 것입니다. 하나님은 살아서 역사하시는 생명의 하나님이시기 때문입니다. 하나님의 음성을 듣고 순종하며 사는 것이 신령한 생활 태도입니다.

둘째, 예배하기를 즐거워하는 것이 신령한 생활입니다. 모든 믿는 자의 조상이라고 불리는 아브라함은 예배드리기를 즐거워하였습니다. 아브라함은 그가 머무는 곳마다 그곳에서 단을 쌓고 예배를 드렸습니다. 아브라함은 예배를 모든 일을 결정하는 요소를 삼았습니다. 하나님의 명령에 순종하여 매소포타미아에서 가나안으로 이주한 아브라함은 재산이 늘어나서 큰 부자가 되었습니다. 조카 롯도 양 떼와 소 떼가 많아져서 그들이 함께 살기에는 너무 좁았습니다. 그러자 아브라함이 롯과 헤어지기로 결단을 내렸습니다. 롯에게 선택의 우선권을 주자 롯이 요단 온 들을 택하여 떠나갔습니다. 그곳에는 죄악이 극심한 소돔 고모라가 있었지만 롯은 목축하기에 유리한 편을 택하였습니다.

그리고 결국 소돔 성에 들어가 살았습니다. 롯의 가족들은 소돔 성 사람들의 영향을 받아 예배를 등한히 하게 되었습니다. 소돔과 고모라에 죄악이 극에 달하자 하나님께서 심판하셨습니다. 롯은 소돔과 고모라 성이 멸망당할 때 재물을 모두 잃고 아내는 소금 기둥이 되어버리는 환난을 겪었습니다.

반면에 아브라함은 하나님을 섬기며 예배하는 일을 최고의 목표와 과제로 삼았습니다. 아브라함은 롯과 헤어져서 헤브론 산지를 택했습니다. 헤브론 산지는 흐르는 강이 없었고 목초가 넉넉하지 않았습니다. 때를 따라서 적절하게 우로가 내려야만 물이 있고 풀이 났습니다. 그러므로 항상 하나님을 의지해야 했습니다. 세속적인 삶에 젖게 된 롯은 재물을 다 잃어버리고 비참하게 되었지만 하나님을 섬기며 예배하는 것을 최고의 목표와 과제로 삼는 신령한 생활을 한 아브라함은 창대하게 되었습니다.

아브라함처럼 하나님의 말씀을 듣고 기도하며 찬송하는 예배를 즐거워하는 생활이 신령한 생활입니다.

셋째, 말씀의 비밀을 많이 깨닫고 사는 것이 신령한 생활입니다. 신령해지는 것은 자신이 말씀의 비밀을 깨닫는 만큼씩 변화되는 것입니다. 신령함은 말씀의 깨달음과 비례하는 것입니다. 성령으로 장악당하니 신령하여 말씀의 비밀을 깨달을 수가 있는 것입니다. 말씀의 비밀을 깨달은 만큼 영적으로 변했기 때문에 신령해지는 것입니다. 기도를 많이 한다고 신령해지는 것이 아닙니다. 능력 있는 목사님에게 안수를 많이 받는다고 신령해지는 것이 아닙니다. 신령한 성도는 성경을 해석하는 것이 아니고, 말씀을 체험하여 깨달아 성령으로 해석하여 전할 수 있는 수준이 되는 만큼씩 심령이 열리고 신령해지며 권능이 나타나는 것입니다.

다시 말하면 말씀이 영이요 생명이라는 것을 체험하고 믿어지는 만큼씩 신령해진다는 것입니다. 말씀이 영이요, 생명이라는 것이 깨달아지는 것은 자신이 그만큼 영적으로 변했다는 증거입니다. 우리는 다음의 말씀을 주의 깊게 읽고 묵상해야 합니다. 하나님의"말씀(예언)은 언제든지 사람의 뜻으로 낸 것이 아니요 오직 성령의 감동하심을 받은 사람들이 하나님께 받아 말한 것임이라"(벧후 1:21). 하셨다는 것을 말입니다. 그러므로 체험하며 말씀의 비밀을 깨닫고 영으로 사는 것이 신령한 생활입니다.

넷째, 하나님을 주인으로 모시고 사는 것이 신령한 생활입니다. 자신의 능력과 수완보다 하나님의 도우심과 복 주심을 의지하고 매사를 하나님의 뜻에 따라 사는 것이 신령한 생활입니다. 야곱과 에서의 생활 태도를 비교해 보면 그 교훈을 얻을 수 있습니다. 에서와 야곱은 이삭과 리브가 사이에 태어난 쌍둥이 형제입니다. 에서는 육신의 능력을 너무 믿었습니다. 그는 담대하고 활달했습니다. 그 동생 야곱보다 출중한 점이 많았습니다. 그는 처세술이 뛰어나고 수완이 있으며 강한 체력으로 사냥에도 능하였습니다. 그러나 이러한 것들이 오히려 그에게 큰 약점이 되었습니다. 에서는 자신을 너무 믿었습니다. 하나님께서 아브라함의 후손에게 약속하신 위대한 복도 별로 관심거리가 되지 못하였습니다. 그래서 그는 팥죽 한 그릇에 장자의 명분을 팔고도 그 순간 만족했습니다. 야곱은 에서보다 육신의 능력이 열등했습니다. 그러나 하나님의 복을 사모하는 마음, 하나님의 도우심 아래 살고자 하는 마음이 간절하였습니다. 야곱은 신령한 복을 사모하고 거룩한 하나님의 복을 추구했기 때문에 복을 받았습니다. 하나님을 주인으로 모시고 매사를 하나님에게 물어보고 하나님의 뜻에 따라 순종하며 사는 성도가 신령한 성도입니다. 하나님의 복을 무엇보다 귀하게 여기고 하나님에게 물어보며 친밀하게 지내는 것이 신령한 생활 태도입니다.

다섯째, 주신 권능을 알고 사용할 줄 아는 것이 신령한 생활입니다. 하나님이 성도에게 주신 권능이 많이 있습니다. 이 권능을 가지고 이 땅에 하늘나라를 만들라고 주신 것입니다. 주신 권능을 가지고 마귀와 싸워서 이기라고 주신 것입니다. 성도가 세상을 살아가자면 여러 가지 문제를 만나게 됩니다. 하나님은 성도가 문제를 만날 때마다 하나님에게 기도하여 레마를 받아, 주신 권능을 사용하여 해결하기를 원합니다. 권능을 사용하지 못하면 하나님의 일을 할 수가 없습니다. 하나님은 주신 권능을 사용하라고 신구약 성경 말씀을 주신 것입니다. 말씀에 보면 이스라엘 사람들이 이방 사람들과 싸워서 이겨야 땅을 차지할 수 있도록 하셨습니다. 성령이 역사하는 교회시대를 살아가는 우리도 하나님이 주시는 레마에 따라 주신 권세를 사용해야 우리 앞에 있는 문제들이 떠나가는 것입니다. 그래서 하나님이 주신 권능을 사용할 줄 아는 자가 신령한 생활을 하는 성도입니다.

여섯째, 주님의 재림을 갈망하며 살아가는 것이 신령한 생활입니다. 주님의 재림에 관한 징조들이 예언되어 있기 때문에 성도들은 그 재림이 임박하였다는 것을 알 수 있습니다. 누구도 예수님께서 재림하시는 날짜를 알 수는 없으나 확실한 것은 주님께서 틀림없이 재림하신다는 것입니다. 주님의 재림을 늘 생각하고 갈망하는 성도는 항상 깨어서 성령으로 기도하며 정신을 차리고 생활합니다.

주님의 칭찬과 상급을 바라며 살아가는 것이 신령한 생활입니다. 요한계시록 22장에는 "보라 내가 속히 오리니 내가 줄 상이 내게 있어 각 사람에게 그의 일한 대로 갚아 주리라"(계 22:12)는 예수님의 말씀이 기록되어 있습니다. 주 앞에 서는 날 칭찬

받고 상 받기를 기대하며 살아가는 성도는 주의 일에 힘쓰며 살게 됩니다. 자신이 가진 것을 헛된 일에 낭비하지 않고 복음을 전하며 성도를 섬기는 일에 사용하게 됩니다.

일곱째, 천국을 사모하며 살아가는 것이 신령한 생활입니다. "믿음으로 아브라함은 부르심을 받았을 때에 순종하여 장래 기업으로 받을 땅에 나갈새 갈 바를 알지 못하고 나갔으며 믿음으로 저가 외방에 있는 것같이 약속하신 땅에 우거하여 동일한 약속을 유업으로 함께 받은 이삭과 야곱으로 더불어 장막에 거하였으니 이는 하나님의 경영하시고 지으실 터가 있는 성을 바랐음이니라"(히 11:3~10).

"땅에서는 외국인과 나그네로라 증거하였으니 이같이 말하는 자들은 본향 찾는 것을 나타냄이라 저희가 나온바 본향을 생각하였더면 돌아갈 기회가 있었으려니와 저희가 이제는 더 나은 본향을 사모하니 곧 하늘에 있는 것이라. 그러므로 하나님이 저희 하나님이라 일컬음 받으심을 부끄러워 아니하시고 저희를 위하여 한 성을 예비하셨느니라"(히 11:13-16).

아브라함은 가나안에 와서 굉장한 부자가 되었습니다. 그런데 항상 천막에 살았습니다. 이는 그의 본향이 하늘이며 나그네와 행인으로 외국에 살고 있다는 것을 나타내기 위한 것이었습니다. 그러므로 하나님이 그들을 기뻐하시고 그들을 위해서 성을 예비하셨다고 말씀하셨습니다. 우리는 이 세상사는 동안 나그네와 행인으로 사는 것을 잊지 않게 되기를 바랍니다. 그래서 하늘 도성, 우리 주 예수님이 예비하신 아버지의 집을 늘 사모하며 살게 되기를 바랍니다. 이것이 신령한 생활입니다.

기독교라는 생명의 종교를 선호하여 신앙생활을 열심히 하여도 육에 속한 사람에 지나지 않습니다. 예수 그리스도를 믿어 성령으로 거듭나 성령의 인도를 받는 사람만이 신령한 사람입니다. 성령으로 하나님의 음성을 듣고 순종하는 성도가 신령한 성도입니다. 신령한 사람은 신령한 생활을 하려고 작정하고 힘쓰는 사람에게 성령께서 신령한 생활에 깊이 나아가도록 이끄시고 도와주십니다. 성령으로 거듭난 성도는 모두 신령한 사람입니다. 영이신 하나님과 교통하며 친밀하게 사는 것이 신령한 생활입니다. 신령한 생활을 하는 성도는 하나님과 영적 수준이 같아서 삶에서 아브라함의 축복을 받게 되는 것입니다.

4장 권능 있고 신령한 군사가 되는 법

(행1:8)"오직 성령이 너희에게 임하시면 너희가 권능을 받고 예루살렘과 온 유대와 사마리아와 땅 끝까지 이르러 내 증인이 되리라 하시니라"

권능 있고 신령한 성도가 하나님의 군사입니다. 하나님은 말씀과 성령으로 충만하여 권능과 신령한 성도가 되기를 원하십니다. 권능과 신령함이 없어서는 진정한 하나님의 군사가 될 수가 없습니다. 그러므로 권능과 심령 함은 하나님에게 쓰임을 받는 데 아주 중요합니다. 권능이 있어야 마귀를 제압하며 이 땅에 하늘나라를 만들 수가 있기 때문입니다. 신령함은 하나님의 뜻과 음성을 아는데 필수요소입니다. 그러므로 성도는 권능과 신령함이 있어야 합니다.

권능과 신령함을 개발하기 위하여 어떻게 해야 합니까? 먼저 예수를 자신의 주인으로 영접해야 합니다. 예수를 믿음으로 자신 안으로 들어오신 성령으로 세례를 받아야 합니다. 권능과 신령함을 개발하기 위하여 해야 할 영적인 활동은 여러 가지일 수 있습니다. 권능과 신령함을 개발하여 하나님의 군사가 되는 조건과 상태는 여러 가지이지만, 첫째 권능과 신령함을 받아 하나님께 쓰임을 받기 위해서는 의지를 발동해야 합니다. 본인이 권능이 강하고 신령한 성도가 되겠다는 의지를 발동하여 불같은 성령으로 세례를 받는 것이 제1의 원리입니다. 그 다음 말씀과 성령으로 내적 치유하는 것이 제2의 원리입니다. 육을 타고 역사하는 귀신을 쫓아내는 것이 제3 원리입니다. 이렇게 하여 마음의 밭을 성령이 역사하는 옥토로 만들어야 합니다. 이 모든 것은 혼자의 영력이나 힘으로는 불가능합니다. 성령 충만하고 체험이 많은 사역자의 도움을 받는 것이 좋습니다. 아니 그렇게 하는 것이 빨리 권능이 강하고 신령함이 깊은 성도가 될 수 있습니다.

그리하여 생각이 영적으로 바뀌고, 마음이 감동되어, 마음의 열리면 성령이 역사하십니다. 성령으로 영적인 믿음이 생기게 됩니다. 본인의 의지가 발동되어, 본인의 원하는 대로 영의 기도가 됩니다. 자연스럽게 성령의 인도에 따라 몸과 마음이 움직여져야 합니다. 자신이 의지를 다하여 적극적인 행동으로 옮겨지는 과정을 거쳐야 합니다. 성령의 역사가 자신을 장악해야 합니다. 그러면 말씀의 비밀을 깨닫는 만큼씩 권능과 신령함이 깊어지게 됩니다.

많은 성도들과 목회자들이 권능과 신령함을 사모합니다. 사모하는 만큼 자신이 말씀과 성령으로 변하려고 하지 않습니다. 그저 권능 있는 목회자에게 안수한번 받아서 권능을 받고 신령한 성도, 목회자가 되려는 생각을 가지고 있습니다. 그러나 하나님은 절대로 이런 얄팍한 생각을 가지고 있는 분들에게 성령의 권능과 신령함을 허락하시지 않습니다.

제가 체험한 바로는 하나님의 일은 절대로 자신의 노력과 힘만으로는 할 수가 없다는 것을 깨닫게 하십니다. 자신이 나약하다는 것을 알게 하십니다. 문제를 만나 사면초과에 걸리도록 하십니다. 이 방법 저 방법을 다 동원하여 해결하려고 노력해도 해결이 되지를 않습니다. 문제를 해결하려고 하나님을 찾게 하십니다. 자신의 힘만으로는 세상에서 다가오는 문제를 해결할 수가 없다는 것을 깨달아 알고 자동적으로 하나님을 찾게 하십니다. 하나님을 찾다가 하나님의 뜻(음성)을 듣게 하십니다. 음성을 듣고 순종하려고 기도하다가 보면 성령이 감동하십니다.

성령님이 어디를 가라고 하시든지, 기독서점에 가라고 하시든지, 어떤 사람을 만나라고 하시든지 하십니다. 성령이 인도하는 장소에 찾아가서 책을 찾아 읽고, 말씀과 성령의 은혜를 받다가 보면 성령으로 세례를 받게 됩니다. 성령으로 세례를 받으면 상처가 드러나기 시작을 합니다. 상처를 치유하면서 성령으로 충만해집니다. 상처의 치유는 상당한 시간을 투자해야 합니다. 자신의 마음에 평안이 찾아올 정도로 치유를 받으면 성령으로 충만해짐과 동시에 귀신들이 정체를 폭로합니다.

예수를 믿는 사람에게 귀신이 있을 수 없다는 것은 사람의 이론입니다. 예수를 믿는 사람도 성령으로 세례를 체험하지 않았으면 육에 역사하는 귀신이 있을 수가 있습니다. 이는 전문적인 치유를 해보지 않으면 이해하기 힘든 사실입니다. 정체를 폭로한 귀신들을 축사하면 자신이 권능이 서서히 나타나면서 신령한 사람으로 변화되는 것을 체험적으로 느끼게 됩니다. 정체를 폭

뢰한 귀신의 축사는 처음에는 전문 사역자의 도움을 받아야 합니다. 어느 정도 축사가 되어 심령이 열리면 이제 자신이 자신에게 역사하는 귀신을 축사하게 됩니다.

이때가 되면 어느 정도 영이 깨어나게 됩니다. 영이 깨어남이 따라 말씀의 비밀이 보이기 시작을 합니다. 자신이 영적으로 변하고 있다는 증거입니다. 말씀을 삶에 적용하여 체험하게 하십니다. 하나님의 말씀은 일점일획도 틀림이 없다는 것을 체험으로 인정하게 하십니다. 말씀을 생명의 말씀으로 인정하면 할수록 기적을 체험하게 됩니다. 성도가 하나님의 말씀을 생명의 말씀으로 믿어야 권능이 강해지는 것입니다. 말씀을 믿은 대로 역사가 일어나기 때문입니다. 말씀을 삶에 적용하여 체험하면서 영안이 서서히 열리게 됩니다. 영안이 열리면서 권능이 강해지기 시작을 합니다.

동시에 신령함도 깊어져서 말씀의 비밀이 보입니다. 성령으로 기도를 하게 됩니다. 성령으로 기도하면서 영과 육을 구분하게 됩니다. 자신이 어떤 경우가 육의 상태이고, 어떤 경우가 영의 상태인지가 구분되기 시작을 합니다. 자신이 자신의 영육의 상태가 구분되기 시작하면 이제 상당히 영성이 깊어진 것입니다. 영성이 여기까지 발전이 되어 깊어지려면 아마도 2-3년이 걸리게 됩니다. 말씀을 삶에 적용하여 체험하면서 권능과 신령함이 깊어지기 때문입니다. 그러므로 권능 있는 목회자에게 안수한번 받아서 권능과 신령함이 있는 성도, 목회자가 되려는 생각은 애당초 하지 않는 것이 좋습니다.

그러나 좀 더 빨리 권능과 신령함에 도달할 방법은 있습니다. 그것은 권능과 신령함이 깊은 목회자를 통하여 전이 받는 것입니다. 영적인 서적을 읽으면 영적인 것을 깨달아 알아가면서 자신의 권능과 신령함을 개발할 멘토를 찾는 것입니다. 영적인 서적을 읽어서 권능과 신령함이 깊어지는 것은 아닙니다. 자신이 왜 권능과 신령한 성도가 되지 못할까 깨닫는 것입니다. 어떻게 하면 권능과 신령한 성도, 목회자가 될 수가 있는 가 방법을 깨달아 아는 것입니다. 깨달아 알아진 대로 행동해야 권능과 신령함이 깊어지게 됩니다. 그래서 제일 좋은 방법은 권능과 신령함이 강한 목회자로부터 배우고 터득하고 체험하는 것입니다. 이분을 자신의 멘토로 삼아서 훈련을 받으라는 것입니다.

다른 말로는 롤 모델을 만나야 합니다. 엘리사가 엘리야보다 갑절로 더 크게 쓰임 받은 이유는 엘리야라는 영적 대가(롤 모델)를 만났기 때문입니다. 나에게 도전정신을 주고, 나를 자극하고 흔드는 인생의 롤 모델을 만나야 합니다. 엘리야 같은 본받고 싶은 인생의 롤 모델을 만나기를 성령으로 기도해야 합니다. 한번뿐인 인생, 어떻게 살아야할지 조언해줄 수 있는 인생 선배를 만나야 합니다. 무엇을 위해, 어떻게 살아야 할지, 현명하게 지도해줄 수 있는 인생의 모델을 만나는 것이 복중의 복입니다.

10~20대에는 배우자를 위한 기도보다는 본받고 뛰어넘을만한 엘리야와 같은 영적인 대가를 만나기 위해 기도해야 합니다.

바울이 바나바를 만난 것이 우리가 지금 알고 있는 바울이 될 수 있었던 가장 큰 원인이고, 디모데가 바울을 만난 것이 디모데의 인생의 최고의 복입니다. 쉽게 롤 모델을 만날 수 있는 방법이 '책을 읽는 것'입니다. 책을 통해 수많은 영적인 대가와 인생의 롤 모델을 만날 수 있습니다.

어떤 사람의 장점이 좋아 따라가다가 그 사람의 단점을 발견하고는 포기하는 경우를 봅니다. 그런 사람은 절대 큰사람이 될 수 없습니다. 엘리사는 엘리야를 10년 넘게 따라다녔습니다. 누군가를 따라다닌다는 것은 꼭 존경하고 좋아하기 때문만은 아닙니다. 그에게 배울 점이 있기 때문입니다. 배울 점이 있는 사람이라고 꼭 장점만 있는 것은 아닙니다. 엘리사는 엘리야의 장점도 봤겠지만 단점도 봤을 것입니다. 하지만 엘리사는 엘리야에게 장점을 배웠고, 결국 엘리야를 뛰어넘는 하나님의 사람이 되었습니다.

누군가를 자신의 롤 모델로 삼는 것으로 끝나면 안 됩니다. 누군가의 장점을 발견하는 것으로 끝나면 안 됩니다. 그를 닮기 위해 노력해야 합니다. 노력은 거짓말하지 않는 것입니다. 자신이 추구하고 싶은 영감과 권능, 신령함을 가진 목회자를 롤 모델로 삼았으면 그의 행동, 말씀 전하는 법, 기도하는 습관, 집회방법 등을 그대로 따라해 보세요. 그리고 그 목회자보다 2~3배 더 노력해보세요. 노력이라는 대가를 지불하면 그를 능가할 수 있습니다. 이렇게 하면 당신도 반드시 권능과 신령함이 깊어져서 하나님에게 쓰임을 받을 수 있을 것입니다. 권능과 신령함이 깊어지면 사용해야 합니다. 사용을 하면서 더 강한 권능이 나타나게 됩니다. 신령함을 사용하면 할수록 깊어지게 됩니다. 하나님이 함께 하신다는 믿음이 강해지게 됩니다. 자꾸 사용함으로 믿음이 강해지니 권능과 신령함은 배가 되는 것입니다. 사용하지 않으면 소멸이 될 수도 있으니 주의해야 할 것입니다. 다음은 저희 충만한 교회에서 치유 받고 훈련받아 권능과 신령함이 깊어진 사례입니다.

첫째. 충만한 교회의 성령치유 집회에 참석하여 사모하던 성령을 체험하고 치유되니 권능이 나타납니다. 경남에서 올라오셔서 성령체험하고 치유 받아 권능이 나타나는 목사님의 간증입니다. 이목사님이 성령체험을 하려고 7년을 서울로 수원으로 성령집회에 다녔다고 합니다. 이번에 가면 성령 체험 하겠지 하고 경남에서 서울까지 큰마음을 먹고 올라왔으나 허탕을 쳤답니다. 또 수원에 어느 교회에서 집회하는데 성령의 역사가 강하다고 하여 올라왔다가 허탕을 쳤습니다. 이 목사님이 이렇게 성령체험을 하려고 하는 대는 이유가 있었습니다. 혈기와 분노의 상처로 인하여 사모님과 자녀들에게 혈기를 유발하여 가정이 평안하지를 않았습니다. 교회에서도 자주 혈기 때문에 성도들에게 상처를 주어 성도가 떠나가는 일이 많았다고 합니다.

그래서 모든 것이 자신의 마음의 상처 때문이라고 인정하고 이것을 치유하려면 성령을 체험해야 한다고 생각하고 의지를 가지고 꼭 성령체험을 하고야 만다는 마음가짐으로 경남에서 서울 수원까지 7년을 다닌 것입니다. 그것도 사모님이 이 목사님이 변하는 것은 성령체험 밖에 없다고 생각하고 계속 등을 밀어서 서울로 수원으로 가도록 했다고 합니다. 그런데 7년이 지나도 성령 체험을 하지 못한 이유가 있습니다. 첫째, 국민 일보에 대문짝만하게 광고가 나오는 사람이 많이 모이는 집회만 참석했기 때문입니다. 둘째, 능력 있다는 강사목사에게만 성령의 불을 받으려고 관심을 두었기 때문입니다. 셋째, 내면세계를 알지 못했다는 것입니다. 즉, 성령의 불의 역사가 자신 안에서 나와야 되는 것을 모르고 밖에다만 관심을 두었기 때문입니다.

그렇게 돌아다니다가 우리교회가 성령의 불의 역사가 강하다는 소문을 듣고 오신 것입니다. 저는 목회자나 성도들에게 성령을 체험하게 하는 영적인 비결을 터득하여 사용하고 있습니다. 제가 인도하는 대로 순종만 하면 성령체험 못하는 분이 없습니다. 이 목사님이 제가 하라는 대로 순종하여 몇 주 안 되어 성령을 체험했습니다. 성령을 체험하고 나니 목사님 속에서 역사하던 수많은 상처들이 떠나갔습니다. 상처가 떠나가니 목사님의 근본 문제인 분노의 영이 시골에서 돼지를 잡으려고 돼지 목을 따면 지르는 괴성을 한 50분간 지르다가 떠나갔습니다. 성령의 강한 임재로 얼굴이 어그러지고 손이 뒤틀리고 발버둥을 치며 귀신들이 떠나갔습니다. 차츰 목사님의 얼굴이 성령으로 충만해졌습니다. 성령으로 충만하여 치유되면 얼굴이 먼저 변합니다.

유순하고 평안한 얼굴로 변합니다. 그 멀리 경남에서 한 주도 빠짐없이 몇 주를 다니셨습니다. 많은 치유를 경험했습니다.

그렇게 은혜를 많이 받던 어느날 목사님이 저에게 식사를 대접하겠다고 했습니다. 식사를 하면서 목사님이 저에게 하시는 말씀이 이렇습니다. 목사님은 사역을 참 순진하게 하십니다. 뭐 그렇게 열심히 기도를 해주느냐고 하는 겁니다. 대충해서 오래오래 다니게 해야지 그렇게 오래 집중 안수기도를 해주니 성령체험하고 권능을 받고 오지 않는 것이라고 이제는 슬슬하라고 하는 것입니다.

그래서 제가 목사님! 하나님이 저의 이런 모습을 보고 사용하십니다. 앞으로도 순진하게 사역을 하겠습니다. 했습니다. 그러고도 몇 주를 더 다녔습니다.

그러던 어느날 집회를 종료하고 목사님! 이제 치유가 어느 정도 되고 예배 때에 성령의 역사가 일어나고 안수할 때 능력도 나타나니 교회에서 기도하며 유지하겠습니다. 그래서 그렇게 하라고 했더니 이제 올라오시지 않았습니다. 그러다가 년 말이 되었습니다. 그 목사님으로부터 택배가 왔습니다. 물건을 열어보니 보약 두 재를 지어서 보낸 것입니다. 그 안에 편지를 동봉하였습니다. 편지에 이렇게 씌어있었습니다.

목사님 감사합니다. 성령체험하게 하시고 치유 받고 권능을 받아 변화되게 하시니 감사합니다. 내거 변하니 가정이 변하고, 가정이 변하니 교회가 성장합니다. 사모도 자녀들도 아주 좋아합니다. 가정이 천국이 되었습니다. 교회성도들도 무척이나 좋아합니다. 성령의 역사로 교회도 많이 부흥했습니다. 병자를 안수하면 질병과 상처가 치유됩니다. 저에게도 이렇게 권능이 나타납니다. 목사님! 사역하시느라고 수고가 많으신데 제가 한약방에 가서 몸과 건강에 좋은 것을 지어서 보냅니다. 드시고 건강하게 저같이 고생하는 사람들을 치유해주세요. 감사합니다. 목사님의 교회성장과 사역의 부흥을 기도드립니다. 할렐루야!

둘째 이야기는 심장과 대장의 질병으로 고통을 당하다가 저희 교회에 와서 치유 받고 권능과 신령함이 깊어져서 하나님에게 쓰임을 받고 있는 목사님의 간증입니다. 개척한지 3개월 쯤 지나서부터 몸에 이상이 오기 시작했습니다. 이유를 알지 못하는 대장 결장의 참기 힘든 통증을 동반하는 엄청난 고통이 찾아왔습니다. 그래서 고통 속의 나날을 보내다 대학병원에서 검사를 했지만 별 이상이 없다는 판결을 받았습니다. 그러나 그 고통은 사라지지 않았고, 그래서 계속 침을 맞으며 장약을 먹으며 고통을 참아야 했습니다. 나중에 안 사실이지만 병원에서 처방을 해준 약들은 모두 위장약이었습니다. 사실 도움이 되지 않는 약들이었습니다.

그런데 문제는 더 확산이 되었습니다. 대장의 통증이 사리지는 것이 아니라 한 달 정도가 지나자 이것은 심장에 문제로 확산이 되었습니다. 숨이 차서 잠을 자지 못하는 일이 생기게 된 것입니다. 그래서 몸무게는 100kg에서 65kg으로 빠졌고, 도저히 견딜 수 없이 숨이 차고 잠을 잘 수 없어 다시 대학병원 심장 센터에 입원하여 혈관 확장 시술을 하였고, 결국 협심증이란 진단을 받고 약을 타서 돌아왔습니다.

그러나 문제는 평생 약을 먹어야 한다는 의사의 진단을 받은 것이고, 더 큰 문제는 약을 먹은 지 1주일이 지나자 위장이 쓰리고 아파서 더 이상 약도 먹을 수가 없었습니다. 대장이 아파서 그동안 먹었던 위장약이 위장을 망가뜨린 것입니다. 약을 먹자니 위장이 참을 수 없이 아프고 안 먹자니 숨이 차서 잠을 잘 수가 없는 것입니다. 그래서 완전히 소망을 잃어버렸습니다. 살 길이 보이지 않았습니다.

그래도 하루를 잘 넘기려면 또 다시 위장의 아픔을 감수하면서 약을 먹어야 하는 내 자신을 바라보며 벗어날 길을 찾아보았지만 그것은 내 능력 밖이었습니다. 그런데 시련은 여기서 끝나지 않았습니다. 이제는 아예 잠이 오지 않는 것입니다. 그렇게 병원에서 퇴원하여 한 달이 지난 후, 하루에 5분도 자지 못하는 불면증이 생긴 것입니다. 그렇게 해서 또 한 달이 지나갔습니다. 정말 잠을 못 자는 고통은 말로 표현할 수 없습니다.

여기저기 유명하다는 곳을 다 다녀도 정의 상태는 호전 되지 않았습니다. 좀 숨이 덜 찬다 싶다가도 주기적으로 숨이 차기 시작하면 3,4일 계속 되어 잠을 이루지 못했습니다. 이렇게 1년이 지나서 3월이 되었습니다. 그러자 나를 지켜보던 동서 목사님이 저를 찾아와 중심으로 권면을 하시면서 강 요셉 목사님을 소개하시면서 다음 주부터 참여하라고 했습니다. 살길을 잃은 저는 정말 살기 위해서 충만한 교회를 찾았습니다.

월요일부터 목요일까지 참여하다가 그냥 상담이나 하고 가려고 했습니다. 상담 중에 목사님은 심장이 약하다고 하시면서 두려워하지 말라고 하시고, 말씀과 성령으로 장악이 될 때까지 꾸준히 다닐 것을 권면하셨습니다. 다른 것은 다 마음에 들지 않았지만 목사님의 권면에는 믿음이 생기게 하시는 확신이 있었습니다. 그래서 이래도 죽고 저래도 죽을 인생인데 그냥 말씀이라도 듣다가 죽자 생각하고 아내와 함께 열심히 참여하여 말씀을 듣고 치유를 받았습니다. 그리고 6개월 정도가 지나자 협심증 증세가 사라지기 시작했습니다. 숨이 차는 주기가 점점 길어지기 시작하더니 완전히 살아졌습니다. 그래서 헬스를 할 때, 달리기도 할 수 있었습니다. 그래서 다른 것도 회복되기를 기다렸는데 대장의 통증이나 위장의 통증이나 불면증, 그리고 가슴통과 왼쪽 내장 통은 잘 사라지지 않았습니다.

매일 기도를 쉬지 않았습니다. 매일 밤 숨쉬기기도, 명령기도, 성령으로 채우는 기도를 하면서 밤을 지새웠습니다. 그런데 이제 언제 다 살아졌는지 모르게 지금 이 글을 쓰고 있는 저의 몸은 대부분이 정상으로 돌아왔습니다. 그 뿐만 아니라 은사도 온 것을 느낍니다. 영을 분별하는 영적 직감이 생겨났습니다. 그리고 성도들의 영적 상태를 그냥 느끼고 알게 되는 민감함이 생겨났습니다. 한마디로 권능과 신령한 목사로 바꾸어진 것입니다.

신학공부로 이룰 수 없는 엄청난 영적 부요함이 함께 생겨난 것입니다.

몇 주 전 미루고 미루던 건강검진을 받았습니다. 그렇게 아프던 위장이 검사결과 정상이었고, 다른 부위에도 별다른 문제가 없는 것으로 나왔습니다. 요즘은 양념한 음식도 먹기 시작했고, 소화도 잘 되고, 식탁에 앉으면 감사가 넘칩니다. 전에는 아픈 몸을 이끌고 살기 위해서 온갖 지역과 사람들을 찾아다니며 치유와 능력을 받아 보려고 했지만, 강 목사님 말씀대로 나의 내면이 말씀이 빈약하고 성령으로 충만하지 못해 모든 것이 소용이 없었던 것을 이제 발견하게 됩니다.

그리고 깊은 영의기도를 하지 못하고 수없는 날을 악을 쓰며 육으로 부르짖었지만 소용이 없었다는 것도 알게 되었습니다. 그리고 내안에 상처와 증오심과 용서하지 않는 마음으로 인해 수없는 조상의 영들과 상처의 영들과 지역의 영들로부터 온갖 공격을 받았다는 것도 알게 되었습니다. 이제 완전하게 치유를 받았습니다. 치유 되니 예배 때마다 성령의 역사가 강하게 일어납니다. 성도들을 안수할 때 성령의 세례를 받습니다. 정말 제가 이렇게 될 것이라는 것을 상상하지 못했는데 성령님이 하셨습니다. 저와 같이 고통 중에 계신 분들 소망을 갖기를 바랍니다.

세 번째 이야기는 반신불수로 고생하다가 치유 받고 권능을 받은 목사님의 간증입니다. 허리에서부터 얼굴까지 반신불수가 되어 12월 20일부터 다음해 4월 25일 충만한 교회에 오기 전까지 반신불수가 되어 거동을 못하며 집안에서 지내던 목사님의 이야기 입니다. 친한 친구 목사님들이 충만한 교회에 가면 치유가 된다는 말을 듣고 차에 실려 우리 교회 성령치유 집회에 참석하여 은혜를 받았던 이야기 입니다. 그런데 참석한 첫날부터 강한 성령의 불을 받고 온몸이 불덩어리가 되더니 몸이 뒤틀리기 시작 했습니다. 악한 귀신들이 발작을 한 것입니다. 제가"예수 이름으로 명하노니 허리를 잡고 있는 더러운 귀신은 떠나가라" 하고 안수 기도를 할 때마다 수많은 귀신들이 발작을 하면서 떠나고 소리를 지르면서 떠나갔습니다.

목사님의 이야기입니다."저는 이때까지 내가 허리디스크와 좌골 신경통으로 이렇게 거동을 못하게 되었지, 악한 영의 역사로 이렇게 되었다고는 꿈에도 생각을 하지 않고 병원치료만 하였습니다. 한마디로 영적인 무지한이었습니다. 성령님의 인도로 충만한 교회에 와서 성령의 불을 받고 아~ 이것이 영적으로 문제가 되어 발생한 것이구나! 체험적으로 인정을 했습니다.

저는 충만한 교회에 오기 전에 영적인 집회에 참석을 많이 했습니다. 심지어는 미국에 가서 빈야드 집회도 참석을 했습니다. 그때도 몸이 뒤틀리고 발작을 했습니다. 거기 있는 사역자들이 성령의 불을 받은 것이라고 했습니다. 저는 성령의 불을 받았기 때문에 저에게 악한 영이 역사한다는 것은 꿈에도 생각을 못했습니다. 저의 허리를 아프게 하는 것은 악한 영의 역사라고 인정을 하니 귀신이 떠나가고 치유되기 시작하다가 며칠 지나니 저

혼자도 걸을 수가 있었습니다.

강 목사님이 안수 기도를 하면 할수록 몸이 편안해졌습니다. 허리 아픈 것이 점점 없어졌습니다. 몸이 뒤틀리고 발작하는 것도 없어졌습니다. 정말 신기할 정도로 안정을 찾았습니다. 치유되고 능력을 받으니 심령이 읽어지는 지식의 말씀의 은사가 나타나고 안수 기도하면 강요셉 목사님 같이 성령의 역사가 강하게 나타납니다. 그래서 다시 목회를 시작하니 교회가 점점 부흥이 되었습니다. 몇 개월 다니면서 치유를 받으니 이제 몸도 완치가 되었습니다. 저를 치유하신 하나님에게 영광을 돌립니다."

하나님은 사역자를 만드실 때 질병의 고통을 체험한 후에 치유 받고 사역을 감당하게 하십니다. 저는 항상 이렇게 말합니다. 성령의 능력이 왔으면 먼저 자신을 치유하라는 것입니다. 자신이 치유된 다음에 가정을 치유하는 것입니다. 가정을 치유하여 성령으로 장악이 되면 세상에 나가 성령께서 지시하시는 사역을 하라는 것입니다. 이와 같은 영적인 원리를 다시 설명하면 이렇습니다. 하나님은 권능을 주시고 숙성하는 기간을 부여하십니다. 권능을 숙성하는 기간에 자신을 치유하는 것입니다. 자신을 치유하면서 영적 전쟁하는 비결을 터득합니다. 영육을 치유하는 비결도 터득하게 하십니다. 권능을 받아 사용하려면 성령의 인도를 받아야 합니다.

네 번째 이야기는 정신적인 문제로 정상적인 생활을 하지 못하다가 치유 받고 간증한 내용입니다. 할렐루야! 먼저 충만한 교회로 인도해주신 성령하나님을 찬양합니다. 저는 2012년 10월부터 최근 2013년 10월까지 충만한 교회 평일 집회에 꾸준히 참석하여 치유 받은 k자매입니다. 서점에서 목사님의 책을 보고 문제를 해결 받아야겠다는 감동으로 오게 되어 많은 은혜를 받았습니다. 목사님이 기도할 때에 안수를 해주시는데 제 심령이 평안히 받지 못하고 깜짝깜짝 놀랄 정도로 안정되지를 못했었습니다. 그러다가 내적치유와 축사를 통해 점차 편안히 안수를 받을 수 있게 되었습니다. 매주 마다 과목이 틀려 필요한 영적 지식을 골고루 배울 수 있었고 항시 성령의 강한 역사가 집회 가운데 있어 제가 지금까지 살아오면서 받은 상처와 쓴 뿌리를 캐내고 문제의 원인을 아는 귀중한 시간들이었습니다.

성령님이 울리시면 울리시는 대로 기침을 하라고 하면 하라는 대로 맡기며 기도에 몰입했는데 정말 강한 만지심으로 혼으로 통제할 수 없는 강한 통곡과 외침으로 아픔을 쏟아내었습니다. 그것이 얼마나 큰 은혜인지요. 항상 성령님을 찾고 기도할 수 있도록 목사님이 가르쳐주신 기도는 삶에 아주 유용했습니다.

과거에는 제 힘으로 극복해보려고 온갖 방법을 동원해보았지만 헛수고 이었습니다. 기도 중 내면의 음성으로 성령님을 전적으로 의존하지 않은 것이 가장 큰 잘못이었음을 지적해주셔서 회개하고 성령님만을 찾고 온전히 의지하기로 결단을 하였습니다. 살아오면서 상처가 많았던 저는 용서해야 할 사람과 사건을 떠올리며 성령님께 해결을 맡겼고, 또한 상처 뒤에 붙어 저를 힘들게 했던 더러운 귀신이 축사되어 나가는 역사를 매 때마다 이루어 주셨습니다. 상처도 원치 않게 받았는데 귀신까지 저를 힘들게 해서 정말 피폐한 나날들이었습니다.

그러나 이제는 내적인 치유와 더불어 귀신까지 떠나가고 완전하게 자유하게 되었습니다. 말씀과 성령에 치중하여 다시는 더러운 것들이 들어오지 못하도록 예방신앙에 힘쓰도록 노력하고 있습니다. 예방신앙은 강 요셉 목사님이 늘 강조하시는 건데 안 좋은 일을 당한 후에 해결하는 것이 더 힘이 드니 미리 미리 예방을 하여 자신의 심령을 지키라는 것입니다. 심령관리는 본인이 해야 하는 것이라고 하시면서 안정된 심령을 강조하십니다.

지나온 세월 모태부터 지금까지 모르고 당했던 일들을 성령님이 치유해주시고 해결 받게 해주셔서 말로 못할 감사를 올려드립니다. 저 자신도 영적지식을 힘써 쌓고 기도와 자녀의 권세로 무장하여 악한 귀신이 피해가는 역사를 이뤄나갈 것을 예수님의 이름으로 결단하고 선포합니다. 제 안의 무수한 짐들을 쏟아내고 성령님 중심으로 살 수 있도록 멘토 해주신 강 요셉 목사님께도 감사를 드립니다. 말씀과 성령으로 거듭나 새 사람으로 살도록 역사해주신 성령하나님께 모든 영광을 올립니다.

다섯 번째 이야기는 육신의 질병으로 정상적인 생활을 하지 못하다가 저희 충만한 교회에 와서 모든 질병을 완전하게 치유 받고 권능과 신령함을 받아 능력전도하며 정상적인 삶을 살고 계시는 장로님의 간증입니다. 주님! 감사합니다. 모든 영광하나님께 올려드립니다. 저는 베체트, 허리디스크, 척추종양, 심장병(부정맥)으로 고생을 했습니다. 모두 병원에서 치유할 수 없다는 불치병입니다. 참고로 베체트병으로 끊임없이 나타나는 설염, 구내염, 심지어 편두까지 염증이 생겨 뜨겁고 매운 건 먹지를 못하고, 혀가 아파 말조차 하기 어려운 고통을 당했습니다.

이렇게 고생하다가 책을 읽고 충만한 교회를 알게 되었습니다. 지난 3월부터 9월까지 6개월간 다녔습니다. 다니면서 매주마다 다른 영성 깊은 과목을 배우면서 필요한 영적 지식으로 잠자는 나의 영을 깨우는 기간이었습니다. 성령님이 임재 하여 깨닫게 하심으로 내가 왜 이렇게 질병으로 고생하고 있는지 근본 원인을 아는 기간이었습니다. 항시 성령의 강한 역사로 제가 지금까지 살아오면서 받은 상처와 쓴 뿌리를 캐내는 시간이었습니다. 혈통에 흐르는 영적인 문제도 알게 했습니다.

매 시간 문제와 질병의 원인을 알고 회개하며, 용서하며 치유를 받는 귀중한 시간들이었습니다. 저의 질병의 배후에 귀신역사가 있었다는 것도 깨닫게 했습니다. 귀신이 떠나가니 질병이 치유 되더라는 것도 체험으로 알게 하는 기간이었습니다. 저는 귀신역사를 인정하지 않았던 사람이기 때문입니다.

그런데 토요일 날 예약하여 집중치유를 받을 때는 더 많은 귀신들이 떠나갔습니다. 뿌리 깊은 상처와 질병들이 치유가 되었습니다. 그 결과 병원에서 질병이 완치 되었다는 진단을 받았습니다. 베체트병은 6개월 동안 2회에 걸쳐 검사를 했습니다.

100% 정상으로 판정을 받았습니다. 허리디스크, 척추종양은 통증이 완전하게 사라졌습니다. 3개월 전부터 통증이 사라지고 MRI 사진에 특이한 증상이 없습니다. 심장병(부정맥)으로 10m만 뛰어도 어지럽고 구토증이 있었지만 지금은 100m 를 뛰어도 정상입니다.

여섯 번째 이야기는 우울증을 치유 받는 간증입니다. 저는 분당 ○○교회에 다니는 박 집사입니다. 작년부터 스트레스 받는 일이 많아지더니 금년 1월부터 우울증이 발생하여 정상적인 직장 생활을 하지 못할 지경까지 갔습니다. 정신과에 가서 진단받고 우울증 약을 먹으니 죽을 것만 같아서 얼마 지나서 먹지 않았습니다. 영적인 치유를 받자고 휴일이면 여기저기 성령치유 하는 곳과 내적치유 하는 곳을 다녔습니다. 그래도 상태가 호전 되지 않았습니다. 그러다가 지인의 소개로 충만한 교회를 알게 되었습니다.

충만한 교회에 국경일에 지인과 함께 참석 했습니다. 참석하여 내적치유에 대한 말씀을 듣고 목사님 안수를 받았습니다. 안수를 받다가 성령의 역사에 쓰러져서 한동안 울면서 기도 했습니다. 그런데 이상하게 제 안에서 이상한 소리가 나오는 것입니다. 짐승 소리도 같고 악을 쓰는 소리도 같았습니다. 목사님에게 물어보니 상처 뒤에 역사하는 악한 세력이라는 것입니다.

목사님 하시는 말씀이 상처 때문에 우울증이 발생한 것이니 빨리 상태가 호전되게 하려면 토요일 날 예약하여 집중치유를 받으라고 하셨습니다. 그래서 토요일 날 집중 치유를 예약하여 받게 되었습니다. 안수 기도를 시작하자 소리가 나오면서 악한 세력들이 사정없이 떠나갔습니다. 약 한 시간 정도 지난 것 같은데 사지가 뒤틀렸습니다. 손과 발이 오그라드는 것입니다. 조금 있다가 기침이 사정없이 나오더니 정상으로 회복이 되었습니다. 울음은 계속 나왔습니다. 내 몸에서 여러 가지 현상이 일어났는데 창피하여 여기에 적지는 못합니다.

2시간 30분 기도를 마치고 나니 몸이 솜털과 같이 가벼워졌습니다. 머리가 너무나 시원했습니다. 상처가 많아서 우울증이 발생한 것입니다. 그래서 다시 한 번 집중 치유를 받았습니다. 완전하게 치유가 되었습니다. 그렇게 우울하고 짜증이 나며 몸이 무겁던 모든 것이 다 없어졌습니다. 아이들을 기도하면 성령의 역사로 아이들의 상처가 치유됩니다. 기도가 쉬워지고 응답을 잘 받습니다. 저를 치유하시고 권능과 신령함을 주신 하나님에게 감사와 영광을 돌립니다.

우리가 바르게 알아야 할 것이 있습니다. 많은 분들이 예수 믿고 교회에 나가면 귀신이 자동으로 떠나가는 것으로 알고 있습니다. 저는 매주 토요일 집중치유를 많이 합니다. 집중 치유를 하다가 보면 40년간 믿음 생활한 권사도 예수 믿기 전에 무당에게 가고, 굿하고, 제사, 고사 지낼 때 들어왔던 귀신이 그대로 있으면서 문제를 일으키다가 정체가 폭로되니 떠나간다는 것입니다. 반드시 성령으로 세례받고 귀신을 축귀해야 한다는 것입니다.

5장 권세 있고 신령한 군사 되는 비결

(행 1:8)"오직 성령이 너희에게 임하시면 너희가 권능을 받고 예루살렘과 온 유대와 사마리아와 땅 끝까지 이르러 내 증인이 되리라 하시니라"

성도는 무엇보다 하나님과 영의 통로가 뚫려야 합니다. 무엇보다도 중요한 것이 하나님과 영의 통로를 뚫는 것입니다. 하나님은 영이 십니다. 하나님과 영의 통로가 열리려면 하나님과 같은 영적인 상태가 되어야 가능한 것입니다. 그래서 하나님은 성령으로 충만함을 받으라고 하시는 것입니다. 오로지 성령으로만 하나님과 통할 수 있기 때문입니다. 많은 분들이 예수를 믿고 교회에 들어오면 다되는 줄 착각하는 분들이 많습니다. 우리가 바르게 알아야 할 것은 성령으로 충만함이 아니고는 하나님과 통할 수 없는 것입니다. 하나님과 막힌 영의 통로가 뚫리려면 의지적인 노력을 해야 합니다. 성령님의 역사는 본인의 의지가 결부될 때 더 강하게 역사하여 주시기 때문입니다.

1.자신을 정확하게 바라보아라.

많은 성도들이 자신을 정확하게 보지를 못합니다. 말씀을 많이 알면 믿음이 있고 다 되는 줄로 착각합니다. 기독교는 지식으로 아는 종교가 아니고, 알고 체험하는 종교입니다. 알고 있는 말씀을 몸으로 느껴야 한다는 말입니다. 또, 교회에서 열심히 하면 믿음이 좋은 것으로 믿어버립니다. 성령으로 열심히 한다면 영의통로가 열린 것입니다. 자신의 욕심으로 열심히 한다면 자아로 인하여 영의 통로가 막혀있을 수도 있는 것입니다.

영의 통로는 염연하게 성령으로 열리는 것입니다. 그래서 하나님은 성령으로 봉사하라고 하십니다(빌3:3). 고린도전서 8장 2절에서는 "만일 누구든지 무엇을 아는 줄로 생각하면 아직도 마땅히 알 것을 알지 못하는 것이요"라고 말씀하십니다.

말씀과 성령으로 영안을 열어 자신을 정확하게 바라봐야 합니다. 하나님이 요한계시록 3장 17-19절에서 강조한 것과 같이 영안을 열고 자신을 바라보아야 합니다."네가 말하기를 나는 부자라 부요하여 부족한 것이 없다 하나 네 곤고한 것과 가련한 것과 가난한 것과 눈 먼 것과 벌거벗은 것을 알지 못하는 도다. 내가 너를 권하노니 내게서 불로 연단한 금을 사서 부요하게 하고 흰 옷을 사서 입어 벌거벗은 수치를 보이지 않게 하고 안약을 사서 눈에 발라 보게 하라. 무릇 내가 사랑하는 자를 책망하여 징계하노니 그러므로 네가 열심을 내라 회개하라." 사람은 누구나 완벽하지 못합니다. 다 부족하고 인간의 혼자 힘으로는 아무것도 못하는 나약한 존재입니다. 옛 사람 육체가 있기 때문입니다. 육은 미완성입니다. 반드시 하나인 하나님이 함께 해야 합니다. 그래야 완성이 되는 것입니다. 남을 보려고 하지 말고 자신을 모

습을 말씀과 성령으로 정확하게 볼 수 있으시기를 바랍니다. 영
안을 열어 자신의 나약함을 보시고 말씀과 성령으로 충만하게
지내시기를 바랍니다. 우리 마태복음7장 5절의 "외식하는 자여
먼저 네 눈 속에서 들보를 빼어라 그 후에야 밝히 보고 형제의 눈
속에서 티를 빼리라."는 말씀을 가슴에 새기어야 할 것입니다.

2. 영육을 말씀과 성령으로 치유 받아라.

주님을 세 번이나 부인하고 갈릴리로 고기 잡으러간 베드로는
주님을 만나 주님의 치유로 새사람이 되어 영적인 축복을 받았
습니다(요21:14-18). 한번 잘못은 있을 수 있습니다. 그러나
그것을 회개하고 돌아서면 주님은 과거를 묻지를 않으십니다.
누구나 할 것 없이 모든 성도는 치유 대상입니다. 치유는 자신의
나약함을 보고 인정할 때 치유를 받을 수 있는 것입니다. 자신의
나약함을 볼 수 있는 눈이 열리기를 사모합시다. 예수를 믿고 성
령으로 거듭난 우리는 부족한 자신을 바라보고 말씀과 성령으로
치유 받으려고 노력하시기를 바랍니다. 많은 분들이 치유라고
하면 꼭 병이 있어야 치유 받는 줄로 생각합니다. 그러나 치유
는 영성을 회복하는 것을 치유라고 하는 것입니다. 아담과 하와
가 에덴동산에서 죄를 범하기 전의 상태로 돌아가는 것입니다.
아담과 하와가 죄를 범하기 전에는 에덴동산에서 하나님과 같이
거닐면서 대화를 했습니다. 치유는 영성의 회복으로 에덴동산에

서 아담과 하와가 하나님과 같이 거닐면서 대화를 하던 그 시절로 돌아가는 것을 말합니다. 그래서 치유는 회복이라고도 할 수 있습니다. 영성을 회복한다는 뜻입니다. 치유를 받아야 아담 안에 역사하던 세상 것들이 없어집니다. 치유가 되어야 비로소 하나님과 교통할 수 있는 영의 통로가 뚫리는 것입니다. 우리 치유받기를 사모합시다.

성령치유에 대하여는"기독교인의 인생문제 치유하기1.2권"과 "귀신축사 알고보니 쉽다" "귀신축사 차원 높게 하는 법" "영의 통로가 뚫려야 성공한다"을 읽어보시면 영의통로가 쉽게 뚫리려면 어떻게 해야 하는지 자세하게 인도하여 줄 것입니다.

3. 회개하여 자아가 깨져야한다.

야곱은 속고 속이는 사기꾼으로 살다가 얍복강에서 주님을 만나 회개하고 새 사람이 되어 하나님의 축복을 받는 믿음의 조상이 되었습니다. 창세기 32장 24-29절에 보면 "야곱은 홀로 남았더니 어떤 사람이 날이 새도록 야곱과 씨름하다가 자기가 야곱을 이기지 못함을 보고 그가 야곱의 허벅지 관절을 치매 야곱의 허벅지 관절이 그 사람과 씨름할 때에 어긋났더라. 그가 이르되 날이 새려하니 나로 가게 하라 야곱이 이르되 당신이 내게 축복하지 아니하면 가게 하지 아니하겠나이다. 그 사람이 그에게 이르되 네 이름이 무엇이냐 그가 이르되 야곱이니이다. 그가 이르되 네 이름을 다시는 야곱이라 부를 것이 아니요 이스라엘이라 부를 것이니 이는 네가 하나님과 및 사람들과 겨루어 이겼음이니라. 야곱이 청하여 이르되 당신의 이름을 알려주소서, 그 사람이 이르되 어찌하여 내 이름을 묻느냐 하고 거기서 야곱에게 축복한지라."야곱이 허벅지 관절이 어긋나니 비로소 영의 사람으로 바뀝니다. 이름도 야곱에서 이스라엘로 바꾸어 부르게 됩니다. 이는 육신을 쳐서 불구가 되니 육신을 의지하지 않고 하나님을 의지하며 사는 사람이 되었다는 것입니다. 한마디로 하나님과 비로소 영의 통로가 열렸다는 것입니다.

자신의 자아가 깨어져서 하나님의 도구가 되시기를 바랍니다. 절대로 하나님은 자신의 자아가 살아있는 성도를 사용하지 않습니다. 자아가 부서지고 없어져서 하나님의 자아와 화합을 하게 될 때 사용하십니다. 그래서 성경 골로새서 3장 10절에서 "새 사람을 입었으니 이는 자기를 창조하신 이의 형상을 따라 지식에까지 새롭게 하심을 입은 자니라." 라고 말씀하시는 것입니다. 모세가 광야 40년 생활을 하게 한 것은 세상의 때가 완전히 빠지고 자신의 자아가 완전히 없어지게 하는 기간입니다. 우리도 세상의 이물질이 말씀과 성령으로 완전하게 빠져야 하나님이 사용하십니다. 자신을 의지하지 않고 하나님만을 의지해야 영의 통로가 열리는 것입니다.

4. 성령 세례와 충만을 받아야 한다.

사람은 육이 있습니다. 육이 있는 이상 언제라도 육체가 될 수가 있습니다. 그래서 사람이 약하다는 것입니다. 성경에 보면 아사 왕이 처음에는 믿음이 너무나 좋았습니다. 그런데 태평성대가 이십 년이 되니 그만 하나님을 잊었습니다. 결국 아사 왕은 망합니다. 우리도 그렇게 되지 말라는 법이 없습니다. 그래서 하나님은 에베소서 5장 18절에서 "술 취하지 말라 이는 방탕한 것이니 오직 성령으로 충만함을 받으라."고 경고하시는 것입니다. 그런데 많은 성도님들이 저에게 이렇게 말합니다. 목사님! 저는 이 년 전에 성령의 불을 받았습니다. 한마디로 이 년 전에 성령의 불을 받았으니 지금도 성령으로 충만하다는 자찬의 말입니다. 그러면 제가 묻습니다. 지금은 어떻게 믿음 생활을 하십니까? 예! 다른 사람들과 같이 믿음 생활을 합니다. 제가 다시 묻습니다. 지금도 성령의 불을 받고 있습니까? 그러면 누구도 대답을 못합니다. 우리가 알아야 할 것은 불을 받는 것은 단회적인 것입니다.

그 다음부터는 자신의 마음 안에서 불이 지속적으로 타올라야 합니다. 그래서 성령으로 충만함을 받으라고 하는 것입니다. 그런데 많은 성도들이 한 번 불을 받았으면 계속 성령으로 충만한 것으로 믿어버립니다. 성령으로 충만한 상태는 항상 주님을 습관적으로 찾는 상태입니다. 그래서 우리는 성령으로 충만 하려고 의지적인 노력을 해야 하는 것입니다. 자동으로 성령이 충만하지 못합니다. 성령은 인격이시라 찾아야 역사하시기 때문입니다.

우리가 성령으로 충만 함을 이해하려면 사도행전을 정독해야 합니다. 그래서 성령으로 충만함이 일회성인지 지속적인 것인지를 바르게 이해할 수가 있습니다. 사도행전 1장 8절에 "오직 성령이 너희에게 임하시면 너희가 권능을 받고 예루살렘과 온 유대와 사마리아와 땅 끝까지 이르러 내 증인이 되리라 하시니라." 이 말씀을 듣고 일심으로 기도를 합니다. 그러자 사도행전 2장 1-4절에 "오순절 날이 이미 이르매 그들이 다같이 한 곳에 모였더니 홀연히 하늘로부터 급하고 강한 바람 같은 소리가 있어 그들이 앉은 온 집에 가득하며 마치 불의 혀처럼 갈라지는 것들이 그들에게 보여 각 사람 위에 하나씩 임하여 있더니 그들이 다 성령의 충만함을 받고 성령이 말하게 하심을 따라 다른 언어들로 말하기를 시작하니라." 오순절 마가의 다락방에서 성령으로 세례를 받고 변화된 성도들은 성령으로 세례를 받은 그것으로 끝나지를 않았습니다.

사도행전 4장 28-31절에 보면 "하나님의 권능과 뜻대로 이루려고 예정하신 그것을 행하려고 이 성에 모였나이다. 주여 이제도 그들의 위협함을 굽어보시옵고 또 종들로 하여금 담대히 하나님의 말씀을 전하게 하여 주시오며, 손을 내밀어 병을 낫게 하시옵고 표적과 기사가 거룩한 종 예수의 이름으로 이루어지게 하옵소서 하더라. 빌기를 다하매 모인 곳이 진동하더니 무리가 다 성령이 충만하여 담대히 하나님의 말씀을 전하니라"성령으로 충만하려고 지속적으로 기도를 했다는 것입니다. 우리도 이렇게 성령으로 충만 하려고 의지적인 노력을 해야 성령으로 충만할 수가 있다는 것을 말씀으로 얼려주신 것입니다.

성령은 우리의 영 안에 좌정하고 계신다고 했습니다. 영의 통로가 열리려면 반드시 성령으로 세례를 받아야 합니다. 날마다 성령으로 충만을 해야 영의 통로가 열려 영으로 하나님과 교통할 수가 있는 것입니다. 영으로 교통한다는 것은 성령으로 기도한다는 것입니다. 기도는 성령으로 해야 합니다. 그러므로 성령으로 세례를 받지 아니하고 성령으로 충만하지 못하면 영이신 하나님과 교통할 수가 없는 것입니다. 그래서 성도는 성령으로 세례를 받아야 합니다. 많은 분들이 성령의 세례에 대하여 잘 이해하지 못하는 분들이 많습니다. 성령세례에 대하여는 "**성령의 불로 불세례 받는 법**"과 "**성령의 불로 충만 받는 법**"를 참고하시기를 바랍니다. 이 책에 보면 성령세례와 불세례를 어떻게 받고 유지하는 비결이 수록되어 있습니다.

5. 하나님의 말씀에 순종하라.

하나님의 말씀은 성도를 보호하는 울타리입니다. 모든 것이 말씀 중심에서 이루어져야 합니다. 성도는 성령만 충만하면 안 됩니다. 말씀과 성령으로 충만해야 합니다. 왜냐하면 마귀도 말씀을 알고 사용하기 때문입니다. 성령의 세례와 충만도 말씀 안에서 받아야 됩니다. 마귀가 역사해도 성령의 역사와 흡사한 점이 많기 때문입니다. 그래서 예수님은 마태복은 10장 16절에서 "보라 내가 너희를 보냄이 양을 이리 가운데로 보냄과 같도다 그러므로 너희는 뱀 같이 지혜롭고 비둘기 같이 순결하라."하시는 것입니다. 성령으로 심령이 정화되어야 밝히 영안이 열려 마귀의 역사를 분별해 낼 수가 있기 때문입니다.

하나님의 자녀는 하나님의 영으로 인도함을 받는 자를 하나님의 자녀라고 합니다. 하나님은 로마서8장 14절에서 "무릇 하나님의 영으로 인도함을 받는 사람은 곧 하나님의 아들이라."하십니다. 하나님의 자녀는 하나님의 소리를 알고 듣고 순종하고 따르는 것입니다. 그리고 요한복음10장 27절에서는 "내 양은 내 음성을 들으며 나는 그들을 알며 그들은 나를 따르느니라."고 강조하십니다. 하나님의 자녀는 하나님의 음성을 듣고 따라야 합니다. 하나님의 자녀가 아니기 때문에 하나님의 음성을 듣고도 순종하지 않고 따르지 않는 것입니다. 그래서 성도는 자신의 속에서 올라오는 소리 중에서 하나님의 소리와 마귀의 소리와 자신의 소리를 분별하고 하나님의 소리를 따르는 자가 성도입니다. 그러므로 성도는 하나님의 음성을 듣고 순종하는 것입니다. 그래서 순종이 제사 보다 낫다고 하는 것입니다.

하나님은 야고보서 2장 14절에서 이렇게 강조하십니다. "내

형제들아 만일 사람이 믿음이 있노라 하고 행함이 없으면 무슨 유익이 있으리요 그 믿음이 능히 자기를 구원하겠느냐.” 우리는 하나님의 음성을 듣고 행하는 성도가 되어야 합니다. 우리가 성령으로 거듭나서 영적인 세계에 돌입하여 주파수를 맞추면 세 곳에서 방송이 들립니다. 육신의 사람이 되어서 육의 방송이 들려옵니다. 눈으로 듣고 귀로 듣고 코로 냄새 맡고 입으로 맛보고 손으로 감각하는 육신의 사람인 것을 끊임없이 방송이 들려옵니다.

이것은 현실적이고 환경적인 어려운 것을 자꾸 말해주면서 현실은 이렇다. 환경은 이렇다. 그러므로 두려워하라. 하면서 우리에게 육신의 방송이 들려옵니다.

그런가 하면 또 다른 주파수를 맞추면 또 우리 마음속에 언제나 혼의 방송이 들려옵니다. 무엇이든지 지식적으로 생각하라. 과학적으로 생각하라. 이성적으로 생각하라. 상식적으로 살아라, 그러므로 너의 현실적인 이성으로 바라볼 때 지식적으로 이성적으로 과학적으로 계산 해보니, 끝이 났다. 너는 광야에 있다. 돈도 없다. 너는 패망한다. 너는 실패했다. 그러므로 너는 할 수 없다. 못한다. 안 된다. 부정적인 음성이 들려옵니다.

그러나 우리가 말씀과 성령으로 충만한 성령이 인도하는 영의 사람이 되어 주파수를 맞추면 성령의 인도를 받는 영의 사람의 주파수에서 들려오는 것은 창세기부터 계시록까지 하나님의 약속이 들리는 것입니다. 할 수 있거든이 무슨 말이냐. 믿는 자에게는 능치 못하심이 없느니라. '네 믿음대로 될찌어다'라는 말씀이 들려오는 것입니다. 죽은 자를 살리시며 없는 것을 있는 것 같이 부르시는 하나님 음성이 들려오는 것입니다.

그리고 예수 안에서 할 수 있다. 하면 된다. 해보자. 내게 능력주신 자 안에서 능치 못함이 없다는 하나님의 음성이 들려오는 것입니다. 이 영의 음성에 주파수를 맞추면 예수그리스도의 십자가 보혈을 통해서 죄 사함에 대한 하나님의 음성이 들려옵니다. 성령 충만의 언약이 들려오는 것입니다. 마귀가 쫓겨나고 병에서 고침 받은 약속의 말씀이 들려옵니다. 이런 음성이 들리는 성도가 영의 통로가 열린 성도입니다. 그리고 육적이고 혼적인 소리를 알고 따라가지 않는 성도가 영의 통로가 열린 성도입니다. 영의통로가 열린 성도는 영과 육의 상태를 알고 분별할 줄 아는 성도입니다. 물론 기도가 깊어져야 항상 영의 상태를 유지할 수 있습니다.

6. 주님의 성품으로 변해야 한다.

필자는 항상 이렇게 말합니다. 사람은 사랑하고 집중하는 대상을 닮아가게 되어 있습니다. 우리가 날마다 주님을 찾고, 구하는 동안에 예수님을 닮아가는 것입니다. 아니 예수를 믿고 성령으로 세례를 받아 거듭난 성도가 영으로 전하는 생명의 말씀을 받아먹으면서 믿음생활을 하면 변하게 되어 있습니다. 성령은 살아있는 실체입니다. 그 성령은 세상의 무엇보다도 크신 분입니다. 그분이 우리의 심령에서 주인으로 역사하시면 악은 떠나가야 하는 것입니다. 악이 떠나가면 성령의 평안함이 채워지게 되어 있습니다. 성령은 예수님을 나타내십니다. 예수님은 평안이십니다.

그러므로 성령으로 충만하면 평안해지는 것입니다. 사람은 사랑하는 대상을 닮게 되어 있습니다. 부부가 서로 사랑하기 때문에 살아가다가 보면 닮아지는 것입니다. 그러므로 성도가 예수님을 사랑하면 예수님을 닮아가게 되어 있습니다. 항상 예수님을 생각하면서 기도하니 예수로 충만해져서 속에서 예수가 나오게 되어 있는 것입니다. 그러므로 예수를 믿고 믿음 생활을 오래 했는데 심성이 변하지 않는다면 무엇인가 잘못된 것입니다. 빠른 시간에 찾아서 치유하시기를 바랍니다.

우리는 예수님의 성품으로 변해야 하나님과 영의 통로가 뚫리는 것입니다. 전인격이 예수님을 닮아가야 합니다. 예수님의 성품은 빌립보서 2장 1-11절에 잘 기록되어 있습니다. "그러므로 그리스도 안에 무슨 권면이나 사랑의 무슨 위로나 성령의 무슨 교제나 긍휼이나 자비가 있거든, 마음을 같이하여 같은 사랑을 가지고 뜻을 합하며 한마음을 품어, 아무 일에든지 다툼이나 허영으로 하지 말고 오직 겸손한 마음으로 각각 자기보다 남을 낫게 여기고, 각각 자기 일을 돌볼뿐더러 또한 각각 다른 사람들의 일을 돌보아 나의 기쁨을 충만하게 하라. 너희 안에 이 마음을 품으라! 곧 그리스도 예수의 마음이니, 그는 근본 하나님의 본체시나 하나님과 동등 됨을 취할 것으로 여기지 아니하시고, 오히려 자기를 비워 종의 형체를 가지사 사람들과 같이 되셨고, 사람의 모양으로 나타나사 자기를 낮추시고 죽기까지 복종하셨으니 곧 십자가에 죽으심이라. 이러므로 하나님이 그를 지극히 높여 모든 이름 위에 뛰어난 이름을 주사, 하늘에 있는 자들과 땅에 있는 자들과 땅 아래에 있는 자들로 모든 무릎을 예수의 이름에 꿇게 하시고, 모든 입으로 예수 그리스도를 주라 시인하여 하나님 아버지께 영광을 돌리게 하셨느니라."

모두 예수님의 마음으로 변하여 하나님의 마음에 합한 자가 되어야 합니다. 하나님의 마음에 합하여 하나님과 영의 통로를 다 뚫어서 하나님의 군사가 다 되시기를 바랍니다.

하나님과 영의 통로는 무엇보다 성령으로 세례를 받아 성령이 자신을 장악을 해야 뚫리기 시작하는 것입니다.

제가 말씀과 성령으로 치유사역을 하면서 체험한 바는 성령을 체험하지 못하여 영의 만족을 누리지 못하던 성도가 여기저기를 다니다가 제가 집필한 책을 읽거나 소문을 듣고 충만한 교회에 오게 됩니다. 와서 성령으로 충만한 찬양을 부르고 기도를 합니다. 그리고 영의 말씀을 듣습니다. 말씀을 듣고 영이 깨어나 기도하기 시작을 합니다. 기도를 하면 처음에 하품을 합니다.

그러다가 기침을 합니다. 울기도 합니다. 양손을 게 발 같이 움츠리고 덜덜덜 떨기도 합니다. 서서히 성령께서 장악을 하는 현상입니다. 이렇게 성령께서 성도를 장악하면 본인이 느끼고 주변 사람들이 보게 되는 것입니다. 성령은 말이 아니고 살아서 초자연적으로 역사하는 성령이시기 때문입니다. 조금 지나면 성령의 강력한 세례가 임합니다. 마음 안에 있는 상처가 치유되면서 영의 기도가 열립니다. 영의 기도를 하면서 귀신들이 떠나갑니다. 귀신이 여러 가지 해괴한 행동을 다하면서 떠나갑니다. 중풍귀신은 손발이 오그라들다가 떠나갑니다. 조상에 무당의 내력이 있는 성도는 무당 굿거리를 한동안 하다가 무당의 영이 떠나갑니다. 영의 기도가 열리니 기도하는 시간이 지루하지 않습니다. 우리 교회는 주일 예배 때에도 보통 40-60분간 기도를 합니다.

기도할 때 제가 일일이 안수를 하면서 막힌 영의 통로를 뚫는 작업을 합니다. 막힌 영의 통로는 본인이 혼자 기도하여 뚫으려면 상당한 시간이 소요됩니다. 그러나 제가 분별하면서 영의 통로를 막고 있는 제약요소를 제거하며 안수를 하면 훨씬 빨리 영의 통로가 뚫리게 됩니다.

집중적으로 안수 기도하여 영의통로를 뚫는 방법에는 두 가지가 있습니다. 이는 설명하여 기술하기가 좀 그래서 생략을 합니다. 아주 시간이 없고 특별한 분들에게는 특별한 방법을 사용하여 안수하고 치유하여 영의통로를 뚫고 성령의 불세례를 체험토록 합니다.

이렇게 성령으로 세례를 받고 내면이 치유되고 귀신이 떠나가면서 영의 통로가 뚫리면 성도에 따라서는 몸살을 하시는 분도 있습니다. 어떤 분은 일주일 동안 몸살을 하는 분이 있습니다. 대개는 그냥 평안해지는 것이 보통입니다. 그러나 상처가 많은 분들은 분명하게 치유를 받고 일주일에서 한 달까지 몸살을 합니다.

이는 병원에서 수술하고 난 다음에 후유증이 나타나는 현상과 비슷한 현상입니다. 어떤 분은 힘이 없어서 말하기도 힘들어 하시는 분들이 있습니다. 이는 육적인 것이 제거되고 성령으로 체질이 바뀌는 과정에서 일어나는 현상입니다. 누구든지 이 과정을 통과해야 영의 통로가 뚫리고 영의 사람으로 바뀌게 됩니다. 절대로 두려워하지 말고 체험해야 합니다. 이렇게 체험하고 나면 여러 가지 가시적인 변화를 경험합니다.

기도가 쉬워집니다. 하나님의 음성이 들리기도 합니다. 환상이 보이기도 합니다. 예언의 은사가 나타나나 예언을 하게 됩니다. 신유은사가 나타나 병을 고치기도 합니다. 자신에게 있던 불치의 질병이 치유가 됩니다. 환경의 변화가 일어납니다. 일들이 잘 풀린다는 것입니다. 가정이 화목해집니다. 마음에 참 평안을 느낍니다. 이렇게 영의 통로가 뚫리면 가시적인 현상이 나타납니다. 하나님은 살아서 역사하시는 초자연적인 분이시기 때문입니다.

더좋은 것은 마음에 참평안이 나타난다는 것입니다. 어지간한 일로 혈기를 내지 않는 사람으로 변합니다.

7. 주신 권능을 사용해야 한다.

예수님은 예수님이 떠나고 우리에게 그 성령이 오시는 것이 더욱 유익하다고 말씀하셨습니다. "그러나 내가 너희에게 실상을 말하노니 내가 떠나가는 것이 너희에게 유익이라 내가 떠나가지 아니하면 보혜사가 너희에게로 오시지 아니할 것이요 가면 내가 그를 너희에게로 보내리니"(요16:7). 왜 유익이냐면 육체를 입으신 예수님은 우리 각자와 연합할 수 없으나 성령은 우리 한 사람, 한 사람의 보혜사로 각 심령에 임재하실 수 있기 때문입니다. 예수님은 이 세상이 얼마나 험한지 잘 알고 계셨습니다. 주님이 그의 제자들을 세상으로 보내면서 "너희를 보냄이 양을 이리 가운데 보냄과 같다"고 말씀하실 정도로 이 세상이 무서운 곳임을 그 분은 잘 알고 계셨습니다. 왜 무섭습니까? 이 세상의 임금은 사단, 마귀이기 때문입니다. 그런 곳에서 당신이 피 값을 주고 산 하나님의 자녀들이 혼자서는 살아갈 수 없음을 아셨기에 성령을 보내주신 것입니다.

성령을 받으면 하늘의 권세를 받게 됩니다. "오직 성령이 너희에게 임하시면 너희가 권능을 받고"(행1:8). 권능이 무엇입니까? 권세와 능력입니다. 무슨 권세와 능력입니까? 하나님이 모든 권세를 예수 그리스도에게 넘기셨지 않습니까(마28:18)? 그 권세와 능력을 예수님이 우리에게 주신 것입니다. 즉 성령 안에서'예수 이름'을 사용하면 우리도 예수님이 하셨던 것처럼, 악한 마귀와 귀신들을 추방할 수 있고, '예수 이름'을 사용하면 하늘의 것과 땅의 것, 그리고 땅 아래 있는 것들이 우리 앞에 복종할 수밖에 없다는 것입니다. 왜냐하면 예수의 이름은 곧 예수님이기 때문입니다.

예수님은 "믿는 자들에게는 이런 표적이 따르리니 곧 그들이 내 이름으로 귀신을 쫓아내며 새 방언을 말하며, 뱀을 집어 올리며 무슨 독을 마실지라도 해를 받지 아니하며 병든 사람에게 손을 얹은즉 나으리라 하시더라"(막16:17~18)라고 말씀하셨는데, 이런 능력은 성령이 임해야 가능합니다. 그래서 예수님이 승천하기 바로 전에 "볼지어다! 내가 내 아버지께서 약속하신 것을 너희에게 보내리니 너희는 위로부터 능력으로 입혀질 때까지 이 성에 머물라 하시니라"(눅24:49)라고 말씀하신 것입니다.

그 말씀대로 120문도가 마가의 다락방에 모여 기도하며 성령을 기다렸던 것입니다. 성령이 불 같이 하나씩 임하자 그들이 나가 민간에게 표적과 기사를 행했습니다. 심지어는 베드로의 그림자만 밟아도 병이 낫는 일이 일어났습니다. 베드로뿐입니까? 스데반이나 빌립 집사 등 일곱 집사들도 성령의 권능이 충만하여 귀신을 쫓아내고 병을 고쳤습니다. 왜요? 어떻게요? 베드로의 말대로 '나사렛 예수 그리스도의 이름으로' 행한 것입니다. 사도 바울이 귀신을 쫓은 것 역시 '예수 이름'입니다.

아버지가 준 총을 쏘아 짐승 떼를 죽인 것과 동일하게, 예수 그리스도가 성령으로 주신 '예수 이름'으로 귀신을 향하여 명령하면 귀신은 떠날 수밖에 없는 것입니다. 그런데 안합니다. 사용하지 않습니다. 안 믿습니다. 왜요? 그게 되냐는 겁니다. 그런 법이 어디 있냐는 겁니다. 한 번도 예수 이름으로 기도하여 기사와 표적을 행하는 것을 보지 못했기 때문입니다. 예수 이름을 사용하는 훈련을 받지 못해서 하는 말입니다. 말씀 만 많이 알면 다된다고 배웠기 때문입니다. 머리로 아는 지식적인 말씀은 실제 살아있는 역사를 일으키지 못합니다. 그러면 총을 쏘면 총알 나가서 짐승이 죽는 건 어떻게 믿습니까? 아마 총을 쏘면 짐승이 죽는 것은 모두 믿을 것입니다. 총을 쏘면 총알이 나가서 죽이는 것처럼, 성령 안에서 예수 이름으로 명령하면 예수 이름이 귀신을 쫓아내게 되어 있는 것입니다.

예수 이름으로 쫓지 않으면 귀신이 들끓게 되어 있고, 그러면 인생이 꼬이는 것은 물론이고, 병들고 망하게 되는 것입니다. 내 집이, 내 육체가 귀신의 집이 되기 때문입니다. 그런데도 사람들은 이렇게 말합니다. "귀신만 쫓으면 다냐? 말씀을 알아야지" 저는 이렇게 말할 수 있습니다. "말씀만 많이 알면 다냐. 말씀 처럼 생명(역사)이 나타나야하지" "영적인 세계를 알고 체험하고 보면 귀신은 쫓아야 한다고 자연스럽게 이해하게 됩니다." 아무리 말씀을 많이 알아도 방해꾼이 있으면 평안하지 못합니다. 성령 안에서 예수 이름을 사용하면 방해꾼들이 떠나갑니다. 생각해보십시오. 적이 없으면 편안한 거 아닙니까? 우리를 망하게 하고, 병들게 하고, 부부간에 싸우게 하는 영적인 놈을 쫓아내면 우리

가정이 편안하지 않겠습니까? 그 악한 것들로 인해 우리의 영혼이 병들어 지옥에 가면 어쩝니까? 그러므로 귀신은 무조건 쫓아내야 합니다. 그러나 귀신 쫓는 것만 가지고 안 됩니다. 생명의 말씀과 성령으로 충만 받아야 합니다. 그래야 귀신이 감해 넘보지 못합니다.

예수 이름의 권세는 성령으로 세례 받은 남녀노소를 무론하고 다 나타납니다. 그러나 만 원짜리와 천 원짜리의 가치가 다르듯 하나님의 능력 또한 기도의 양과 정비례한다는 것을 알아야 합니다. 한 시간 기도한 사람과 세 시간 기도한 사람의 능력은 차이가 있습니다. 성령으로 기도하면 성령이 충만해지기 때문입니다. 성령으로 충만하면 그 만큼 권능이 강하게 나타나는 것입니다. 베드로의 그림자만 밟아도 병이 낫는 것은 베드로가 성령 안에서 기도를 습관화했기 때문입니다. 제가 성령 안에서 예수 이름을 사용하여 치유사역을 하는 것은 기도하기 때문입니다.

저는 항상 이렇게 말합니다. 제가 예배나 집회 때 성령의 역사를 일으키고, 내적인 상처를 치유하고, 귀신을 쫓아내고, 정신적인 문제를 치유하고, 심방을 가서 성령의 역사를 일으키며 문제를 해결하고, 집중 치유를 하면 목회자 성도가 변화되는 모든 것에 비결은 기도에 있다고 합니다. 기도를 성령 안에서 깊게 하기 때문입니다. 저만의 기도하는 비결을 터득했기 때문입니다. 저에게서 권능이 떠나지 않는 비결은 바로 늘 성령으로 기도하기 때문입니다. 당신도 할 수 있습니다. 할렐루야!

6장 권세 있는 성도가 지참한 무기

(롬 8:6) "육신의 생각은 사망이요 영의 생각은 생명과 평안이니라"

권세 있는 사람과 힘이 센 사람은 다릅니다. 권세는 지위에 따라 오는 것이고, 힘은 체력을 통해 오는 것입니다. 간단한 예를 들어본다면 교통순경은 육체적으로는 연약해서 힘이 없지만 정부가 주는 교통순경이 갖는 권세가 있습니다. 그러나 큰 덤프트럭은 힘은 굉장히 세지만 아주 체력이 약한 교통순경이 호루라기를 불어 손가락으로 가리키면 정지해야 합니다. 이는 힘은 권세에 복종해야 한다는 것을 잘 보여주는 예입니다. 권세와 힘은 똑같은 능력이지만 권세는 힘을 다스리는 것입니다. 마태복음 8장 5-10절 말씀에서 이에 대한 놀라운 이야기가 있습니다. 예수님께서 한 동네에 계신데 이탈리아의 백부장, 요즘으로 말하면 대위정도 되는 사람이 주님께 나와 무릎을 꿇고 엎드려 구했습니다. '내 종이 중풍으로 심히 앓고 고생하오니 와서 도와주소서' 예수님께서 "내가 가서 도와주리라" 그러자 백부장은 "아닙니다. 주께서 우리 지붕 밑에 오시는 것도 우리는 감당할 수 없습니다. 주님께서 말씀 한 마디만 하옵소서. 그러면 내 하인이 낫겠나이다. 나도 로마 시저 황제의 권세 아래 있는 사람이요. 그 권세에 의지하여 나도 권세가 있으므로 나 밑의 병졸에게 이리로 가라하면 가고 오라 하면 오며 이것을 하라하면 하나이다." 이 말을 듣고 예수님께서 감탄하셨습니다. "이 어찌된 일인가 이방인처럼 권세에 대한 이해를 갖고 믿음을 가진 자가 있겠는가" 그리고 그 자리에 서 그 하인을 고쳐주셨습니다. 예수님은 여기에서 인간의 믿음이 란 것은 그 배후에 권세가 있어야 활용될 수 있다는 것을 보여주 셨습니다. 권세에 대해 잘 이해하지 못하면 믿음의 역사는 일어 날 수 없습니다. 이 백부장은 예수님이 바로 하나님이시오, 하나 님의 아들이시므로 우주를 다스리고 변화시키시는 절대 권세가 있으므로 그 권세자의 말 한마디면 모든 것이 다 이루어진다는 것 을 알고 있었습니다. 이 시간에 우리 성도들이 권세를 잘 이해하 면 위대한 신앙생활의 길을 걸어갈 수 있습니다.

1. 권세란 무엇인가.

권세의 근원은 우주의 절대 주권자이신 하나님께로부터 출발 하는 것입니다. 하나님께서는 말씀 한마디로 천지와 만물을 지으 셨고 지금도 그 하나님의 손위에 온 세계와 만유가 존재하는 것입 니다. 과거, 현재, 미래도 하나님의 권세 밖에서는 움직여 질 수 없습니다. 그러므로 절대적으로 모든 권세는 하나님께로부터 출 발하는 것입니다. 물론 하나님의 권세에 도전한 원수 마귀가 있 습니다. 마귀는 하나님과 동등 되려고 하다가 쫓겨나 루시퍼를 따르는 사자들과 함께 마귀와 귀신들이 되었습니다. 하나님의 형 상과 모양대로 지음 받은 아담과 하와도 하나님과 동등 되고자 하는 마귀의 꾐을 받아 하나님을 반역했다가 하나님께로부터 쫓겨나서 타락한 그 후손이 오늘날도 하나님의 권세를 인정하지 않고 하나님의 권세에서 벗어나 인본주의, 인간중심으로 살려고 하는 것입니다. 그들은 마귀도 사람도 하나님의 권세에서 벗어났다고 생각하지만 실상은 그렇지 않습니다. 하나님은 일정기간동안 그들 마음대로 자행자족 하도록 허락해 놓으셨을 뿐입니다. 그러나 그 기한이 차면 하나님께서 일어나셔서 그 권세로 처참하게 심판하실 것입니다. 마귀와 그 사자는 영원히 불과 유황으로 타는 못에 던져질 것이요, 그를 따르는 사람들도 모두 버림받아 불과 유황으로 타는 못에 심판을 받아 영원히 버림받게 될 것입니다. 우리가 보는 이 세상의 권세라는 것은 하나님께 출처가 있는 것입니다.

로마서 13장 1-2절에 "각 사람은 위에 있는 권세들에게 복종하라 권세는 하나님으로부터 나지 않음이 없나니 모든 권세는 다 하나님께서 정하신 바라. 그러므로 권세를 거스르는 자는 하나님의 명을 거스름이니 거스르는 자들은 심판을 자취하리라"고 하셨습니다.

하나님께서는 이 세상의 권세는 올바르든 그르든 간에 하나님의 허락 없이는 존재할 수 없다는 사실을 보여주고 있습니다. 그러므로 하나님을 우리 예수님을 믿는 사람들이 의지할 때 마음의 평안을 얻을 수 있는 것은 우리를 위하는 권세뿐 아니라, 우리를 도적질하고 죽이고 멸망시키려는 악한 권세라도 하나님의 허락

없이는 조금도 움직일 수 없다는 것을 알기 때문입니다. 우리가 하나님을 의지하면 악의 권세가 우리를 멸할 수 없다는 것을 잘 알기 때문입니다.

다니엘서 4장 17절에 "이는 순찰자들의 명령대로요, 거룩한 자들의 말대로이니 지극히 높으신 이가 사람의 나라를 다스리시며 자기의 뜻대로 그것을 누구에게든지 주시며 또 지극히 천한 자를 그 위에 세우시는 줄을 사람들이 알게 하려 함이라 하였느니라"고 하셨습니다.

하나님께서는 인간 나라는 궁극적으로 하나님께서 다스리신다는 것을 보여주셨습니다. 역사의 알파요 오메가요 처음과 나중이요, 시작과 끝이신 하나님의 손에 있는 것이요 이 세상 모든 권세와 권세의 보좌는 하나님께서 주장하셔서 하나님께서 한 사람을 권세의 자리에 앉게도 하시고 폐하시기도 하시며 지극히 천한 자를 일으켜 권세 있는 자리에 앉게도 하시는 것은 하나님께서 친히 역사 하시는 일이라는 것을 성경은 분명히 보여주고 있습니다. 그렇기 때문에 우리가 권세라고 말하는 것의 모든 근원은 하나님인 것입니다. 선한 권세도 악한 권세도 하나님께로부터 말미암는 것입니다.

2.우리 크리스천의 권세는 무엇일까.

예수를 믿는 사람들은 어떤 권세를 가지고 있을까요? 요한복음 1장 12절에 보면"영접하는 자 곧 그 이름을 믿는 자들에게는 하나님의 자녀가 되는 권세를 주었노니"라고 기록되어 있습니다. 우리는 그러므로 예수님을 믿자마자 권세 있는 자들인 것입니다. 강요셉 집안에 태어난 사람은 강요셉 집안에 있는 모든 것을 누릴 수 있는 권한이 있습니다. 가정의 자녀들이 자신의 집에서 부모가 다스리는 모든 것을 누릴 수 있는 권세를 가지고 있습니다. 마찬가지로 우리가 예수를 구주로 믿고 하나님의 자녀로 태어나면 하나님께서 주신 그 은총의 세계 속에서 하나님께서 예비하신 모든 축복을 누릴 수 있는 권세를 갖게 되는 것입니다. 우리는 하나님의 품안에서 태어났고 하나님께서 예비하신 것을 누릴 수 있는 권세와 특권을 가지고 태어났다는 것을 알아야 합니다. 그리고 우리는 권세 있는 위치를 가지고 태어났습니다.

에베소서 2장 4절로 6절에"긍휼에 풍성하신 하나님이 우리를 사랑하신 그 사랑하신 큰사랑으로 인하여 허물로 죽은 우리들을 그리스도와 함께 살리셨고 너희가 은혜로 구원을 얻은 것이라 또 함께 일으키사 그리스도 안에서 함께 하늘에 앉히시니라"고 하셨습니다. 그러므로 우리는 지금 예수 그리스도 안에서 볼 때 우리는 이미 하늘로 승천해서 하나님의 보좌 우편에 앉아있는 것입니다. 하나님의 집엣 그 보좌 우편에 예수님과 함께 앉아있는 자리에 있으니 우리의 지위가 얼마나 높은지를 알아야 합니다. 우리의 지위는 마귀의 그것 보다 높으며 모든 천군과 천사보다 높습니다. 우리는 하나님의 친자녀로서 하나님의 생명이요 성품이신 영생을 우리 속에 모시고 있고 하나님의 신이신 성령을 우리 속에 모시고 있어서 하나님을 향해 아바 아버지라고 부를 수 있다는 사실을 알아야 합니다.

우리 크리스천들은 권세 있는 하나님의 자녀로 태어났고 권세 있는 자리에 앉아있지만, 그러나 이 권세는 하나님께서 우리에게 관리하사는 차원에서 주신 것입니다. 이 권세는 우리 속에서 자생적으로 나온 권세가 아니라, 권리자의 신분인 우리에게 하나님께서 맡기신 권세인 것입니다. 그래서 우리는 백부장의 고백을 귀를 기우려 잘 들어봐야 합니다. 그는 "저는 권세가 있습니다. 그러나 내가 남의 수하에 있어서 로마 시저황제의 권세에 복종하고 있기 때문에 나도 그 권세를 이어받아 그 권세를 활용할 수 있어서 내 밑에 있는 병졸보고 가라하면 가고 오라 하면 옵니다."하고 말했습니다. 우리의 권세라는 것은 하나님의 권세 하에 있는 권세입니다. 우리의 권세는 자생적으로 생겨서 우리 맘대로 쓸 수 있는 권세가 아닙니다. 내가 절대 주권자이신 우리 하나님께 마음을 다하고 뜻을 다하고 정성, 목숨을 다하여 절대 순종하고 의지하고 믿고 나갈 때 하나님께서 우리에게 맡기신 권세를 사용할 수 있는 것입니다. 그러므로 하나님의 뜻을 반역하고 자행자적 하면서 하나님께서 주신 권세를 사용하려고 해봤자, 이 사람은 권세를 사용할 수 없습니다. 성경 사도행전에서 볼 수 있듯이 스케바의 대제사장의 아들들이 귀신을 쫓아낸다고 사도 바울이 증거하는 대로 '나사렛 예수의 이름으로 명하노니 귀신아 나가'

하고 외치니 그 사람 속에 있던 귀신이 외쳐 말하기를 '예수도 내가 알고 바울도 내가 알지만 도대체 너는 누구냐'하고는 덤벼들어서 그들의 옷을 찢고 할켜 상처를 입히니 그들이 혼비백산하여 벌거벗고 도망쳤습니다. 예수님께서는 절대주권자의 권세를 가지고 계시며 바울은 예수 그리스도의 권세에 순복하고 있기 때문에 예수님의 대행자, 관리자로서 권세를 가지고 있었고 마귀도 그것을 인정했습니다. 그러나 하나님도, 예수도 구주로 믿지 않은 스케바의 대제사장의 아들들은 권세 있는 체 행동했지만 마귀에게 인정받지 못했습니다. 그러므로 우리가 하나님께 받은 그 권세를 능력 있게 사용하기 위해서는 우리의 죄를 고백하고 우리의 불순종을 모두 자백한 후 영과 마음과 몸을 다해 주님 발 앞에 엎드려 주님 중심으로 살고 순종하며 살아야 합니다.

그리고 나서는 우리는 하나님의 뜻을 집행하는 권세를 사용할 수 있습니다. 이 성경 창세기부터 요한계시록까지 하나님께서 우리에게 알려주신 그 뜻을 집행하게 될 때 우리는 하나님께서 주신 권세를 당당히 사용할 수 있는 것입니다. 그러면 권세를 어떻게 사용할까요? 권세는 위엄 있게 명하고 실천하는 것입니다. 예수님께서 권세를 사용하신 모습을 보십시오. 갈릴리 바다에 파도가 일어서 배가 물속으로 완전히 침몰될 위기에 있었을 때 제자들이 깨우니 예수님께서 일어나셨습니다. 예수님께서는 그 바람과 파도를 보고 권세 있게 말씀하셨습니다. "바람아 잠잠하라! 파도야 잠잠하라!"그 권세 있는 말에 바람과 파도가 잠잠해졌습니다.

그 명령을 보십시오. 얼마나 위대합니까? 나사로가 죽은 지 나흘이 되어 썩은 냄새가 났습니다. 마리아와 마르다가 무덤의 문을 옮겨놓자 예수님은 그 썩은 냄새가 나는 무덤 앞에서 권세 있는 명령을 하셨습니다. "나사로야 나오라"그러자 죽은 지 나흘이 지난 나사로가 온 몸에 수의를 감은 채 걸어서 나왔습니다. 권세와 능력을 가지고 신앙생활을 한다는 것은 우리가 어떤 사건에 쳐했을 때 예수님의 이름으로 권세 있게 명령을 한다는 것입니다. 우리는 오랫동안 권세에 대한 것을 이해하지 못하고 있었기 때문에 항상 간구하고 빌고 우는 신앙밖에는 발전시키지 못했습니다. 어떠한 일에도 늘 울고 빌었습니다. 권세 있는 사람은 그렇게 빌고 울지 않습니다. 권세 있는 사람은 자신의 위치와 권세를 안후에는 가슴을 펴고 당당하게 권세 있는 명령을 하는 것입니다. 그러므로 우리가 예수님 안에서 권세 있는 신앙생활을 하려고 할 때는 원수 마귀를 향해서도 당당히'나사렛 예수 그리스도의 이름으로 명하노니 이 사람에게서 나가라'고 명할 수 있어야 할 것입니다. 우리가 우리의 병을 향해서도'내가 네게 명하노니 예수이름으로 이 몸에서 떠나가라'고 권세 있게 명령할 수 있어야 합니다. 하나님께서 우리에게 주신 이 권세를 우리는 사용해야 합니다. 이 권세를 사용하는 사람은 자기 생활 가운데 영혼이 잘 됨같이 범사에 잘되며 강건하고 생명을 얻되 넘치게 얻는 승리와 풍요와 부요의 삶을 가져올 수 있는 것입니다. 오늘날 너무 많은 신자들이 권세를 상실하고 자신이 권세를 가지고 있는 것조차 알지 못하여 하나님께서 자신에게 주신 것조차 찾아 누리지 못하는 비극적인 상황 속에 살고 있습니다. 저는 오늘 당신께 말합니다. 당신에게 위대한 권세가 주어져 있다는 사실을 알게 되시기를 바랍니다.

3. 크리스천이 행사할 수 있는 권세의 한계

우리는 하나님과 같은 절대 주권을 행사할 수는 없습니다. 하나님의 권세 앞에 순복해서 하나님께서 우리에게 제한해 주신 그 범위 안에서 우리의 권세를 사용 할 수 있는 것입니다. 그러면 하나님께서는 우리에게 어떤 권세를 사용할 수 있게 해주셨을까요? 하나님은 예수 그리스도를 보내주셔서 우리를 대신하여 십자가에서 몸 찢고 피 흘려 심으로 갚을 주고 우리를 모든 절망에서 구출해주셨습니다. 그래서 예수 그리스도의 피 값을 주고 우리를 사주신 그 내에서 우리는 권세를 활용할 수 있습니다. 우리가 백화점에 가서 물건을 골랐을 때 부모님이 그 물건 값을 지불해 주시면 우리는 권세 있고 당당하게 그 물건을 가지고 갑니다. 이와 같이 하나님께서 예수 그리스도를 통해 대속해 주신 그 한도 내에서 우리는 단단한 권세를 사용할 줄 알아야 합니다. 그러면 어떤 것을 주님께서는 주셨을까요?

첫째, 주님은 죄를 다스리는 권세를 우리에게 주셨습니다. 성경 창세기 4장 7절에, "네가 선을 행하면 어찌 낯을 들지 못하겠느냐 선을 행치 아니하면 죄가 문에 엎드리느니라. 죄의 소원은 네게 있으나 너는 죄를 다스릴지니라."고 기록되어 있습니다. 오늘날 사람들은 죄가 너무 강해서 저는 도저히 어찌할 수가 없다고 말합니다. 그러나 하나님께서는 가인에게 말씀하시기를 "죄가 네 문 앞에 엎드리고 죄가 너를 사로잡으려고 간절히 소원할 것이나 너는 죄를 다스릴지니라"고 하셨습니다. 우리에게는 원래부터 죄를 다스리고 살 수 있는 권세가 주어졌습니다. 여기에 플러스하여 예수님은 십자가에서 우리의 과거, 현재, 미래의 죄과를 다 도말 하셨을 뿐 아니라 죄의 권세를 당신의 몸으로 격파하셨습니다. 그러므로 우리는 예수님을 믿는 자녀들로서 죄를 다스린 권세를 가지고 있음을 알아야 합니다. 다스리는 자가 다스림을 받는 사람 앞에서 '제발 명령 좀 들어줘요, 빕니다'라고 한다면 그는 권세자가 아니라 거지입니다. 우리가 권세자이면 강하고 담대하게 죄가 우리를 유혹할 때 나사렛 예수의 이름으로 명하노니 이 탐욕이 죄야 물러가라, 음란의 죄야 내게서 떠나가라, 방종의 죄야 내게서 물러가라 하고 우리가 다스려야 합니다. 오늘날 신자들이 죄를 다스리지 못하고 죄 앞에서 벌벌 떨고만 있어서는 결코 안 될 것입니다.

둘째, 우리는 귀신을 쫓아 낼 수 있는 권세를 가지고 있습니다. 누가복음 10장 17절로 19절에 보면 "70인이 기뻐 돌아와 가로되 주여 주의 이름으로 귀신들도 우리에게 항복하더이다. 예수께서 이르시데 사탄이 하늘로부터 번개같이 떨어지는 것을 내가 보았노라 내가 너희에게 뱀과 전갈을 밟으며 원수의 모든 능력을 제어할 권세를 주었으니 너희를 해할 자가 결단코 없으리라"고 하셨습니다. 여기에서 원수 마귀는 능력과 힘을 가지고 있습니다. 그러나 우리는 권세를 가지고 있습니다. 마귀는 막강한 천사의 힘을 가지고 있기 때문에 힘으론 대적하여 이길 수 없습니다. 그러나 우리는 권세를 가지고 있기 때문에 마귀에게 '나가주세요' 하고 사정하지 말고 '나사렛 예수의 이름으로 명하노니 너희 원수 귀신아 묶음을 받아라, 떠나가라'하고 단호히 권세 있게 명령하는 성도가 되시기를 주님의 이름으로 축원합니다.

셋째, 우리는 또 병을 고치는 권세를 가지고 있습니다. 예수님께서 우리의 병을 다 청산해 버리셨기 때문입니다. 저가 우리 연약한 것을 친히 담당하시고 병을 짊어지고 가셨기 때문에 우리는 이제 병을 보고 무릎을 꿇어 쩔쩔 맬 필요가 없습니다. 권세와 위엄을 가지고 '예수께서 채찍에 맞으심으로 이미 나음을 입었다, 이미 십자가에서 해결되어 버렸다 나사렛 예수의 이름으로 명하노니 너희 병은 내 몸에서 묶음을 놓아라. 사람의 몸에서 떠나가라' 하고 권세 있게 명령할 수 있는 것입니다. 우리가 하나님의 권세 하에서 순종하며 살고 있는 이상 권세 있게 병을 물리칠 수 있습니다.

넷째, 성도는 기도할 수 있는 청구권이 있습니다. (요16:24) "지금까지는 너희가 내 이름으로 아무 것도 구하지 아니하였으나 구하라 그리하면 받으리니 너희 기쁨이 충만하리라"청구권은 아주 큰 티켓 하나를 주신 것입니다 즉 교환권과 같습니다. 일정한 기간에 사용하면 되는 상품건과도 같습니다. 예수님이 하늘의 창고 속에 모든 보화들을 저축해 놓고, 양자의 영을 가진 자기 백성에게 카드를 하나를 주신 것과 같습니다. 이것을 찾아 쓰는 것이 기도입니다. 청구권을 주었다는 사실을 명심해야 합니다. 그런 청구권을 우리에게 주셨습니다.

마16장에서는 예수님께서 뭐라고 말씀하셨는가 하면, 천국 열쇠를 주겠다!고 했습니다. 이 말이 보통 말이 아닙니다. 왜? 하필이면 열쇠입니까? 열쇠라고 할 때는 자물쇠가 있는 겁니다. 열쇠가 있고 자물쇠가 있다, 이것은 곧 그 열쇠가 있어야만 그 자물쇠를 열수 있다는 뜻입니다. 하나님의 은혜와 축복을 사탄이 절대 빼앗아 갈 수 없도록 하나님이 잠가 버렸습니다. 그런데, 우리가 열쇠를 가지고 가서 여는 것이 기도입니다. 이 같은 놀라운 청구권을 우리에게 주신 것입니다. 단 조건은 한가지 밖에 없습니다. 요일5:14절에 기도하는 방법대로 해야 합니다. "하나님의 뜻대로!" 하나님께서 하늘에서 이미 다 만들어 놓았으니까, 그 뜻을 찾아서 열쇠를 쓰기만 하면 응답의 문이 열리는 것입니다. 하나님의 뜻대로 하는 것은 무엇입니까? 요일3:21-24절에 "형제를 사랑하면서."라고 했습니다. 요15:7절에 "너희가 내 안에 내 말이 너희 안에 거하면"입니다. 그러면 무엇이든지 구하라 그러면 응답된다고 하였습니다. 마18:18-20절에 보니까, 두 세 사람이 합심해서 구하면, 무엇이든지 응답하겠다고 하였습니다. 이것은 한 마음을 가리킵니다. 그러면서 요16:24절에 "내 이름으로 구하면 무엇이든지 응답하겠다"고 하였습니다. 이렇게 성경은 우리에게 기도 청구할 수 있는 권을 주었습니다.

다섯째, 성도는 천사들을 동원할 수 있는 권세를 주셨습니다. 히1:14절에 "천사를 만드신 이유는 후사들을 위하여 부리는 종으로 만드셨다"고 했습니다. 구약 성경에서는 하나님의 사자 역할을 하였는데, 신약 성경에서는 하나님의 종, 신자의 종으로 역할을 하였습니다. 이 비밀을 아는 사람은 기도하지 말라고 해도 합니다. 하나님께서 기도하는 주의 백성들에게 천사들을 움직일 수 있는 권을 주신 것입니다. 이것을 아는 사람은 엎드립니다. 왜냐면, 엎드릴 수밖에 없기 때문입니다. 다 아니까요. 단 조건이 있습니다. 정말로 하나님을 믿으면서 인본주의 내버리고 기도하면 큰 역사가 일어납니다. (히1:14) "모든 천사들은 부리는 영으로서 구원 얻을 후사들을 위하여 섬기라고 보내심이 아니뇨" 부리는 영입니다. 우리가 존경하는 영이 아니고, 부리는 영이라고 합니다. 부려야 합니다. 구원 얻을 후사들을 위한 천사입니다. 이 말은 곧 저와 우리를 위하여 섬기라고 보내신 자라고 합니다. 하나님이 주의 뜻을 행하기 위하여 기도하고 있는 종들을 섬기라고 천사들을 많이 보내주셔서 사람의 눈을 열기도 하고, 기도하고 마음을 움직이게도 하고, 마음을 뜨겁게도 만들고 하여 주의 일을 하는 것입니다. 사업하는 분이 이것을 알면 제대로 기도할 수 있습니다. 전도하는 분들이 이것을 제대로 알면 기도 안할 수가 없습니다. 이 사실을 아는 분들은 기도하지 말라고 해도 기도합니다.

미리미리 하나님께서 여러분들을 위하여 영적인 심부름꾼들을 굉장히 준비해 놓고 계십니다. 기도하는 분을 위해서 어마어마한 하늘의 군대를 예비해 놓고 계시는 것입니다.

여섯째, 우리는 저주를 물리치는 권세가 있습니다. 예수님께서 가시관을 쓰셔서 아담과 하와가 초래한 가시와 엉겅퀴를 피를 흘려 청산하시고 예수님께서 십자가를 짊어지심으로 말미암아 율법의 모든 저주로부터 우리를 대가를 지불하고 속량해 버렸기 때문에 우리는 이제 값으로 산 바 되었으며 저주의 세계에서 살 것이 아니라 주님께서 예비하신 젖과 꿀이 흐르는 가나안에서 살 수 있게 된 것입니다. 이것을 안 이상 저주가 우리에게 폭풍우처럼 밀려올 때 숙명적으로 그것을 받아들여 그것에 복종하여 벌벌 떨지 말고 저주를 향해 정면으로 나가서 "나사렛 예수이름으로 명하노니 너희 저주는 묶음을 받으라 우리 가족, 사업체에서 묶음을 받으라 너희 모든 저주는 이 시간에 모두 물러가고 떠나갈지어다"하고 단호히 저주를 물리치는 권세를 활용할 줄 알아야 할 것입니다.

일곱째, 우리는 천국에 들어갈 수 있는 권세가 있습니다. 예수께서 십자가에서 우리의 영혼을 속량해 버리셨기 때문에 우리는 이제 사망이 와도 겁나지 않습니다. 바울 선생은 "사망아 너의 속이는 것이 어디 있느냐 사망아 너를 이기는 것이 어디 있느냐 올테면 와 보라"라고 말했습니다. 바울 선생은 권세 있게 사망에 대처했습니다. 우리는 이제 죽음이 겁나지 않습니다. 죽음이 다가와 우리의 육신의 장막 집을 헐어버린다고 할지라도 우리는 권세 있게 죽음을 향하여 "내가 나간다. 길을 비켜라. 하나님의 아들이 나간다. 사망아, 음부야, 무덤아 길을 비켜라"하며 큰소리치며 눈을 감고 천국으로 갈 수 있는 것입니다. 이러므로 죽음이 다가올 때 죽음 앞에서 벌벌 기고 두려워하지 말고 한 번씩은 죽음을 맞이할 터인즉 가슴을 펴고 죽음을 향해 "올 테면 와 보라 길을 비켜라 나는 천국으로 간다"고 외치는 권세 있는 우리들이 되어야겠습니다.

성경에 있는 그 많은 하나님의 약속의 말씀들은 우리를 위해서 주님께서 주신 것입니다. 그러므로 하나님의 말씀을 자세히 살펴보고 말씀을 듣고 연구하고 공부해서 나를 위해서 어떤 말씀이 기록되어 있는지를 알아야 합니다. 성경은 약 7천여 가지의 하나님의 약속의 말씀을 주고 있는데 이는 다 하나님께서 그리스도 예수로 말미암아 피 흘려 값 주고 사신 약속이기 때문에 우리가 권세를 활용할 수 있는 범위를 보여주는 것입니다. 약속의 말씀을 내가 확실히 알았으면 말씀에 서서 우리는 권세 있게 믿어야 합니다. 우리가 어떠한 사람이며 우리의 위치가 어떠한 가는 당당한 권세를 알지 못하면 우리의 믿음도 역사하지 않습니다.

백부장이 예수 그리스도의 권세를 인정하고 믿었기 때문에 주님은 감탄하셨습니다. 믿음은 권세를 통해 역사 하는 것입니다. 그러면 우리는 어떠한 태도를 가지고 이 세상을 살까요? 그리스도 안의 권세는 하나님의 권세에 순종하는 삶을 살 때 하나님께서 한정지어주신 범위에서 그 권세를 사용할 수 있습니다. 하나님과 친밀하게 지낼 때 권세를 사용할 수 있습니다. 우리가 하나님께 불순종하고 반역하고 하나님을 떠나면 우리는 권세를 사용할 수 없습니다.

또 진실로 순종하고 믿는 삶을 살지 아니하고 차지도 덥지도 아니하다면 우리는 우리의 권세를 충분히 활용할 수 없는 것입니다. 그러나 우리가 마음을 다하고 뜻을 다하고 정성, 목숨을 다하여 주님을 전적으로 믿고 그 중심으로 살고 주님과 함께 서면 그러면 예수께서 피 값을 주고 사신 것과 성경에 있는 모든 것을 우리는 강하고 담대하게 사용할 수 있는 권세를 누릴 수 있는 것입니다.

우리가 우리의 권세를 알고 활용하게 될 때 이로써 영혼이 잘되게 됩니다. 저주를 제해 버리고 범사가 잘되게 됩니다. 마귀의 권세, 질병을 묶어 쫓아버리고 강건함을 얻을 수 있습니다. 우리의 일어서고 앉는 곳마다 생명을 얻되 넘치게 얻을 수 있고 우리가 가는 곳마다 권세를 사용하여 온 세상이 하나님의 빛과 영광과 생명으로 충만하게 되도록 할 수 있는 것입니다. 저는 당신에게 말합니다. 오늘 이 시간부터 예수 안에서 우리는 권세 있는 자들이니 권세 있는 신앙생활, 권세 있는 기도, 권세 있는 말, 삶을 살게 되시기를 바랍니다.

7장 성령의 불로 충만함을 받는 비결

(행 4:28-31)"하나님의 권능과 뜻대로 이루려고 예정하신 그것을 행하려고 이 성에 모였나이다. 주여 이제도 그들의 위협함을 굽어보시옵고 또 종들로 하여금 담대히 하나님의 말씀을 전하게 하여 주시오며, 손을 내밀어 병을 낫게 하시옵고 표적과 기사가 거룩한 종 예수의 이름으로 이루어지게 하옵소서 하더라. 빌기를 다하매 모인 곳이 진동하더니 무리가 다 성령이 충만하여 담대히 하나님의 말씀을 전하니라."

불같은 성령으로 장악되는 것은 아무렇게나 되는 것이 아닙니다. 성령으로 장악이 되려면 원리를 적용해야 좀 더 빨리 성령으로 장악이 될 수가 있습니다. 성도가 성령으로 장악이 되어야 영의 사람으로 바꾸어지기 시작하는 것입니다.

많은 목회자와 성도들이 성령의 불로 장악을 당하기를 원합니다. 성령의 불을 사모하면서 정작 성령의 불로 장악을 당하는 영적인 원리를 모릅니다. 그냥 무조건 기도만 많이 하면 되는 줄로 착각하는 분들도 있습니다. 어떤 분은 성령의 불세례에 관한 책만 읽으면 성령의 불로 장악되는 줄 믿고 있는 한심한 분도 있습니다. 성령의 불로 장악이 되는 것에는 영적인 원리가 있습니다. 영적인 원리를 적용해야 좀 더 쉽게 성령의 불로 장악이 될 수가 있습니다.

이 책에서 제시되는 영적원리를 적용하여 좀 더 빨리 성령의 불로 장악되기를 바랍니다. 영적으로 무지하던 저도 성령의 불로 장악되니 성품이 유순하게 변하고 인내할 줄 아는 사람이 되었습니다. 기도가 깊어지고 성령의 인도에 순종하며 영안이 열려서 말씀을 볼 때 말씀 속에 있는 영적인 비밀이 보입니다. 말씀 속에서 영적인 원리를 깨달으며 말씀을 적용할 때 하나님의 기적이 일어나는 것을 체험하고 있습니다.

저도 베드로와 같이 기도할 때 병자가 치유되고 귀신이 떠나가고 상한 심령의 사람들이 치유하는 권능 있는 자가 되어가고 있습니다. 성령의 불로 좀 더 빨리 장악이 되고 싶으면 이렇게 하시기를 바랍니다.

1.목적을 바르게 하라.

불같은 성령으로 장악이 되려는 목적을 바르게 해야 합니다. 지신이 예수 인격으로 변하는 것이 제일 목적이 되어야 합니다. 불같은 성령으로 장악되어 자신의 영광을 드러내려고 마음을 먹었다면 시작을 말아야 합니다. 어디까지나 자신이 변하여 하나님에게 쓰임을 받으려는 목적이 분명해야 합니다. 많은 분들이 성령의 불을 받아 능력이 나타나면 하나님에게 영광을 돌리지 아니하고 자신을 드러내려고 합니다. 신앙인격부터 바르게 되어야 불같은 성령으로 세례도 받고, 불세례도 받고, 장악도 될 수가 있는 것입니다. 인간적인 욕심이 조금이라도 개입이 되면 그만큼 성령으로 장악이 되는 시기가 지연될 뿐입니다.

그리고 무조건 성령의 불로 장악만 되려고 한다고 장악이 되는 것이 아닙니다. 모든 영적인 일에는 영적인 원리가 있습니다. 마찬가지로 성령의 불을 받고 장악이 되는 것도 일정한 원리를 적용해야 좀 더 빨리 성령으로 장악이 될 수가 있습니다. 다음부터 제시되는 원리들을 반드시 적용해야 좀 더 빨리 성령의 불로 장악이 될 수가 있습니다.

2. 성령을 사모하라.

성령의 불로 장악이 되려면 먼저 성령으로 세례를 받아야 합니다. 세례에는 물세례와 성령세례가 있습니다. 물세례란 처음 그리스도인이 신앙을 고백하고 회개와 죄 사함의 세례를 받으며 사람들 앞에서 자신이 그리스도인이 되었다는 것을 선포하고 교회의 일원이 되는 의식입니다. 대부분 신자들이 물세례를 받는 것으로 그치고 있습니다. 그러나 더 능력 있는 그리스도인의 삶, 사명을 감당하는 삶, 하나님께 쓰임을 받는 삶을 살기 위해서는 성령세례를 받아야 합니다. 성령 세례란 예수 그리스도께서 주시는 것입니다.

성령의 세례란 성령에 의해서가 아니라 주 예수에 의해 행해지는 그리스도의 사역입니다(행 11:15-18).

성령으로 세례 받을 때는 확실한 체험적인 경험이 있습니다. 성령으로 세례를 받을 때 성령이 예수 그리스도의 이름으로 임하므로 성령으로 세례 받는 것은 체험으로 느낄 수 있습니다. 성령의 세례를 받으면 하나님의 능력이 임합니다. 성령으로 세례 받을 때 성령의 권능이 함께 임합니다. 권능은 그리스도인으로 하여금 하나님의 일을 행하는데 적합한 사람으로 준비되게 합니다. 성령 세례는 하나님께서 우리를 예수 그리스도의 몸의 일부분으로 택하셔서 맡기신 지체로서의 임무를 효과적으로 수행하게 합니다(행 9:17-20).

성령으로 세례를 받음은 하나님의 영으로 사로잡히는 것입니다. 성령의 세례는 성도의 마음을 그리스도에 대한 이해와 사랑과 신뢰로 가득 차게 하며, 성령이 삶의 주관자가 되게 하며, 하나님의 자녀로서 하나님의 부름에 적합하도록 능력을 부여합니다. 거듭나는 것과 성령으로 세례 받은 것과는 다른 별개의 사건입니다.

"누구든지 그리스도의 영이 없으면 그리스도의 사람이 아니라."(롬 8:9)

그리스도인은 성령에 의해 태어난 사람으로 성령은 그 사람 안에서 중생의 사역을 이루십니다. 그리스도인이란 그 안에 성령이 내주 하는 사람을 지칭하며 성령세례 받고 불로 장악당한 자를 의미하는 것은 아닙니다. 거듭남으로 구원을 받게 됩니다. 즉 성령으로 거듭나서 하나님의 자녀가 되는 것입니다.

그러나 사람이 성령에 의해 거듭났지만, 성령으로 세례 받지 못한 경우도 있습니다. 그러므로 중생과 성령세례는 동의어가 아니라는 뜻입니다. 그러므로 성령으로 세례를 체험하시기를 바랍니다. 체험이라는 것은 내가 하나님의 역사하심을 눈으로 보게 된다는 뜻입니다. 성령의 세례를 받음으로 비로소 성령의 불과 성령의 인도를 받을 수가 있습니다.

그리하여 성령으로 깊은 영의 기도를 할 수 있게 되는 것입니다. 성령으로 깊은 영의기도를 하므로 성령의 불이 임하고, 심령에서 성령의 불이 올라오는 영의 기도를 할 수 있는 것입니다. 영의 기도를 통하여 성령의 불로 사로잡히는 것이기 때문입니다. 우리가 성령의 불로 장악이 되려면 사모해야 합니다. 하나님은 사모하는 영혼에게 만족함을 주십니다. 성령의 불도 사모해야 장악이 되는 것입니다. 사모하고 뜨겁게 기도하면서 성령의 불이 자신을 장악할 때까지 깊은 영의기도를 하면서 기다려야 합니다.

3. 회개로 신앙을 바르게 해야 한다.

회개로 무너진 신앙을 회복해야만 하는 것입니다. 제단을 무너뜨리고 난 다음에 아무리 부르짖어도 불도 내려오지 아니하고 하나님의 축복의 단비도 임하지 않는 것입니다. 성령의 불이 임하고 축복의 단비가 내리게 하기 위해서는 우리의 생애 속에 무너진 제단을 먼저 수축해야만 하는 것입니다. 무너진 제단이 무엇입니까? 예수님을 주님으로 모시는 마음의 제단을 수축해야만 하는 것입니다.

성경은 고린도후서 13장 5절에 "너희가 믿음에 있는가 너희 자신을 시험하고 너희 자신을 확증하라 예수 그리스도께서 너희 안에 계신 줄을 너희가 스스로 알지 못하느냐 그렇지 않으면 너희가 버리운 자니라" 우리가 그냥 형식적 의식적으로 교회 왔다 갔다 하면서 예수 그리스도가 나의 구주인 것을 잊어버리고 시인도 안하고 근본적인 제단이 무너져 있는데 하나님의 성령의 불이 임할 이유가 없고 축복의 단비가 내리는 일도 없습니다. 우리 스스로 예수 그리스도께서 우리 안에 있는 것을 항상 확정하고 하나님 앞에서 신앙 고백을 하는 제단을 수축해야만 합니다.

제단을 수축한다는 것은 잘못된 삶을 회개하고 심령을 치유하여 하나님과의 관계를 바르게 하는 것을 말합니다. 제단을 수축하고 난 다음에야 기도하면 불이 떨어지는 것처럼 엘리야가 제단을 수축하고 난 다음 제물을 얹어 놓고 기도할 때 불이 떨어진 것처럼, 우리의 제단을 수축하고 예수 그리스도의 이름으로 부르짖을 때에 성령의 불이 떨어지는 것입니다. 성령의 불이 떨어져야 되요. 성령의 불이 떨어져야 하나님 아버지와 예수님께서 참 하나님인 것이 증명되는 것입니다.

이 세상에 우상과 사신이 가득하고 다른 종교가 많은데 진실로 우리 하나님 아버지와 예수님께서 유일한 구주가 되심을 무엇으로 증명합니까? 하늘에서 불이 떨어져야 합니다. 성령의 불이 우리 마음속에 가득히 임해야만 하는 것입니다. 그렇기 위해서는 우리의 생활 속에 제단을 수축해야만 하는 것입니다. 허물어진 제단 가지고는 불이 임하게 해달라고 아무리 크게 소리를 질러봤자 역사가 일어나지 않습니다. 회개해서 제단을 수축해야 성령의 불이 임하는 것입니다.

4. 말씀의 비밀을 많이 깨달아야 한다.

성령의 불은 자신이 말씀의 비밀을 깨닫는 만큼씩 장악을 합니다. 성령의 불은 말씀의 깨달음과 비례하는 것입니다. 성령의 불로 장악당하니 말씀의 비밀을 깨달을 수가 있는 것입니다. 말씀의 비밀을 깨달은 만큼 영적으로 변했기 때문에 성령의 불로 장악되는 것입니다. 기도를 많이 한다고 성령의 불로 장악되는 것이 아닙니다. 능력 있는 목사님에게 안수를 많이 받는다고 성령의 불로 장악되는 것이 아닙니다. 성령의 임재 하에 말씀을 많이 묵상해야 합니다. 영적으로 깊은 서적을 읽는 것도 성령의 불로 장악이 되는데 상당한 유익이 있습니다. 성령의 불의 역사를 체험하고 말씀과 성령으로 변화된 멘토를 만나서 훈련을 받는 것도 유익합니다. 하나님은 사람을 통하여 하나님의 역사를 이루시기 때문입니다. 그러므로 바른 성령의 불의 역사를 일으키며 사역하는 사역자는 자신이 성령의 불로 장악되는데 큰 도움이 될 것입니다. 자신을 성령의 불로 장악되게 하여 하나님에게 쓰임 받도록 인도해줄 멘토를 만나게 해달라고 기도하세요. 하나님은 하나님의 사람을 통하여 역사하십니다.

5. 성령의 불의 역사가 있는 장소로 가라.

성령으로 세례와 불로 장악이 되려면 성령의 역사가 있는 장소에 가는 것이 빠릅니다. 저의 경험으로는 성령의 불로 장악은 내적치유를 받은 이후에 성령의 강한 임재를 체험했다는 것입니다. 내면을 치유하고 은혜의 장소에 갔을 때 성령의 강한 임재와 체험이 있었습니다. 그러므로 성령의 불로 장악되고 성령의 역사를 체험하려면 성령의 역사가 있는 장소에 가는 것이 좋습니다. 자신이 과거 한번 성령의 세례를 체험했었다면 혼자 기도해도 성령의 불로 장악될 수가 있습니다.

자신이 한 번도 성령의 세례를 체험하지 못했다면 성령의 기름부음심이 있고 성령의 불의 역사가 나타나는 장소에 가서 성령의 불로 충만 받는 것이 맞습니다. 성령의 체험과 장악은 장작불의 원리와 같습니다. 성령의 불로 충만하고 성령의 역사를 체험한 사람들이 많이 모이는 장소는 성령의 역사가 강합니다. 성령은 어디에 계시는가, 먼저 내 영 안에 계십니다.

그리고 우리 안에 계십니다. 또 말씀 안에 계십니다. 그러므로 성령체험을 하지 않았다면 성령의 역사가 있는 장소에 가셔야 성령을 쉽게 체험하고 장악을 당할 수가 있습니다. 그리고 또 한 방법은 성령 받은 자에게 가셔서 말씀을 듣고 안수를 받는 방법이 있습니다. 위로부터 임하시는 성령의 역사는 오순절 마가의 다락방에서 임하셨습니다. 그 이후는 그때 성령 받은 사람이 말씀전하고 안수 할 때 임했습니다(행19:1-7). 성령의 불로 충만한 사람에게 전이 받는 것입니다. 성령으로 세례 받고 장악되기 원하십니까? 성령이 역사하는 장소로 가십시오. 그래야 빨리 성령으로 장악될 수가 있습니다. 성령으로 세례를 받아야 성령의 불세례를 받으면서 성령 충만이 이루어지는 것입니다. 절대로 성령의 세례를 받지 않으면 성령 충만에 이를 수가 없습니다. 성령으로 충만함을 받기 위하여 내 안에 계신 성령님에게 집중해야 합니다. 성령의 불로 불세례를 받고 충만 받으려면 **"성령의 불로 불세례 받는 비결"**과 **"성령의 불로 충만받는 비결" "불같은 성령의 기름부으심"**을 읽어보시기를 바랍니다.

6. 욕심을 버려야 한다.

성도가 영적으로 변하려면 인간적인 욕심은 적이 됩니다. 그래서 성경은 야고보서 1장 14절로 15절에서 이렇게 말합니다. "오직 각 사람이 시험을 받는 것은 자기 욕심에 끌려 미혹됨이니 욕심이 잉태한즉 죄를 낳고 죄가 장성한즉 사망을 낳느니라."
인간의 욕심은 성령으로 충만 받는데 최대한의 적입니다.

성령의 세례를 체험하고 불로 충만 받으려면 모든 인간적인 욕심을 버리시기를 바랍니다. 성령의 세례를 받아 성령의 불이 임하고 심령에서 올라오는 기도를 하는 것은 하나님의 자녀답게 권세를 가지고 하나님의 나라확장에 큰일을 감당하기 위해서 그렇게 하는 것입니다. 그리고 성도를 성도되게 하는 것은 전적으로 성령께서 하시는 일입니다(요일 2:27).

조금이라도 인간적인 욕심이 결부된다면 성령으로 충만하던 성도도 육체로 돌아가게 됩니다. 육체로 돌아가면 그 심령에는 마귀가 역사를 하는 것입니다. 그래서 마귀는 항상 인간적인 욕심을 추구하게 하려고 성도들을 미혹하는 것입니다. 그 미혹에 아담과 하와가 넘어졌습니다. 왜 넘어졌습니까? 성령의 인도 없이 육체적으로 행동했기 때문입니다.

그러나 예수님은 마귀의 시험을 이기셨습니다. 어떻게 이겼습니까? 육적인 욕심이 하나도 없이 오직 말씀으로 하나님의 영광을 구했기 때문입니다. 그리고 성령의 인도를 받았기 때문에 승리한 것입니다. 우리도 성령의 불세례를 체험하고, 심령에서 성령의 불이 올라와 성령의 불로 장악 당하는 기도를 하여 사람들에게 자랑을 하려하는 인간적인 욕심이 조금이라도 결부되면 가차 없이 마귀의 밥이 된다는 것을 명심해야 합니다.

오로지 하나님의 영광을 위하여 성령의 불을 구하시기를 바랍니다. 어린아이와 같이 사심 없이 성령 하나님의 인도를 받으면 성령의 불로 장악을 당하게 됩니다. 그리하여 기도를 할 때 성령의 불이 임하고, 깊은 영의 기도할 때 성령의 불이 심령에서 올라오게 될 것입니다. 절대 인간적인 욕심은 버리시기를 바랍니다.

7. 성령의 인도에 순종하라.

성령의 불로 장악 당하려면 성령의 인도를 받아야 합니다. 성령의 인도를 받는 것은 두 가지로 설명할 수가 있습니다. 먼저 성령의 인도는 성령께서 성도들의 마음에 갈급한 마음을 주십니다. 성도가 이 갈급함을 해결하려고 성령이 역사하는 장소로 가게 됩니다. 자신의 갈급함을 해결하려고 성령의 역사하는 장소에 가게 되지만 정작 성령께서 인도한 것입니다. 저는 항상 이렇게 말합니다. 성령께서 성도를 업고 다닌다고 말입니다.

성경에도 분명하게 기록되어 있습니다. "너희는 주께 받은바 기름 부음이 너희 안에 거하나니 아무도 너희를 가르칠 필요가 없고 오직 그의 기름 부음이 모든 것을 너희에게 가르치며 또 참되고 거짓이 없으니 너희를 가르치신 그대로 주 안에 거하라"(요일2:27). 성령께서 성도들을 친히 이끌고 다니면서 성령의 사람을 만들어 간다는 것입니다.

이스라엘 백성에 애굽에서 나와서 광야를 자신들이 걸어서 가나안으로 간 것 같지만 실상은 그렇지 않습니다. "내가 애굽 사람에게 어떻게 행하였음과 내가 어떻게 독수리 날개로 너희를 업어 내게로 인도하였음을 너희가 보았느니라"(출19:4). 하나님이 이스라엘 백성을 업고 인도하였다는 것입니다. 이렇게 성령의 인도를 받아야 합니다. 부가해서 설명하면 성령의 감동을 받고 성령이 역사하는 장소에 가게 되었다면 그곳에서 성령께서 나 자신을 위하여 하실 일이 있기 때문에 그곳에 가게 했다는 것입니다. 성령이 인도하여 가게 되었다는 말입니다.

그러므로 자신의 마음대로 행동하면 안 됩니다. 항상 성령님에게 기도하며 물어보고 행동에 옮겨야 합니다. 그래서 성령이 가라하면 가고, 오라하면 오는 성도가 성령의 인도를 받는 성도입니다. 그런데 대부분 그렇게 하지를 않습니다. 자기 마음대로 가고 자기 마음대로 옵니다. 그렇기 때문에 성령하나님이 원하는 영적인 수준에 도달하지 못하는 것입니다. 성령이 당신을 성령으로 충만한 영적인 성도를 만든다는 것을 명심해야 합니다. 성령의 인도에 순종하는 만큼씩 영적으로 변해간다는 것입니다.

두 번째는 성령의 역사에 순종하는 것입니다. 성령이 임재 하여 울라고 하면 울고, 떨라고 하면 떠는 것입니다. 소리를 지르라면 소리를 지르는 것입니다. 하나님의 말씀을 선포하라면 담대하게 선포하는 것입니다. 지팡이를 내밀라고 하면 내미는 것입니다. 발을 내 딛으라고 하면 내 딛는 것입니다. 한 마디로 성령이 하라는 대로 움직이는 것입니다. 성령은 인격이시라 이렇게 성령의 인도에 순종할 때 성령의 불로 장악당하는 체험을 하게 하십니다.

8. 성령으로 충만 될 때까지 영으로 기도하라.

성령님은 우리 안에서 우리와 함께 있습니다(요14:16). 우리 안에서 예수를 증거하십니다(요15:26). 설교를 통해서 그리스도의 은혜를 받는 것은 감정적, 지식적으로 받는 것이므로 여기에 성령님의 역사가 없이는 그 은혜가 우리의 영, 마음으로 생명이 되어 흐르지 못합니다. 즉 예수의 십자가의 은혜를 받는 것은 오직 성령을 통해서만 가능합니다. 성령은 예수를 증거 하는 분이기 때문입니다. 그러므로 성령님을 늘 찾아야 합니다. 성령님과 교통해야 합니다. 제자들이 늘 예수님 곁에 있어야만 하였던 것처럼, 오늘 우리는 늘 성령님을 찾아야 합니다. 성령님을 떠나지 말아야 합니다. 특히 기도할 때, 성령님의 도우심, 임하심은 절대적입니다.

성령 하나님을 내안에 모신 크리스천에게 성령의 불(권능)은 위에서 떨어지는 것이 아니라, 내안에서, 나의 깊은 곳에서 부드럽게 올라오는 것입니다. 내안에서 올라오는 성령의 불(권능)이 바로 참 평안입니다. 이를 위해서 내안에 불순물이 없어야 합니다. 불순물을 제거하는 분이 바로 성령님이십니다. 기도할 때 성령으로 불순물이 제거됩니다. 내안의 불순물을 제거해야 성령의 불(권능)의 역사가 아름답게 나타납니다. 내안에 불순물이 있으면, 나에게서 나타나는 성령의 역사가 아름답지 못하게 됩니다. 내안에서 성령의 참 평안이 나타나려면, 내 안이 성령이 역사할 수 있는 조건이 되어야 합니다. 내 마음을 성령이 역사할 수 있는 상태로 준비해 드려야합니다.

성령님은 자율신경계통으로 활동하는 내부기관과 같이 내 의지로 움직일 수 없습니다. 40일 기도로 성령님을 어떻게 해보려는 것은 마치 심장을 내 마음대로 움직이려고 애를 쓰는 것과 같습니다. 심장의 건강을 위해 콜레스테롤을 낮추는 것처럼, 나는 오직 그분이 역사할 수 있는 환경을 만들어 드리면 되는 것입니다. 마음을 열고 성령으로 기도하라는 것입니다. 그러면 성령이 역사하십니다.

미움을 자제하고, 성령님을 의지하고, 성령님의 도움을 찾고 요청하고 간구하는 것이 바로 성령이 역사하실 수 있는 조건을 만들어 드리는 것입니다. 이것이 영의 기도입니다. 영의기도의 주제입니다. 영의기도가 될 대 성령으로 충만함을 받을 수가 있습니다. 이것은 오직 지속적인 훈련으로 이루어지게 됩니다. 성령 충만을 위하여, 성령의 활발한 활동을 위하여 내 심령을 준비하는 것, 영적정서 상태가 되게 하는 것이 바른 기도입니다. 영적인 상태가 되어 기도해야 영이신 하나님과 통하는 기도가 되는 것입니다. 영으로 기도할 때 참 평안이 나타납니다. 참 평안 나타남은 바로 성령으로 충만함입니다.

영으로 기도하지 않으면 절대로 성령으로 충만 받을 수가 없습니다. 영의기도에 대하여는 "**깊은 영의기도 숙달하는 비결**" "**기도 쉽게 바르게 하는 법**"을 참고하기를 바랍니다.

8장 성령님의 역사를 제재하지 말라

(고전 2:11)"사람의 일을 사람의 속에 있는 영외에 누가 알리
요 이와 같이 하나님의 일도 하나님의 영외에는 아무도 알지 못
하느니라"

우리에게 있어서 성령님의 즉흥성을 어떻게 이해하고 받아들
여야 하는가 하는 문제는 매우 심각합니다. 대부분의 교회는 이
문제를 깊이 고민하지 않고 단순히 무시하거나 억제함으로써 피
해가려는 태도를 취하고 있습니다. 성령님의 역사하심에 대한 경
험이 부족하고, 이해 또한 얕은 현실에서 이런 문제를 골치 아픈
것으로 여기거나 교회의 질서라는 애매한 논리로 무시해버리는
것이 현실입니다.

여기서 다루는 성령님의 즉흥성이란 우리가 기대하지 않았던
일이 회중 가운데 특히 예배에서 나타나는 경우를 말합니다. 다
수가 모이는 공중의 예배에서 뿐만 아니라 소수가 모이는 예배에
까지 모든 모임에서 나타나는 돌발적인 역사하심을 무시하고 억
제함으로써 성가신 일이 일어나지 않고, 교회는 매우 질서 있게
유지될 것이기 때문이며, 실제로 지금까지 그렇게 해 온 것입니
다. 제도적으로 만들어놓은 질서라는 틀 속에서 성령님의 즉흥성
내지는 돌발성을 원천적으로 받아들여질 수 없는 것입니다. 고
린도전서 2장 4절에서 "성령이 말하게 하심에 따라…."라고 하는

말씀이 처음 등장합니다. 이것은 방언을 처음 받았던 때의 상황이 성령님이 시키시는 대로 행하여졌다는 것을 증거 하는 말씀입니다.

이 상황은 사람들이 전혀 고대하지 않은 지극히 돌발적인 상황이었습니다. 또한 성령의 충만함을 받아 예언할 경우에도 역시 돌발적입니다(눅 1:41, 67). 이런 돌발적인 상황에 대해서 때로는 질서 있게 차례를 따라 예언할 것을 권합니다. 하나님은 혼란하신 분이 아니고 질서 있는 하나님이기 때문입니다(고전 14:40). 이것은 다수의 사람에게 예언이 동시에 임한 경우 혼란을 일으킬 수 있으므로 차례를 따라서 예언할 것을 권면하는 말씀이지 결코 금하는 말씀은 아닙니다.

우리는 공중 예배에서 어떤 사람이 성령 충만한 가운데, 물론 이 부분이 진정으로 성령의 임재로 인한 것인지, 악령에 의한 것인지를 정확하게 분별해야 하는 문제를 가지고 있지만, 어떠하든지 성령의 충만함으로 인정한 상황에서 프로그램에 없는 현상이 회중에서 발생하는 경우 우리는 우선 억제하는 것으로 문제를 마무리하려고 해 왔습니다. 물론 이런 일들이 흔하게 나타나는 것은 아닙니다. 그렇게 된 까닭은 우리들이 이런 역사하심을 심하게 억제하였기 때문이지요.

그럼에도 불구하고 회중에서 나타나는 기대하지 않은 현상에 대해서 공공의 질서라는 말로 억제하는 것이 과연 잘 된 일인지를 깊이 있게 살펴보아야 할 것입니다. 왜냐하면 성령의 역사는 환영하고 받아들이고 범사에 주를 인정하는 분위기에서 보다 더 자주 그리고 강력하게 나타나기 때문입니다. 그런 의미로 볼 때 우리의 예배에서 초대 교회와 같은 강력한 성령의 나타나심이 사라진 것은 우리의 무지에 기인한 면이 없지 않은 것입니다.

우리는 성령의 나타남을 무조건 억제함으로써 예배를 우리 중심으로 행하여 온 잘못을 행하고 있다고 보아야 합니다. 예배의 시작과 끝은 오로지 성령님의 인도하심에 의해서 진행되어야 하는 것이 원칙임에도 불구하고, 그 성령님의 역사를 어떤 고정된 틀 속에 가두고 우리의 수준에서 이해하려고 하는 면이 강한 것이지요. 예를 들어 구역예배 또는 속회에서 함께 기도하는 순간 어떤 한 사람이 갑자기 성령이 충만해서 방언으로 기도함으로써 다른 사람의 기도가 방해되는 경우가 있다고 합시다. 실제로 이런 경우가 흔하게 나타납니다.

이 경우 우리는 그 사람을 억제시키고 자제하게 만듭니다. 그러나 과연 그것이 올바른 조치였을까요? 성령님이 무식해서 예배를 어지럽게 하려고 느닷없이 그 사람에게 강하게 임해서 역사한 것일까요? 성령님이 분위기를 파악하지 못해서 그렇게 하신 것일까요? 아니면 그 사람이 적당히 절제해야 하는데 그러하지 못해서 그런 일이 생긴 것일까요? 결코 그런 것이 아니라고 봅니다. 분명히 성령님은 분위기를 파악하지 못하고 시도 때도 없이 무조건 그런 역사를 일으키는 분이 아니지요. 그렇다면 그 사람이 왜 갑자기 성령 충만해서 절제하지 못하였을까요?

우리가 경험하는 것이지만 성령 충만이 일어나면 스스로 절제하기란 무척 어렵습니다. 강력한 기름부음이 임하면 우리는 그 힘에 쓰러지기도 하고 뒹굴기도 하며 강한 방언을 하게 됩니다. 뱃속에 힘이 들어가고 주체할 수 없는 힘에 휩싸여 어쩔 수 없는 것이지요. 그런 강한 임재가 아니더라도 성령이 어떤 일반적인 수준을 넘어서서 임하면 우리는 스스로 절제하기가 어렵습니다. 이것은 절제하기 위함이 아니라 성령님이 그 순간 우리에게 무엇인가를 나타내 보이시기 위함입니다.

영은 영으로서만이 그 의미를 깨달을 수 있습니다. 즉 영적 현상이 의미하는 상징성이 있다는 말입니다. 그 상징을 통해서 우리에게 말씀을 전하시는 것입니다. 방언을 말하는데 그 가운데 방언 통역을 할 수 있는 사람이 없는 경우 아무런 의미가 없을 것이라고 생각합니다. 그러나 그런 생각은 착각입니다. 성령님은 계시의 영이십니다. 그 순간 일어나는 역사하심이 통제되지 않고 아주 자연스럽게 물 흐르듯이 진행된다면 그 회중은 반드시 은혜를 덧입게 될 것입니다. 굳이 통역이 되어지지 않았다 하더라도 그런 충만함으로 인해서 회중은 그 이후에 각자에게 반드시 그 현상에 대한 성령의 조명을 받아 그 의미를 나름대로 깨닫는 지혜를 얻게 될 것입니다.

같은 현장에서 같은 현상을 목격했다 해도 각각의 사람들이 느끼는 의미는 다 다릅니다. 이것이 성령님이 원하시는 바입니다. 강단에서 목사님이 말씀을 증거할 때 회중이 모두 같은 의미로 받아들이는 것이 아니듯이 말입니다. 목사님이 의도한 것과 전혀 다르게 받아들여 은혜를 받고 감격했다고 해서 그 사람이 받은바 은혜가 잘못되었다고 말할 수 있겠습니까?

이처럼 같은 현상을 보았지만 느낌은 각각 다를 수도 있는 것입니다. 이것이 통역 없이 주어지는 성령의 역사하심의 의미입니다. 회중이 한 가지 뜻을 공유할 필요가 있을 경우 반드시 통역이 주어집니다. 즉 예언의 영이 임해서 예언하게 하는 것이지요. 이것은 예언의 은사와는 전혀 다르다는 점을 앞글에서 이미 설명한 내용입니다.

계획된 예배를 침해 받게 될 우려가 있고, 다수의 회중은 잠잠한데 어느 한 사람의 성령 충만으로 인해서 소란스러워진다는 것은 유익이 되지 못한다는 이유로 억제하였던 이런 즉흥적 역사하심에 대한 태도를 반성해야 합니다. 과연 예배는 누구를 위한 것입니까? 먼저는 주님이고 그 다음이 우리입니다. 성령님이 예배의 인도자이며, 주관자이지 회중과 목사가 아니지요. 주인 되신 분이 그 뜻대로 행하시는 일을 우리가 통제하려고 하고 있는 것은 아닙니까? 질서와 유익은 과연 무엇을 위한 것입니까?

먼저 소규모 예배에서 이런 돌발적인 역사하심을 받아들이고 경험하여야 더 규모가 큰 예배에서 다양한 성령님의 역사를 경험하게 되는 것이며, 성령님이 주관하시는 예배를 우리가 만날 수 있게 되는 것입니다. 성령님은 소규모 예배 즉 속회나 구역예배 또는 가정교회의 예배에서 이런 일들이 일어날 것을 먼저 인도자에게 말씀하십니다. 그러나 실제로 그런 말씀을 알아듣는 능력을 갖춘 인도자가 과연 얼마나 있겠습니까? 그래서 우리는 어리둥절해 하는 것입니다. 성령님은 우리가 모른다고 해서 가만히 계시는 분이 아닙니다. 계속 우리 가운데 그런 역사를 행하심으로써 우리가 변화되기를 촉구하시는 것입니다. 성령의 음성을 듣는 능력을 개발한 인도자에게는 성령님은 전혀 돌발적인 분이 아닙니다.

바울은 그가 인도하는 예배에서 나타나는 여러 가지 다양한 역사하심을 오히려 기뻐했고, 그런 역사가 일어나도록 간구했음을 알 수 있습니다(고전 2:4). 우리는 항상 성령님의 역사하심을 기대하여야 하며 회중 가운데 역사하심이 나타날 때 그를 통해서 성령님이 이 회중에게 무슨 말씀을 하시려고 하는지를 알고자 노력해야 할 것입니다. 우리는 신실한 영성가들을 통해서 우리 가운데 역사하시는 성령님의 다양한 의사소통 방법들이 하나씩 공개되고 있습니다. 영이신 하나님이 영의 방법으로 우리에게 다가오시는 것을 제대로 이해하지 못하면 우리는 항상 혼란 속에 헤매고 말 것입니다.

처음부터 큰 역사를 기대하는 사람들이 많이 있습니다. 그러나 영적 단계에 따라서 적은 일부터 질서 있게 일어나는 것입니다. 돌발적인 현상은 우리의 무지를 일깨우기 위한 것이며, 우리가 무지하기 때문에 그렇게 보이는 것일 뿐입니다. 정상적인 영적 발전의 단계를 거치면 그런 돌발적인 일들은 더 이상 돌발적인 것이 되지 않습니다. 성령님은 그의 사랑하는 사역자에게 먼저 충분한 감동을 주시고 행하십니다. 그러므로 자신이 인도하는 예배에서 성령님의 역사하심을 어느 정도 파악하고 임하게 됩니다. 그러므로 당황하거나 제재하는 일은 생기지 않지요. 오히려 그 역사하심에 대해서 회중에게 이해시키며 지금 성령님이 무엇 때문에 이런 일을 행하시는지를 분명하게 일깨워줄 수 있는 것입니다.

이것이 영적 지도자가 갖추어야 하는 능력인 것이지요. 그 종은 주인이 하시는 일을 알며 그 일을 행한다고 하지 않습니까? 주인이 하시는 일을 알지 못하는 까닭은 삯군이기 때문이지요. 삯을 받는 품꾼은 주인의 의도를 알 필요가 없습니다. 주어진 일을 하고 삯을 받으면 그만이니까요. 영적 지도자는 영적인 일의 의미를 사람들에게 분명하게 이해시킬 책임도 있습니다. 기록되어 있는 성경 말씀을 배워서 가르치는 일은 누가 못하겠습니까? 그러나 영의 일은 영으로라야 분변한다는 점을 잊어서는 안 될 것입니다. 이 일은 쉽지 않습니다. 그러나 불가능한 것은 절대로 아닙니다. 그리고 노력하면 누구나 가능한 일입니다.

9장 성령은 체험하며 성장토록 인도한다.

(요일 2:27)"너희는 주께 받은바 기름 부음이 너희 안에 거하나니 아무도 너희를 가르칠 필요가 없고 오직 그의 기름 부음이 모든 것을 너희에게 가르치며 또 참되고 거짓이 없으니 너희를 가르치신 그대로 주 안에 거하라"

성령은 체험을 통하여 성도를 영적으로 양육하시면서 하나님의 군사가 되게 하십니다. 성도 안에 계신 성령께서 친히 군사가 되게 하신다는 것입니다. 세상의 모든 이치는 흥망성쇠(興亡盛衰)라는 순환의 고리에 따라서 진행됩니다. 세상의 모든 피조물은 이 과정에서 예외가 되는 것은 없을 것입니다. 영적인 과정도 이와 같은 순환 고리를 갖추고 있다고 볼 수 있습니다. 우리는 육신으로 태어나기 때문에 우선 육의 일에 관심을 가지게 되고, 그에 따른 교육도 먼저 받습니다. 따라서 자연적으로 육의 일에 우선순위를 두게 되지만 차츰 성장하면서 변화를 겪게 됩니다.

우리가 사랑 장으로 알고 있는 고린도전서 13장 11절에 이런 말씀이 있습니다. "내가 어린아이였을 때는 어린아이같이 말하고 어린아이같이 이해하고 어린아이같이 생각했습니다. 그러나 어른이 돼서는 어린아이의 일들을 버렸습니다."

우리는 영적 체험을 하게 되기 전까지는 육신의 일에만 몰입하게 되다가 차츰 성령의 인도를 받으며 영의 일에 관심을 가지기 시작합니다. 그러나 다양한 이유 때문에 육신의 생각에 매여서 벗어나지 못할 수 있습니다. 사람이 성장하면 그에 맞는 사고 구조로 변화되어야 하는데, 그렇지 못하고 어떤 한 시절의 구조에 매이게 되면 그런 사람을 우리는 지능 지수가 낮은 사람이거나 분수가 없는 사람으로 취급하게 됩니다. 신앙생활을 시작하면 반드시 정상적으로 영의 일에 관심을 가지게 됩니다. 이런 변화는 생리적인 것과 같아서 자연적으로 물이 흐르듯이 그렇게 변화되는 것입니다. 어린아이들은 이성에 전혀 관심이 없다가 성장하면서 몸에 생리적인 변화가 생기기 시작하면서 관심을 갖게 되는데, 남아는 변성기가 여아는 생리라고 하는 육체적 변화가 심리를 자극하게 되어 사춘기를 맞게 만드는 것입니다.

영적 경험 역시 이런 육체적 변화처럼 속사람의 변화에 따라서 자연적으로 나타나는 지극히 정상적인 순환고리입니다. 속사람이 성령의 역사를 통해서 살아나게 되면 영이 성장하기 시작하는데 성령은 우리의 심령이 성장할 수 있는 자양분을 공급해 주기 시작합니다. 그것이 영적 체험과 은사입니다. 나뭇가지가 가만히 있고자 해도 바람이 불면 흔들릴 수밖에 없듯이 우리 심령은 성령의 바람 때문에 가만히 있을 수 없고, 흔들림이 일어나지 않을 수 없는 것입니다. 이 영의 움직임은 성령의 바람에 의해서 일어납니다. 그래서 성경은 이 부분에 관한 설명으로 "바람이 임의로 불매 네가 그 소리는 들어도 어디서 와서 어디로 가는지 알지 못하나니 성령으로 난 사람도 다 그러하니라."(요 3:8)

라는 말씀으로 우리들을 깨닫게 하고 있습니다. 청소년이 질풍노도와 같은 감정의 격랑을 겪으면서 도대체 왜 이러는지 자신도 모르는 가운데 하루에 몇 번이고 감정이 격하게 변화합니다. 그래서 청소년들은 이랬다저랬다 갈팡질팡하기 때문에 변덕스럽게 보입니다. 이 시기의 청소년들은 안정감이 없고 매사가 불안하기만 하지만 당사자들은 그 이유를 알지 못하면서 그 시기를 지내듯이 영의 움직임이 일어나기 시작할 때 우리는 그 이유를 알지 못합니다. 바람이 멋대로 불 때 어디서 와서 어디로 가는 것을 알지 못하듯이 성령으로 거듭난 사람은 처음이 그렇다는 것입니다. 이 혼란스런 시기에 성도들은 깊은 갈등을 경험하게 됩니다. 도무지 알 수 없는 일들이 일어나고 생소한 현상들을 목격하게 될 때 우리는 무척 당혹스러워합니다. 자신에게 일어나는 현상의 의미를 알지 못하는 것은 당연한 것입니다. 왜냐하면 어리기 때문입니다. 청소년들이 변성과 생리를 경험할 때 그들이 이 사춘기를 잘 넘길 수 있도록 어른들이 꼼꼼히 지도하고 가르쳐주어야 합니다.

요즘은 사춘기가 이미 초등학교에서부터 시작한다고 합니다. 연령대가 낮아진 것입니다. 이렇듯이 영적 변화도 세월 따라서 빨라지고 있습니다. 이런 변화를 겪는 성도들에게 적절한 지식을 제공하지 못한다면 문제가 생기는 것입니다. 저와 같은 세대들은 사춘기를 겪을 때 학교에서 적절한 교육을 받지 못했습니다. 그러나 요즘은 순결교육이라는 이름으로 많이 가르치고 있다고 합니다. 육신적 변화를 제대로 알고 대처하면 건강한 사춘기를 보낼 수 있듯이 영의 변화에 관한 지식을 얻게 되면 어린아이와 같은 사고구조에서 쉽게 벗어날 수 있습니다.

바울은 고전 13장 12절에서 "지금"과 "그 때"라고 하는 두 가지 차원을 비교해서 설명하고 있습니다. '지금'이라는 시제는 우리가 살고 있는 현재를 의미할 수도 있으며, '그 때'는 주님이 오시는 시제를 의미할 수 있지만, 바울이 어린아이와 장성한 사람이라는 두 개체로 비유해서 설명하였다는 점에 초점을 맞춘다면 '지금'은 어린아이와 같은 미숙한 단계를 의미하고, '그 때'는 어른과 같은 성숙한 단계를 지칭한다고 해석할 수 있을 것입니다.

물론 궁극적으로 바울이 언급하고 있는 부분적으로 알고 행하는 단계로써 지금과 온전한 것이 오는 단계로써의 그 때는 종말적이고 범 우주적인 것이지만, 바울이 우리들에게 강조하고 있는 또 다른 의미는 개별적으로 이와 같은 단계가 성장의 순환 고리 속에 있음을 암시하고 있습니다. 이 말은 성숙하지 못한 때에는 부분적으로만 알고 있지만 성숙으로 나가게 되면 온전해질 수 있음을 일깨워주고 있습니다. 바울은 종종 우리로 하여금 그리스도께서 온전하신 것처럼 우리들도 온전해질 것을 강조하곤 했고(골 3:14, 고전 13:12), 주님도 이점을 강조했습니다. "그러므로 하늘에 계신 너희 아버지의 온전하심과 같이 너희도 온전하라"(마 5:48).

우리는 이 땅에 살 동안 그저 그렇게 살다가 가는 것이 아니라, 얼굴과 얼굴을 대하듯이 그리고 주님이 나를 알듯이 그렇게 온전히 알게 되는 때를 경험하게 되는 것입니다. 그 시기가 우리가 성숙해져서 어린아이의 일을 버릴 때인데 안타깝게도 그런 시기는 항상 지속되는 것이 아니라, 수시로 침체와 부흥을 번복하게 되는 것입니다. 바울은 주님이 자신을 알듯이 주님을 알았던 사람 중 한 사람입니다. 구약의 선지자들이 그러했듯이 우리들도 제한적으로 그러할 수 있다는 사실을 일깨워주고 있습니다. 그 길을 바울은 골로새서에서 이렇게 적극적으로 가르쳐주고 있습니다. "이 모든 것 위에 사랑을 더하라 이는 온전하게 매는 띠니라."(골 3:14). 바울은 우리가 온전해지는 최종적인 것으로 여기서도 사랑을 언급하고 있습니다. 그 사랑이 무엇인지를 그는 고린도전서 13장에서 명확하게 설명해주고 있는 것입니다.

사랑은 다양한 영적 경험과 은사들을 초월해서 궁극적으로 우리가 주님을 알아갈 수 있는 가장 중요한 요소라는 점을 일깨우고 있습니다. 물론 우리는 다양한 영적 경험을 통해서 육신으로만 향하던 시각을 벗어나게 해줍니다. 우리가 성인으로 성장하기 위해서 반드시 사춘기를 통과해야 하는 것처럼 말입니다. 사춘기의 몸의 변화를 경험함으로써 우리는 어린아이와 같은 유치한 생각과 행동에서 벗어나 의젓해지고 어른다워져 가게 됩니다. 몸의 변화가 생겼다고 해서 어른이 된 것은 아닙니다. 어른이 되기 위해서는 몸의 변화만 가지고 되는 것이 아니라, 의무와 책임 등과 같은 사회질서를 배워야 합니다. 우리 역시 영적 변화와 경험만으로 온전한 그리스도인이 되는 것은 결코 아니라는 것입니다.

바울은 온전히 성장하게 되는 단계에 관해서 이렇게 설명하고 있습니다. "온전한 것이 올 때에는 부분적으로 하던 것이 폐하리라"온전하게 성숙하지 못할 때 하던 그 모든 것이 사라지게 되는 단계가 성숙하고 온전한 단계가 되는 것임을 강조했습니다. 예언도 폐하고, 방언도 그치고, 지식도 폐해지는 그런 때가 온전히 주님을 아는 때입니다. 이런 사실을 총체적으로는 주님이 다시 오실 때이지만 부분적으로는 우리가 지금 살고 있는 이 시점에서 성숙으로 나가 온전히 주님을 알게 되는 고도의 영적 성숙을 이룰 때 그러합니다. 그러므로 영적 성숙의 관계는 이 땅에서 우리가 제한적으로 맛볼 수 있는 종말적 긴장의 결과이기도 합니다.

우리는 지금 육으로 살고 또한 영으로 사는 복합적 구조 속에 놓여 있습니다. 아무리 영적인 것이 좋다고 할지라도 육신적 삶이 뒷받침 되지 않으면 소용이 없습니다. 주님과 친밀한 교제가 좋다고 해서 날마다 기도에만 매달려 산다면 생활이 말이 아닐 것입니다. 그런 사람들이 간혹 있습니다. 은혜가 충만하다고 해서 날마다 교회에서만 사는 부인들이 있어서 집안 꼴이 말이 아닙니다. 남편이고 애들이 밥을 먹는지 죽을 먹는지 도무지 알려고도 하지 않고 은혜에 묻혀 사는 분이 있습니다. 한시적으로는 이해할 수 있지만 길어지면 얼마나 골치 아픈지 모릅니다. 그렇기에 우리는 온전함과 미숙함을 반복하면서 살아갈 수밖에 없습니다. 어떤 때는 '지금'이고 어떤 때는 '그 때'입니다. 어떤 날은 완전히 어린아이 수준이고 어떤 날은 주님의 얼굴을 대하듯 그렇게 온전합니다. 우리는 이 땅에 살면서 '지금'과 '그 때'를 반복하는 혼란을 겪습니다. 은혜 충만할 때는 의인이었다가 그것이 사라지면 죄인의 모습 그대로입니다. 그런 자신에게 실망도 하고 그런 모습을 곁에서 보는 사람들도 실망합니다.

그래서 우리는 자주 서로 실망하고 서로 실망하게 해줍니다. 바울은 고린도전서 13장 마지막에 이런 결론을 내고 있습니다. "그런즉 믿음, 소망, 사랑, 이 세 가지는 항상 있을 것인데 그 중의 제일은 사랑이라" 믿음, 소망, 사랑 이 세 가지는 우리가 혼란을 겪더라고 우리 안에 늘 존재하는 품성들이라는 사실입니다. 우리가 때로는 의인이 되었고, 때로는 비참한 죄인이 되었을지라도 믿음이 있고, 소망이 있습니다. 그리고 사랑도 있습니다. 그러나 이런 모든 상황에서 우리가 지향하는 바는 사랑의 끈으로 매는 온전함입니다. 우리가 온전하여 지는 것은 성령의 인도로 체험하며 되어가는 것입니다. 성령만이 우리를 온전하게 하십니다.

성경 골로새서 3장 12~14절에 "그러므로 너희는 하나님이 택하사 거룩하고 사랑 받는 자처럼 긍휼과 자비와 겸손과 온유와 오래 참음을 옷 입고 누가 누구에게 불만이 있거든 서로 용납하여 피차 용서하되 주께서 너희를 용서하신 것 같이 너희도 그리하고 이 모든 것 위에 사랑을 더하라 이는 온전하게 매는 띠니라"

이런 저런 모든 덕목들 위에 사랑을 더하게 되면, 그것이 우리로 하여금 온전하게 하는 띠가 된다는 것입니다. 성령께서 우리들에게 다양한 영적 경험들을 제공하는 이유가 바로 여기에 있습니다. 그렇기 때문에 우리는 온전함으로 나가기 위해서 거치게 되는 영적 경험에 관한 이해부터 올바르게 할 필요가 있는 것입니다. 영적 체험에 관한 이해는 성령으로 이해되는 것입니다. 그래서 하나님은 성령의 인도를 받으라고 하시는 것입니다. 그래야만 온전해지는 상태에서 더 오래 머물 수 있게 되기 때문입니다. 성령께서 다양한 상황을 만나 기적적으로 해결하게 하심은 이런 영적 체험으로 믿음을 견고하게 하기 위합니다. 여러 상황을 체험하면서 하나님의 함께 하심을 믿을 수 있기 때문입니다.

한편으로는 아무리 어려운 일을 만나더라도 당황하지 않고 하나님에게 기도하여 해결할 수 있다는 것을 믿게 하기 위함입니다. 그리하여 모든 일은 하나님이 친히 하신다는 것을 알고 믿고 따라가게 하기 위함입니다. 성령은 성도들이 문제를 만나 해결하면서 믿음이 깊어지고 하나님과 친밀하게 지내도록 인도하십니다. 성령께서 성도를 훈련하여 군사를 만들어 가시는 것입니다. 성령의 역사에 대하여 상세하게 알고 싶은 분은 **"성령의 불로 불세례 받는 법"**과 "성령의 불로 충만 받는 법" "불같은 성령의 기**름 부으심"**을 참고하시기를 바랍니다.

10장 깊은 영의기도는 권능을 강하게 한다.

(유 1:20)"사랑하는 자들아 너희는 너희의 지극히 거룩한
믿음 위에 자신을 세우며 성령으로 기도하며"

예수를 믿고 성령으로 거듭난 성도는 성령으로 깊은 영의 기도를 해야 합니다. 성령으로 깊은 영의기도를 하면 성령으로 충만하여 영적 에너지가 충만하게 채워집니다. 영적 에너지가 충만하게 채워지면 영적인 자존감이 높아지는 것을 스스로 체험하게 됩니다. 기독교는 크게 두 가지 산맥이 있는데, 기록된 말씀을 중요하게 여기는 '말씀주의'와 영적 경험을 소중하게 여기는 '신비주의'가 있습니다. 이 둘은 동전의 양면과 같이 교회의 커다는 두 축(axes)을 이룹니다. 이 두 축은 우리의 신앙이 경직되어 화석화되는 것을 막아줄 뿐만 아니라 서로 견제하여 독단에 치우치는 것을 막고자 하는 하나님의 뜻이 담겨져 있습니다.

말씀만 강조하고 능력을 무시하면 외식주의가 되기 쉽고, 말씀을 무시하고 경험만 좇아가면 우월주의가 되기 쉽습니다. 이 외식주의와 우월주의는 우리의 신앙생활에 큰 걸림돌이 되는 골치 아픈 존재인데 그 원인은 말씀과 신비를 적절하게 조화하지 못한 까닭에 기인합니다. 물론 이 둘은 서로 조화하기가 결코 쉽지 않습니다. 인간의 심성이 이성 또는 감성으로 나뉘어져 있기 때문입니다. 그렇기 때문에 이에 관한 적절한 이해가 이루어져

야만 갈등과 반목이 사라져 건강한 신앙생활을 할 수 있을 것입니다.

사자성어에 '我田引水'(아전인수)라는 말이 있습니다. 이는 자기 관점에서 유리한 쪽으로 해석하는 것을 일컫습니다. 그래서 이성적인 사람은 자연적으로 말씀을 강조하게 되고 감성적인 사람은 경험을 강조하게 됩니다. 전통적으로 세상을 지배하는 쪽이 이성적인 사람들이기 때문에 교회도 역시 말씀을 선호하는 쪽으로 기우는 것은 당연한 이치입니다.

말씀을 선호하는 쪽의 단점은 풍부한 영적 경험이 없다는 것입니다. 솔직히 기도하기보다는 말씀을 읽고, 관련 서적을 읽는 것을 더 좋아합니다. 학위를 얻고 새로운 신학조류에 뒤지지 않기 위해서 많은 시간을 책에 매달리고 학과과정에 돈과 시간을 들입니다. 신학대학을 졸업하면 그 다음은 신대원 그리고 유학과 석,박사 과정 등 학위 취득에 쏟는 시간이 부족할 정도이며, 그런 후에는 자신이 배운 학문을 확장하는 일에 몰두하게 됩니다.

목회 역시 이런 연장선상에 있기 때문에 자연적으로 배운 학문에 기초를 두고 목회를 하려고 합니다. 따라서 이성적인 사람들에게 기도란 단순히 부수적인 것일 뿐 그 이상도 이하도 아닙니다. 성경에 기도에 관해서 많이 언급하고 있기 때문에 이를 부정할 수는 없지만 그들의 머릿속에는 기도의 가치에 관해서 들어있는 것이 별로 없습니다. 기도가 석,박사 학위를 얻는 것 못지않게 소중하고 중요하다고 생각한다면 기도에 몰입하지 않을 수 없을 것입니다. 적어도 십여 년 가까운 세월동안 오로지 기도에 몰입해도 그 세월이 아깝지 않다는 생각이 든다면 말입니다. 저는 솔직하게 영성을 깊게 하는데 15년을 투자했습니다. 그러나 하나도 아깝지 않습니다. 시간과 노력을 투자한 만큼 얻는 것이 많이 있기 때문입니다. 정말 돈으로 살수 없는 중요한 것들을 얻었습니다. 그러나 이성적인 사람들은 그렇게 생각하지 않습니다. 학위과정은 분명히 장래가 보장되지만 기도는 그렇지 못하기 때문에 이를 기피하게 되는 것은 인지상정입니다. 그래서 경험으로 나가는 길에는 모험이 필요하고 자신의 삶 전체를 하나님에게 맡겨야 하는 극단의 결단이 필요하기에 아무나 갈 수 있는 길이 아닌 것입니다.

기독교의 두 축인'말씀'과 '신비'는 그 과정을 온전히 소화해내기 위해서는 많은 시간과 열정이 필요한 어려운 과제들입니다. 지식의 폭이 넓은 신학자가 되기 위해서 책 속에 파묻혀서 살아야 하듯이 깊은 영성이 있는 영성가가 되기 위해서는 수많은 세월을 깊은 영의기도에 묻혀 살아야 합니다. 하나님에게 몰입하며 깊은 영의기도를 해야 깊은 단계에 들어갈 수가 없기 때문입니다. 학위는 정상에 오르지 않더라도 많은 부분에서 유익하지만 영성은 어떤 단계에 이르지 못하면 다 소용이 없다는 생각을 합니다.

그렇기 때문에 이 영성의 길로 가는 사람들은 스스로의 판단으로는 갈 수 있는 길이 아님을 성경과 교회사를 통해서 알 수 있습니다. 대표적인 신비의 영성가인 바울의 경우, 그는 의지적으로는 교회 전통에 따라서 율법학자가 되고 나아가 대제사장이 되는 길을 선택했지만, 성령의 강권적인 인도에 따라서 그 길을 접고 묵상의 길로 들어섰습니다. 대부분의 신비적 영성가들이 이와 같이 자신의 의지와는 상관없이 성령의 이끌림에 따라서 그 길로 간 예가 허다합니다. 고정 틀에 의해서 미래가 충분히 예측될 수 있는 제도와 구조를 거부하고 보이지 않는 미래를 향해서 과감하게 발걸음을 떼어놓았던 아브라함을 비롯한 선지자들은 깊은 묵상을 통해서 결단할 수 있는 힘을 얻었습니다. 믿음의 조상 아브라함이 안정된 배경을 멀리하고 오직 부르심에 따라서 결단했던 것은 하나님과의 깊은 묵상의 결과입니다. 그는 어떤 종교적인 교리나 틀 속에서 하나님의 부르심을 인식한 것이 아니라 깊은 묵상을 통해서 이루어낸 것입니다.

아브람이 하나님을 만나고 제단을 쌓고 기도하는 행위는 오늘날 중보기도와 비슷하다고 생각할 수 있는데, 그로 하여금 믿음의 행보를 하게끔 한 중요한 수단이 되었음을 부인할 수 없습니다. 묵상을 통한 영적 만남과 합일은 우리로 하여금 중재자로 서게 하는 힘을 제공해줍니다. 이것은 아브라함으로부터 시작해서 오늘날까지 변함없이 이어져온 기도의 힘이자 기도하는 사람의 역할이기도 합니다.

하나님이 원하시는 바는 각 사람이 깊은 영적 교제를 통해서 그리스도와 합일을 이루고 그것을 통해서 자신의 존재감이 극대화 되는 것입니다. 영적 자존감은 하나님과 일치되었다는 깊은 감동에서 얻어지는 것입니다. 믿음의 확신도 없고 자신의 존재감도 모르던 사람이 기도를 통해서 성령의 음성을 듣게 되면, 그 즉시 강한 존재감을 얻게 됩니다. 그 다음부터 신앙생활에 커다란 변화를 경험하는 것이 이와 같은 이유 때문입니다.

영적 일체감을 얻는 묵상을 통한 그리스도와의 연합은 말씀주의자들이 말하는 것처럼, 자신을 신적 존재로 여기고 자신 안에 있는 주관적 감각을 하나님의 것으로 오인하는 것과는 전혀 다릅니다. 신비자 바울이 다메섹에서 주님을 만난 신비한 경험은 그로 하여금 자신을 신적 존재로 오인하게 한 것이 아니라, 하나님의 종으로서의 존재감을 확인하게 되었던 것입니다. 신비한 영적 합일은 우리로 하여금 얼마나 귀중한 존재인지를 깨닫게 합니다. 자신이 얼마나 하나님 안에서 소중한 존재인지를 알게 되면 그 주를 위해서 모든 것을 다 내어놓을 수 있는 결단을 할 수 있게 되는 것입니다. 성령의 은사는 하나님이 우리에게 주신 교회 안에서의 섬김의 역할입니다. 그런데 단순히 은사만 받고 깊은 영적 교제인 주님과의 합일을 경험하지 못하면 고린도 교인들처럼 능력을 자랑하는 위험에 빠질 수도 있습니다. 그렇기 때문에 우리는 은사를 받기 전에 먼저 깊은 묵상을 통해서 그리스도 안에서 인정을 받는 연합의 경험이 필요한 것입니다. 예수님에게 인정을 받는다는 것은 자신의 영성이 예수님이 원하시는 수준에 도달했다는 것입니다.

그 수단에는 두 가지 측면이 있는데 세례와 성례전입니다. 세
례는 물과 불의 두 가지 차원이 제공됩니다. 전자는 의례적이며
단 한 번으로 종료되지만, 후자는 실용적이며 지속적이며 직임
(은사)과 연관된 것입니다. 말씀주의자들은 세례와 성례전을 통
한 하나님과의 합일을 강조하고 있습니다. 그 안에는 의례와 직
능이라는 두 가지 차원을 공유하고 있지만, 그들이 의례만을 중
시하는 까닭은 권위를 중요하게 여기기 때문입니다. 그러나 영
성가들은 의례보다는 성령의 직임을 중요하게 생각하기에, 깊은
묵상을 통한 합일에 강조점을 둡니다. 권위보다는 권세를 우선
하는 까닭은 현실적인 실용을 우선하기 때문입니다.

권위는 외형적 틀을 유지하기 위한 중요한 요소이며, 권세는
하나님의 나라를 확장하기 위한 중요한 요소입니다. 유지하는
것 못지않게 확장하는 일도 중요합니다. 어느 쪽이 더 우세한가
가 아니라 어떻게 조화하는가가 중요한 문제입니다. 이성적인
사람은 말씀과 세례 및 성례전이라는 의례 행위를 통해서 합일
을 추구하지만, 감성적인 사람은 깊은 묵상을 통해서 성령으로
합일을 모색하는 차이가 있습니다. 이것은 차이일 뿐 한 쪽이 진
리이며, 다른 한 쪽이 비진리인 것이 아닙니다.

깊은 묵상을 통해서 얻는 자존감은 그것을 얻는 사람으로 하
여금 평생 주를 위해서 헌신하도록 각오하게 만듭니다. 위대한
선지자들이 다 이와 같은 깊은 영적 만남을 통한 존재감을 통해

서 주의 일을 성취시켰습니다. 그리고 선지자들은 항상 새로운 일을 일으켰던 것은 묵상을 통해서 전혀 알지 못하는 세계를 향해서 과감하게 도전할 담력을 얻었기 때문입니다. 이것이 묵상을 통해 하나님과 일치되는 존재감이 주는 힘입니다. 이런 사람들에 관해서 히브리서는 믿음으로 살아간 사람들을 열거하고 있지 않습니까?

믿음이란 도대체 무엇입니까? 자신 안에 그리스도가 계시는 것을 스스로 자각하는 것이 아닙니까? 자신이 성령의 레마를 받아 선포할 때 권능이 나타난다는 것을 믿는 것입니다. 그 자각이 주관적이라고 해서 위험하다고 말할 수 있겠습니까? 하나님과 일체된 자각을 얻었다고 해서 자신을 하나님이라고 여기는 사람이 있습니까? 말씀주의나 신비주의나 모두 미숙한 사람이 있기 마련입니다. 그들로 인해서 여러 가지 단점들이 들어납니다. 그렇다고 해서 근본적인 것까지 부정하려고 든다면 얼마나 어리석습니까?

책상머리에만 앉아 책과 씨름하면서 얻은 지식이 올바르고, 깊은 기도를 통해서 주관적으로 경험하는 신비한 합일은 위험한 것이라는 독단은 무지함에서 비롯된 오해입니다. 신비는 영지주의와 자유로울 수 없듯이, 말씀주의는 헬라 이원론과 자유로울 수 없습니다. 공교회가 안정을 취하고 로마라는 정치 집단의 구미에 맞게 하기 위해서 이교도들의 제의를 받아들여 기독교를 신당문화와 접목시켜 사제 중심으로 이끌어간 결과 오늘날까지 성도 중심이 아닌 목회자 중심의 교회가 되어버렸습니다.

교리와 교회법으로 성도들을 옴짝달싹하지 못하도록 묶어버린 말씀주의자들의 권위주의는 어디서 온 것입니까? 자유하게 하는 복음이라기보다는 속박의 복음으로 전락한 그 중심에 말씀주의가 있습니다. 말씀주의가 율법주의가 되는 까닭은 경험 없이 오로지 이론으로만 치달아갔기 때문입니다. 현실과는 동떨어져감에도 불구하고 책에 묻혀 낡은 이론만 전수하고자 하는 시대착오적인 생각에서 벗어날 수 있는 길은 성령의 깨우침이지만 살아계신 하나님의 음성을 듣기 보다는 교리와 이론에 집착함으로써 스스로 율법주의에 함몰되어가기 시작하는 것입니다.

그렇기에 우리는 성령이 교회에 하시는 말씀에 귀를 기우리는 방법을 알아야 합니다. 여기에서 교회는 심령에 있는 무형교회를 말하는 것입니다. 하나님은 살아서 역사하시기 때문입니다. 수십 년간 기도에 몰두하면서 깨달은 영성의 다양한 수단과 방법들은 성도 각 사람을 율법주의의 함정에서 벗어날 수 있도록 해줍니다. 반면에 오랜 학문적 연구를 통해서 얻는 지식은 신비자들로 하여금 말씀 안에서 스스로를 돌아보아 열광주의나 우월주의에 빠지는 것을 막아줍니다. 서로 도와 자신들의 단점을 깨닫고 각성해야 하는 동반자 역할을 해야 하는 것입니다. 저는 말씀 안에서 기도해야 오류가 없다고 강조합니다. 말씀 없이 기도하는 것은 위험합니다. 모든 것이 말씀 안에서 나와야 하기 때문입니다. 하나님이 이 땅에 남자와 여자를 창조해서 서로 돕는 배필이 되게 하셨습니다. 이처럼 교회 안에 말씀과 신비 두 요소를 두어 서로 돕도록 하신 것입니다. 이성과 감성이 서로 돕는 자리에 설 때 건강한 사회가 됩니다. 어느 한 쪽이 독주하게 되면 다른 한 쪽은 소외되고 불이익을 당하게 됩니다. 남자들 세상을 독점하던 시절에는 여자들이 고통을 당해야 했습니다.

이성이 모든 것을 장악하면 감성은 깊은 고통을 당하게 됩니다. 감성을 무시하고 이성만을 강조하는 교회는 삭막하기가 적막강산 같고, 이성을 무시하고 감성만을 좇는 교회는 요란하고 혼란스럽기 그지없어 당혹스럽습니다. 말씀이든 신비이든 모두 적당히 하고 질서 있게 해야 할 것입니다. 요즘 영성사역이 장려되면서 예언 사역이 각광을 받기 시작했습니다. 오랜 세월동안 훈련을 거쳐야 함에도 불구하고 설익은 사역자들이 즉흥적인 예언을 남발하는 모습을 봅니다. 예언은 분별이 무척 중요한데 그럴 구조적인 장치도 없이 무턱대고 예언을 난발합니다. 이는 설교가 성도들에게 일방적으로 주어지기만 할 뿐 그에 대한 검증이나 반론이 일체 허락되지 않아 독선적이고 아전인수적인 성경해석이 난무하는 것과 같다고 하겠습니다.

목회자의 일방적이고 독단적인 설교는 주관적인 지식을 강요하게 되는 위험이 있으며, 분별할 기회를 전혀 제공하지 않은 채로 주어지는 예언자의 일방적인 예언은 성도들을 예언 안에 가두는 위험이 있습니다. 말씀이든 예언이든 분별할 수 있는 기회를 제공해야 합니다. 그것이 설교자와 예언자 모두를 보호하는 유익한 장치가 되는 것입니다. 책임을 지지 않고 일방적으로 쏟아 붓고 마는 식의 설교와 예언은 모두 위험한 것이며, 우리는 이를 경계해야 할 일입니다.

예수를 믿고 성령으로 거듭난 영적인 성도는 깊은 영의기도를 하므로 영이 깨어나 하나님과 교통하게 됩니다. 하나님과 교통하니 영적인 자존감을 회복하게 되는 것입니다. 고로 기도를 무시하면 안 됩니다. 또 말씀을 등한히 해서도 안 됩니다. 말씀과 신비(기도)와 역사가 균형이 잡혀야 합니다. 영적인 일은 성령으로 해야 합니다. 성령이 충만해야 한다는 것입니다. 성령으로 충만 하는 것은 깊은 영의기도를 해야만 가능합니다. 성령으로 깊은 영의기도를 하여 영적인 자존감을 높여야 합니다. 깊은 영의기도 만이 영적 자존감을 높여줍니다. 성령으로 깊은 영의기도를 합시다.

깊은 영의기도로 심령에 영적 에너지를 저축해야 합니다. 성령을 소개하는 말의 헬라어는 프뉴마입니다. 이는 바람이라는 말입니다. 바람은 공기가 움직이는 것이지요. 공기는 온도 차이와 기입의 차이에 따라서 움직이게 됩니다. 공기는 여러 가지 원소로 구성되어 있지만 그 속에는 에너지가 포함되어 있는 것입니다. 공기 속의 에너지를 풍력(風力)이라는 수치로 측정이 가능합니다. 이와 같은 물리적 에너지를 포함하여 그 속에는 영적인 에너지가 또한 섞여 있음을 알아야 합니다. 영적인 에너지는 하나님으로부터 오는 것이 있고 마귀로부터 오는 것이 있습니다.

우리는 하나님으로부터 오는 영의 에너지로 살아갑니다. 자연인은 물리적 에너지로 살아가지만 거듭난 그리스도인은 영의 에너지로 살아갑니다. 영의 에너지는 하나님으로부터 공급되며, 그 공급의 통로 중 하나가 호흡입니다. 호흡을 통하여 우리는 하나님으로부터 영적 에너지를 공급 받게 되는 것이지요. 호흡을 들이쉴 때에서 밖에서 역사하는 성령을 마시는 것입니다. 호흡을 내쉴 때에는 자기 안에 역사하는 성령을 끌어내며 심령의 노폐물을 배출하는 것입니다. 우리는 대기 속에 있는 공기를 호흡할 때 그 속에 영적인 에너지를 함께 호흡하게 된다는 것을 알아야 합니다.

그런데 그 속에는 하나님의 에너지만 있는 것이 아니라, 악한 영의 에너지도 포함되어 있습니다. 그렇기 때문에 자신 안에 하나님의 영적 에너지로 충만해야 합니다. 하나님의 일을 자신 안에 게신 하나님으로 부터 영적 에너지를 충전받은 만큼 사용해야 합니다. 우리는 성령으로 이 악한 영의 에너지를 호흡을 내쉬면서 배출해 내어야 합니다. 단순한 호흡을 통하여 우리는 하나님의 에너지를 받아들일 수 있다는 것은 놀라운 일입니다. 사실 하나님의 일은 단순하고 쉽습니다. 이 단순한 사실을 사람들은 복잡하게 만듭니다. 특히 지식을 가진 사람들은 이를 매우 복잡하게 만듭니다. 즉 지식에 지식을 더하여 어느덧 하나님의 본 의도와는 사뭇 다른 사람의 의도로 바뀌어버리게 하는 것입니다. 이것이 율법주의의 대표적인 예입니다.

단순한 호흡을 통하여 우리는 영의 에너지를 공급 받게 되는 것입니다. 영의 에너지는 하나님을 알아가는 에너지입니다. 사람은 각각 고유한 분량의 에너지를 필요로 합니다. 비대한 사람이 마른 사람보다 더 많은 에너지를 필요로 하듯이 하나님의 쓰임에 따라 그 에너지의 양이 다릅니다. 평범한 성도와 사역자의 영적 에너지의 양은 다릅니다. 그렇기 때문에 자신에게 주어진 소명과 은사에 따라서 요구되는 영적 에너지의 양이 다를 수밖에 없다는 말입니다. 하나님으로부터 주어진 부르심의 소명에 따라 우리는 영적 에너지를 공급 받아 그 사역에 필요한 충분한 에너지를 비축해야만 합니다. 충분한 에너지를 비축하는 데는 사람마다 용량이 다르기 때문에 그 기간도 다릅니다. 쉽게 말하면 배터리 용량에 따라서 충전 시간이 달라지듯이 주어진 역할에 따라 쓰이는 에너지의 용량이 다르다는 말입니다.

그러므로 충분한 양의 에너지가 축적되어야 비로소 사역의 효과가 나타나게 됩니다. 그런데 이 영적 에너지는 쉽게 소멸되는 특성을 가지고 있습니다. 그렇기 때문에 고갈되는 영적 에너지를 보충하는 노력을 날마다 해야 합니다. 영적 성숙 즉 능력의 향상은 하나님의 은혜로 계시하심에 의해서만 이루어집니다. 지금 자신이 머물러 있는 영적 단계에서 보다 더 깊은 단계로 나아가고 싶지만 뜻대로 되지 않는 사람이 많습니다.

이는 에너지가 부족하기 때문입니다. 지금 단계에서 다음 단계로 나아가기 위해서는 보다 많은 양의 영적 에너지가 축적되어야 하는데 그 축적이 제대로 되지 않는 것입니다. 하나님으로 부터 공급 받는 에너지보다 사용하는 에너지가 많아 축적이 되지 못하는 것입니다. 다음 단계로 이르기 위해서는 보다 많은 양의 에너지가 필요한데 그 에너지를 충분히 갖추지 못했기 때문에 지금 단계에 계속 머물러 있고 영적 진보가 이루어지지 않는 것입니다. 은사를 받은 사역자가 2~3년 지나면 능력이 사라지는 경우가 많습니다. 집사로 있을 때에는 능력이 나타나 전임 사역자가 되기 위해 신학교에 들어가 목사 안수를 받고 사역자가 되었는데 전에 있던 능력이 나타나지 않습니다. 이는 영적 에너지가 소진된 까닭입니다. 머리를 사용하는 만큼 기도를 소홀히 하기 때문입니다.

배터리가 완전 방전되면 배터리의 기능이 사라지는 것처럼 영적 에너지가 완전히 고갈되면 더 이상 그 기능을 할 수 없게 됩니다. 안타까운 일이지만 이러한 경우에 이른 사람들이 너무도 많습니다. 그러한 사람들은 이 사실을 인정하려 하지 않습니다. 이 사실이 더욱 안타깝습니다. 이를 인정하고 회개하고 다시금 기회를 얻도록 힘쓰십시오. 영적 에너지는 그 충만한 분량에 이르지 못하면 쓸모가 없습니다. 그러므로 날마다 성령으로 충만해야 하는 이유가 여기에 있는 것입니다. 영적 에너지를 공급 받는 간단한 방법 중의 하나가 호흡인 것입니다. 간단히 숨을 들이 쉬고 내 쉬는 것만으로 우리는 하나님의 임재 속에 들어가 그 분으로부터 충만한 에너지를 공급 받게 되는 것입니다. 공기 속에 포함되어있는 신령한 에너지를 우리 몸속에 가득 채워야 합니다. 그리고 그 에너지를 가장 효과적으로 사용하는 방법을 익혀야 합니다. 예수님은 환자가 자신의 옷자락을 만졌을 때 자신의 몸에서 에너지가 빠져 나가는 것을 느꼈습니다.

우리도 이 에너지의 흐름을 느낄 수 있습니다. 그 느낌이 있어야 내 몸에서 얼마나 많은 양의 에너지가 오늘 하루 소진되었는지를 알고 그에 따른 재충전의 시간을 조절할 수 있는 것입니다. 우리는 일을 많이 해서 에너지가 소진되면 몸으로 느낍니다. 그래서 에너지를 보충하기 위해 밥을 먹습니다. 영적인 원리도 이와 같습니다. 영적 에너지가 소진되면 곧바로 보충해야 합니다. 배가 많이 고프면 밥을 많이 먹어야 합니다. 이처럼 영적 에너지가 많이 소진되면 많은 양의 영의 기도가 필요합니다. 성령으로 영의기도를 하면 소진된 에너지가 공급되어 채워지는 것을 느끼게 됩니다. 그리고 충분히 채워지면 그 기운을 느끼게 됩니다. 그런데 많은 사람들은 이러한 사실을 잘 알지 못하는 것 같습니다.

에너지를 충전하는 방법은 여러 가지가 있습니다. 기도가 가장 좋은 방법이지만 기도 이외에 경건하고 능력 있는 사람과 함께 함으로써 그 사람으로부터 자연스럽게 힘을 공급 받게 됩니다. 능력 있는 사람과 함께 하면 영적 힘을 공급 받아 영적인 활력을 얻고 긍정적이고 희망적인 생각이 막 생겨나는 것을 경험하였을 것입니다. 특히 능력이 충만한 사람에게서 안수를 받으면 기분이 맑아지고 힘이 솟아나는 것을 느꼈을 것입니다.

반대로 믿음이 없거나 세속적인 사람과 함께 하면 왠지 힘이 들고 피곤한 느낌을 받게 될 것입니다. 저는 평소에 안수 사역을 많이 하기 때문에 혼탁한 사람을 치유하면 영적 에너지가 많이 소모되는 것을 느낍니다. 또 세속적인 일에 관여하면 상당히 많은 양의 에너지를 소모하게 됩니다. 믿음 있는 사람에게 안수하면 힘이 덜 드는데 믿음이 없는 사람에게 안수하면 무척 힘이 듭니다. 이는 불신자에게 더 많은 에너지를 빼앗기는 것입니다. 초보 사역자는 이것을 느끼지 못하기 때문에 영적 에너지가 고갈이 되어도 잘 대처하지 못합니다. 그래서 영적 탈진에 빠지기도 합니다. 영적 에너지는 하나님께 받은 만큼 사용하는 습관이 되어야 합니다.

영적 에너지는 거듭난 그리스도인의 생명의 양식입니다. 환자를 위해서 안수할 때 자신의 영적 에너지의 총량과 환자가 필요로 하는 에너지의 양을 안다면 적당한 치유가 이루어질 수 있습니다. 환자가 필요로 하는 에너지가 자신의 에너지의 한계를 넘는다면 치료의 효과는 기대하기 어렵습니다. 이때는 여러 날로 나누어 치유를 해야 합니다. 그래서 때로는 2~3일 또는 1주일의 치유기간이 필요한 것입니다. 이렇게 하는 것이 사역자 자신을 보호하는 적극적인 방법입니다. 저는 사역을 할 때 영적 에너지가 많이 필요한 환자는 지속적인 집회 참석을 권유합니다. 서서히 성령으로 장악하여 치유하기 위해서입니다. 그러나 여러 날을 치유해도 장악이 안 되는 영적으로 강하게 묶인 환자가 있습니다. 이렇게 자신의 에너지의 한계를 넘는 경우는 치유를 포기하여야 합니다. 이런 환자를 다루면 자신의 에너지만 소진될 뿐입니다.

　자신이 안수하면 전혀 차도가 없던 사람이 다른 사역자가 안수하여 쉽게 치유하는 경우를 보게 됩니다. 이는 에너지의 문제인 경우가 많습니다. 그 환자가 필요로 하는 에너지를 자신이 충분히 채워주지 못했기 때문입니다. 이 에너지는 나의 삶뿐만 아니라 봉사의 삶을 살기 위해서 반드시 충분한 양이 날마다 채워져야 하는 것입니다. 매일 소진된 양 이상으로 충분한 에너지를 저축하십시오. 그 방법 중의 하나가 호흡을 통해서 얻는 방법이 있는 것입니다. 단전호흡이니, 뇌 호흡이니 하고, 세상 사람들이 건강관리를 위해 이용하고 있는데, 하나님은 이 방법을 성령으로 하나님의 에너지를 공급해 주기 위해서 우리에게 주신 방법인 것입니다. 이를 우리가 무시하고 버렸는데 세상 사람들이 자기들의 목적을 위해 사용하고 있는 것입니다. 세상의 모든 방법들은 하나님에게서 온 것입니다. 우리는 이 방법을 주신 하나님의 뜻에 따라 선한 목적에 사용하여야 할 것입니다. 깊은 영의 기도를 하시고 싶은 분은 "**깊은 영의기도 숙달하는 비결**"을 읽어보시기를 바랍니다.

11장 기도하기가 힘이 드는 이유

(벧전 3:7)"남편들아 이와 같이 지식을 따라 너희 아내와 동거하고 그를 더 연약한 그릇이요 또 생명의 은혜를 함께 이어받을 자로 알아 귀히 여기라 이는 너희 기도가 막히지 아니하게 하려 함이라 또는 그 아내를 더 연약한 그릇 같이 여겨 지식을 따라 동거하고"

기도하다 보면 때로 기도가 막혀서 잘 되지 않는 것을 경험하였을 것입니다. 사람은 누구나 감정적인 기복이 있기 마련이어서 어느 날은 기도가 잘 되지만 어떤 날은 기도가 힘들고 막혀서 답답할 때가 있습니다. 이렇게 단순이 신체적인 변화 사이클에 의해서 기도가 영향을 받는 것과는 달리 매우 심각할 정도로 기도가 막히는 경우가 있습니다. 기도가 제대로 되지 않고 힘이 들고 답답하며 때로는 한 마디의 말도 할 수 없을 정도로 기분이 가라앉고 마음속이 눌리는 느낌을 받습니다.

기도하려고 하면 할수록 더욱 기도가 안 되고 답답하기만 합니다. 그래서 결국은 기도를 포기하고 말지요. 이렇게 되면 그 다음의 기도에도 역시 마찬가지로 힘이 들게 되며, 이런 날이 계속 되다 보면 마침내 깊은 영적 침체에 빠지기도 합니다. 이렇게 기도가 막히는 이유가 무엇일까요? 기도가 막히는 원인은 사람에 따라서 다양하지만 보편적으로 겪는 이유는 크게 세 가지로 생각해

볼 수 있습니다.

첫째, 하나님에게 범죄하였거나 불순종하고 있는 경우,

둘째, 중보기도로 이끌 시점에 이른 경우,

셋째, 마음에 상처로 영의 통로가 막힌 경우,

넷째, 말하는 기도에서 듣는 기도로 변화하여야 하는 경우 등입니다.

첫째, 하나님에게 범죄하였거나 불순종하고 있는 경우, 하나님은 그 사람의 기도를 듣지 않게 됩니다. 하나님이 외면하시면 우리의 영은 이 사실을 알게 됩니다. 이렇게 되면 영이 심하게 위축을 당하게 되고 이것이 우리 몸으로 나타나는 것입니다. 범죄와 불순종을 하게 되면 영적으로 성숙하지 못한 사람의 경우에 자신의 영 보다는 양심이 위축을 당합니다. 양심에 거리낌이 생기고 그것이 부담이 되어 일시적으로 기도하는 것이 힘들게 되어 기도가 제대로 이루어지지 않는 것입니다.

족제비도 낯이 있다고 하는 말처럼 보편적인 사람에게 양심은 범죄함과 불순종에 대한 경고를 알리는 수단입니다. 아직 영적으로 거듭나지 못했거나 영이 성숙하지 못한 사람의 경우 성령님은 양심을 이용하여 말씀하십니다. 양심의 소리는 모든 사람에게 가장 유효한 하나님의 음성입니다. 영적으로 성숙한 사람은 이런 변화를 바로 영이 느끼고 우리 몸에 그 신호를 보냅니다. 영이 보내는 신호는 일체의 영적인 일이 위축되거나 거부되는 것이지요. 영의 일이 범죄함으로 인해서 자유함을 잃게 되는 것입니다.

우리는 하나님이 우리 죄를 용서하신 결과로 영의 자유함을 얻습니다. 이 말은 우리 영이 자신의 몸에서 마음대로 활동할 수 있는 권리를 회복한다는 것을 의미합니다. 우리 영이 자유로워지면 우리 몸에서 여러 가지 영적인 현상들이 나타나게 되는 것입니다. 전에 자유하지 못했을 때 전혀 알지 못하고 경험하지 못했던 것들을 보고 듣고 느끼게 되는 것입니다. 우리는 죄사함을 받고 거듭나는 순간부터 다양한 영적 경험들을 할 수 있는 자격을 얻게 되는 것이지요. 그런데 우리는 다시 죄를 짓고 불순종의 늪에 빠지게 됩니다. 이렇게 되면 우리의 영은 다시 자유함을 잃거나 활동이 위축되어 하나님의 은혜에서 멀어지게 되는 것입니다. 그러므로 우리는 항상 정기적으로 우리의 죄를 살피고 회개하며 순종하는 삶을 살아야 하는 것입니다.

죄가 제때에 처리되지 않으면 이 죄는 다음 죄로 인해서 우리 의식의 밑으로 가라앉게 됩니다. 이런 죄는 표면에 나타나지 않기 때문에 회개할 기회를 좀처럼 얻기 어렵고 우리의 기억에서 사라지게 됩니다. 그러나 고백하지 않은 죄는 결코 사라지지 않으며 이런 죄를 마귀가 이용하여 그 사람을 괴롭힐 수 있는 발판으로 삼게 되는 것입니다. 죄와 불순종으로 인해서 기도가 막히기 때문에 우리는 즉시 그 죄를 기억하고 회개해야 되는 것입니다. 그 죄가 우리 의식의 밑으로 가라앉기 전에 처리하게 하시려고 성령님은 여러 가지로 우리에게 신호를 보내십니다. 그 중 한 방법이 기도가 막히게 하는 것입니다.

둘째로 생각할 수 있는 것이 중보기도로 나가게 하기 위해서입니다. 중보기도는 다른 사람을 위해서 기도하는 것이라는 사실은 다 알고 있지요. 그런데 일반적으로 중보기도는 자신이 알고 있는 것들을 하나님에게 아뢰는 것입니다. 중보기도 대상인 사람이 가지고 있는 문제나 소원을 하나님에게 아뢰는 것은 일반적인 수준의 중보기도입니다. 이런 기도는 초보적인 수준인데 몇 마디 하고 나면 할 말이 없지요. 별로 깊은 관계가 아닌 사람에 대해서는 아는 것이 많지 않기 때문에 형식적인 중보가 될 수 있습니다.

이런 중보에서 보다 깊은 내용을 다루기 위해서는 예언적 중보기도를 해야 합니다. 성령님이 주시는 정보를 가지고 하나님에게 아뢰는 것입니다. 예언적 중보에는 방언이 있습니다. 방언을 통해서 우리가 알지 못하는 것들에 대해서 중보하게 되는 것입니다. 이런 경우 그 사람의 속사정은 그 사람의 영만이 알기 때문에 우리의 영이 성령의 도우심을 받아 그 사람의 영과 접촉하게 되는 것입니다. 이는 마치 인터넷을 통해서 다른 사람의 서버에 접속하는 것과 같습니다. 서버에 접속하기 위해서는 아이디와 비밀번호를 알아야 하듯이 우리의 영이 다른 사람의 영에 접속하기 위해서는 성령의 매개가 있어야 하는 것입니다. 불법으로 접속하는 것을 우리는 해킹이라고 하듯이 불법으로 접속하는 것은 마귀가 하는 짓입니다.

성령님은 합법적으로 상대방의 영에 접속할 수 있도록 우리의 영을 인도하십니다. 이렇게 접속하면 그 사람의 내용을 알게 되는 것입니다. 성숙하지 못한 일반적인 사람들의 중보기도에 주님은 방언을 사용하시는 것입니다. 방언은 방언을 말하는 사람조차 그 의미를 알지 못하지만 성령님은 우리의 깊은 곳까지 아시고 우리를 위해서 대신 간구하시는 것입니다. 우리의 입을 통해서 다른 사람의 사정을 대신 간구하게 하심으로써 그리스도 공동체가 유기적으로 한 몸이 되게 하는 것입니다. 방언이 중보기도가 될 때 그 방언은 평소의 방언과 다른 느낌을 받게 됩니다. 갑자기 힘이 들어가고 방언이 유창해지면서 아주 쉽게 할 수 있게 됩니다. 때로는 간간히 통역도 되기도 합니다. 방언이 무언가 색다른 내용을 가지고 있다는 느낌을 받게 됩니다.

기도하는 사람이 영적으로 성숙한 경우이거나 예언의 은사를 받아 예언자로 세워지기 위해서 훈련에 들어간 사람에게는 예언적 중보기도는 필수 과정이고 이런 사람에 대해서는 성령님은 그 내용을 부분적으로 알게 하십니다. 이것이 지식의 말씀인데 기도하는 사람이 타인의 영에 접속해서 그 사람의 속사정을 알게 되는 것입니다. 성숙한 예언자는 타인의 매우 은밀한 비밀까지 알게 되며, 그 사람이 알지 못하는 것까지 알게 되어 이것을 회개하도록 촉구하고 도와 영적 회복을 이루도록 돕게 되는 것입니다.

이 과정에서 초보 예언자는 말씀을 지키는 시험을 거치게 됩니다. 예언자에게 가장 힘든 것은 비밀을 유지해야 한다는 것입니다. 전문 사역자는 타인의 비밀을 당사자의 허락이 없이 공개하는 것을 금해야 합니다. 공공의 유익을 위해서 공개할 때는 반드시 익명으로 해야 하는 것입니다. 비밀을 간직하는 것이 의무이며 책임입니다. 비밀을 공개해서 그 사람에게 피해를 끼치게 되면 그 사역자의 능력은 그만큼 적어지게 됩니다.

예언적 중보기도를 위해서는 성령님이 이끄는 대로 기도하는 법을 배워야 합니다. 자신이 평소 기도해 주는 사람이 여러 명 있지만 성령님은 오늘 어떤 한 사람만을 위해서 집중으로 기도하기를 원한다면 그 사람만을 위해서 기도해야 하는 것입니다. 그리고 성령님이 주시는 기도 내용으로 기도해야 합니다. 이렇게 기도할 단계에 이르렀음에도 불구하고 자신이 이제까지 육적으로 기도했던 습관을 따라 계속 그런 기도를 하려고 하면 성령님은 그 사람의 기도를 가로막게 되는 것입니다.

셋째로 마음의 상처로 영의 통로가 막힌 경우입니다. 마음에 상처가 있어서 영의 통로를 막으면 아무리 기도를 하려고 해도 자의적인 기도 밖에 되지 않습니다. 성령의 이끌림을 받는 기도를 할 수가 없습니다. 영이 막혀있기 때문입니다. 이때에는 막힌 영의 통로를 뚫어야 합니다. 영의 통로를 뚫는 기도는 "**깊은 영의기도 숙달하는 비결**"에서 자세하게 다루었기 때문에 여기에서 생략합니다.

넷째로 듣는 기도로 변화되어야 하는 경우가 있습니다. 기도가 막히면 이는 이제까지 행했던 자신의 기도 형태를 변화시키기 위한 성령님의 의도가 있는 것입니다. 듣는 기도는 성숙한 그리스도인이면 누구나 해야 하는 아주 일반적인 기도입니다. 그럼에도 불구하고 듣는 기도가 익숙하지 못한 사람이 많은 것은 훈련을 받지 않았기 때문입니다. 말하는 기도는 누구나 할 수 있습니다. 말하는 것은 어려서부터 해온 것이기 때문입니다. 그런데 듣는 것은 새로 배워야 하는 것입니다. 듣기 위해서 전제되는 것이 기다림의 인내가 필요하다는 것입니다. 기다리게 하기 위해서 성령님은 우리의 기도를 막는 것입니다. 그 기다림은 오래 가지 않습니다. 불과 몇 분 정도면 되는 것을 우리는 기다리지 못하고 말하려고 합니다. 말하는 기도에 너무 익숙해져서 눈감고 기다리는 몇 분의 시간이 길게 느껴지는 것입니다.

조금만 기다리면 생각이 머리 속에 들어옵니다. 물론 자신의 생각이나 마귀의 생각이 들어오기도 합니다. 이것을 어떻게 구분해야 하는지는 분별의 문제이므로 여기서는 다루지 않습니다. 듣는 기도는 우리의 의무적인 기도의 패턴이며 이 기도를 할 수 있어야 비로소 주님과의 친밀함을 만들 수 있고 주님이 원하는 삶을 살 수 있는 것입니다. 듣는 기도를 통해서 우리는 비로소 주님이 원하시는 삶으로 만들어져 가고 주님에게 올바르게 헌신할 수 있게 되는 것입니다. 이상의 세 가지 영역의 변화를 위해서 주님은 우리의 기도를 막고 돌아보게 하시는 것입니다. 기도가 막히고 답답하다면 무작정 방황하지 말고 이런 부분을 깊이 점검하여 바른 방향으로 나아가 승리하기 바랍니다.

기도는 하나님의 음성을 들으려고 하는 것입니다. 성령께서 기도의 수준을 높이려고 훈련하시는 것입니다. 하나님의 음성을 들으려면 성령의 임재가 된 상태에서 자꾸 물어보는 것입니다. 자꾸 하나님을 찾으면서 물어보다가 보면 자신이 영적인 상태가 됩니다. 자신이 영적인 상태가 되니 영이신 하나님이 응답하시는 음성이 들리게 됩니다. 하나님께 자꾸 물어보면 하나님께서 자신의 영적인 수준에 따라서 알려주십니다. 즉 꿈으로 라도 응답하여 주신다는 것입니다. 문제는 지속적으로 하나님이 응답하실 때까지 물어보는 것이 중요합니다. 반드시 하나님이 응답하여 주신다는 믿음을 가지고 응답이 올 때까지 물어보아야 합니다. 우리는 하나님의 자녀입니다. 모든 일을 자기 마음대로 하는 것이 아닙니다. 하나님에게 물어보고 하나님의 뜻을 알고 행하는 버릇이 되어야 합니다.

어느 분이 사모로 목사로 50년을 목회를 했습니다. 50면 동안 영적인 것을 바르게 알지 못하여 모든 것을 자신의 생각대로 했습니다. 그러다니 목회가 되지 않고 앞이 캄캄한 상태가 되었습니다. 여기저기 다니면서 예언도 듣고 상담도 받았습니다. 그러다가 저희 충만한 교회를 알게 되어 왔습니다. 상담을 했습니다. 육신적인 믿음생활에 심령이 굳어져서 영적인 이야기를 알아듣지를 못했습니다. 가슴이 답답하여 기도를 못한다고 하소연을 했습니다. 왜 이런 상태까지 진전이 되었는지 깨닫지를 못해서 집회에 지속적으로 참석하여 영적인 말씀을 들어가며 원인을 찾아보라고 했습니다.

　얼마 지나자 이렇게 말하는 것입니다. 자신이 이렇게 영적인 깊이를 알지 못하고 자신의 마음대로 목회를 한 것이 잘못된 것 같다는 것입니다. 그래서 성령의 임대 가운데 회개하라고 했습니다. 그런데 문제는 회개해도 마음이 답답한 것이 풀리지를 않는다는 것입니다. 필자에게 빨리 기도의 통로를 뚫어달라는 것입니다. 그래서 제가 이렇게 대답을 했습니다. 육신적인 믿음 생활에 자아가 굳어서 쉽게 영적으로 바뀌지 않습니다. 지속적으로 말씀을 듣고 성령으로 하려고 노력을 해야 합니다. 단시간에 해결이 될 수가 없습니다. 이런 분들은 사고가 영적으로 바뀌고, 생각이 영적으로 바뀌어서 하나님 중심의 신앙으로 회복해야 가슴이 답답한 것이 뚫리는 것입니다. 하나님은 모세를 40년 훈련을 했습니다. 하나님 중심으로 돌리는데 40년이 걸린 것입니다. 이런 분들은 의지적으로 하나님 중심으로 신앙을 회복하려고 노력을 해야 빨리 회복이 됩니다. 제가 지금까지 말씀과 성령으로 치유사역을 하면서 체험한 결론은 3년은 훈련해야 가능합니다. 그러므로 우리는 어려서부터 하나님 중심의 심앙이 되어야 합니다.

　기도할 때에 졸음이 와서 기도를 제대로 하지 못하고 망쳤던 경험이 있을 것입니다. 때로는 육신이 피곤해서 졸음을 이기지 못하고 아무런 기도도 못하고 잠만 자서 주님께 면목이 없었던 경험이 누구나 있는 것이 정상입니다. 주님의 제자들이 감람산에서 주님과 함께 마지막 밤을 보내면서 기도할 때에 주님은 제자들과

거리를 하고 홀로 피 땀을 흘리면서 간절한 마음으로 죽음을 맞을 준비를 하는 동안 제자들은 그날 하루 너무도 분주하고 사건이 많아서 육신이 참으로 피곤했기에 잠들고 말았습니다.

그날 밤의 상황을 마가는 이렇게 기록하고 있습니다. "돌아오사 제자들이 자는 것을 보시고 베드로에게 말씀하시되 시몬아 자느냐 네가 한 시간도 깨어 있을 수 없더냐? 시험에 들지 않게 깨어 있어 기도하라. 마음에는 원이로되 육신이 약하도다 하시고 다시 나아가 동일한 말씀으로 기도하시고 다시 오사 보신즉 그들이 자니 이는 그들의 눈이 심히 피곤함이라. 그들이 예수께 무엇으로 대답할 줄을 알지 못하더라."(막 14:37~40).

이런 중대한 상황에도 불구하고 제자들은 육신의 피곤함을 이기지 못하고 졸았습니다. 주님이 깨웠지만 소용이 없었습니다. 졸음이 쏟아져오면 만사가 다 귀찮은 것이 육신의 한계가 아닙니까? 제자들도 마찬가지여서 무엇으로 대답할 줄을 알지 못했다고 합니다. 한마디로 잠 이외에는 그 어느 것도 할 수 있는 상태가 아니었던 것입니다.

많은 사람들이 이런 육신의 피곤 때문에 기도를 할 수 없는 경우가 많고 이를 자주 반복하게 되면 기도의 맥이 끊겨 결국 기도하지 못하는 사람이 되는 것입니다. 기도란 노동이기 때문에 의지적으로 계속하고자 하는 노력이 필요하고 그것이 습관이 되어 몸에 익숙하지 않으면 우리는 기도를 지속적으로 할 수 없게 됩니다. 그런 연유로 안타깝게도 많은 사람들이 기도 없이 신앙생활을 합니다.

낮의 분주함은 우리의 육신을 피곤하게 하여 기도할 수 없는 상태가 됩니다. 그러므로 기도할 수 없을 정도의 분주함은 축복이 아니라 오히려 시험이 될 수 있음을 알아야 할 것입니다. 이렇듯 기도를 방해하는 졸음이 있는가 하면 이와는 전혀 다른 차원의 졸음이 있습니다. 욥기 33장 15~17절을 보면"사람이 침상에서 졸며 깊이 잠들 때에나 꿈에나 밤에 환상을 볼 때에 그가 사람의 귀를 여시고 경고로써 두렵게 하시니 이는 사람에게 그의 행실을 버리게 하려 하심이며 사람의 교만을 막으려 하심이라"

이 말씀에서 볼 때 사람이 졸 때나 잠들 때 꿈과 환상을 통해서 주님은 우리들에게 계시를 주시는 것입니다. 꿈과 환상의 목적이 대체로 우리의 행실을 바로잡고자 하는 데 있습니다. 꿈과 환상은 일반적으로 우리의 속사람의 문제를 자각하게 함으로써 하나님 앞에 바르게 설 수 있도록 성령께서 도와주시는 것입니다.

성령의 음성을 듣는 차원 중에 특히 계시적인 단계에 들어갈 때 기도하는 사람이 자주 '비몽사몽'(trance)이라는 졸음과 같은 상태에 빠지게 됩니다. 베드로는 욥바 성에서 기도할 때 이런 비몽사몽을 경험했습니다(행 11:5). 바울 역시 그런 경험이 있음을 고백하고 있는데, "예루살렘으로 돌아와서 성전에서 기도할 때에 비몽사몽간에 보매 주께서 내게 말씀하시되 속히 예루살렘에서 나가라 저희는 네가 내게 대하여 증거하는 말을 듣지 아니하리라"(행 22:17:18)라고 적고 있습니다. 구약시대에 하나님이 아브라함과 언약을 맺을 때에도 그에게 깊은 잠이 임하였습니다. 창세기 15장 12~14정에 보면 "해 질 때에 아브람에게 깊은 잠이 임하고 큰 흑암과 두려움이 그에게 임하였더니 여호와께서 아브람에게 이르시되 너는 반드시 알라 네 자손이 이방에서 객이 되어 그들을 섬기겠고 그들은 사백 년 동안 네 자손을 괴롭히리니 그들이 섬기는 나라를 내가 징벌할지며 그 후에 네 자손이 큰 재물을 이끌고 나오리라."

이와 같은 몇 가지 성경의 예에서 볼 때 하나님의 임재가 있고 계시가 주어지는 상황에서 우리는 졸음이나 깊은 잠을 경험하게 되는데 이를 성경은 '비몽사몽'이라고 표현하고 있습니다. 영어로 이를 표현할 때 주로 사용하는 단어가 'trance'인데 그 뜻은 '황홀경'이라는 의미이지만 실신 상태 또는 혼수상태를 의미합니다. 하나님의 임재가 강하면 우리는 이와 같은 혼수상태에 빠져 계시를 받게 됩니다. 꿈과 환상이라는 수단으로 우리들에게 주어지는 것입니다. 기도할 때 자주 졸음을 경험함으로써 기도를 망쳤다고 안타까워하는 사람들 가운데에는 그 졸음이 단순히 육신이 피곤해서 오는 졸음이 아닌 경우가 있습니다. 기도하려고 자리를 잡으면 시도 때도 없이 몇 분이 되지 않아 그만 졸음이 오면서 머리가 무거워지고 몸이 나른해져서 그 자리에 꼬꾸라지려고 하기에 의지적으로 졸음을 쫓으려고 하지만 어느 새 졸아버려 기도를 망쳤다고 생각합니다.

물론 육신이 졸려서 오는 졸음이 있고, 영이 약해서 기도할 때면 의당 졸음이 와서 기도를 제대로 하지 못하는 사람도 있습니다. 그런데 이런 육신의 약함으로 인한 졸음과 성령의 임재로 인한 졸음과는 말로 설명하기에는 충분하지 못한 분명한 차이가 있습니다. 요즘 집회에서 성령이 강하게 임하는 때에 회중들이 쓰러지고 넘어져 잠든 사람처럼 되는 모습을 흔히 볼 수 있을 것입니다. 기도할 때 자주 졸음이 와서 기도를 제대로 할 수 없는 상태가 된다면 이는 단순한 졸음을 넘어서 성령의 임재에 의한 기름부음 속으로 들어가는 것을 경험하는 것일 수 있습니다. 집회에서 인도자에 의해서 임재 속에 들어가는 것만이 전부가 아니라 그것은 오히려 맛보기일 수 있으며 진정한 임재는 골방에서 조용하게 기도에 몰입할 때 일어날 수 있습니다.

다시 베드로의 이야기 속으로 들어가 보면, 그는 기도하려고 지붕에 올라갔고 그 때의 시간은 제 육시였습니다. 식사하기에는 다소 늦은 시간이어서 베드로는 시장했습니다. 사람들이 어떤 일로 인해서 식사 준비가 늦어졌기에 그는 그 자투리 시간에 기도하려고 옥상에 올라갔고 그곳에서 비몽사몽을 경험하였습니다. "하늘이 열리며 한 그릇이 내려오는 것을 보니 큰 보자기 같고 네 귀를 매어 땅에 드리웠더라" 그가 짧은 시간에 졸음 속으로 빠져 들어갔고 이와 같은 놀라운 환상을 보게 되었습니다. 성경은 군더더기는 걸러내고 주요 골자만 기록하기에 베드로가 기도할 때 이런 졸음 현상을 얼마나 자주 경험했는지에 관해서는 침묵하고 있지만 그가 이런 계시를 받기에 이르기까지 그는 늘 기도에 힘썼고 그럴 때마다 자주 임재에 들곤 했을 것이 분명합니다.

　하나님으로부터 계시를 받는 일은 어느 한 날 갑자기 일어나기도 하지만 대부분의 경우 우리에게 있어서 많은 단계들이 필요합니다. 이것을 '임재연습'이라고 부릅니다. 집회에서 쓰러지는 임재의 경험을 했지만 별 유익이 없었을 것입니다. 그저 힘이 빠지고 정신이 몽롱해지고 설명하기 힘든 묘한 분위기 속으로 들어간 것은 분명하지만 그 이상은 없습니다.

　이것이 임재로의 초대인 것입니다. 성령의 임재 속으로 들어가는 경험이 쌓여 어느 날 주님이 필요할 때에 주님의 시간에 하늘 문이 열리는 경험을 하게 되는 것입니다. 베드로가 하늘이 열리면서 그곳으로부터 한 그릇이 내려오는 환상을 보았듯이 우리 역시 하늘이 열리는 영적 경험 속으로 들어갈 날이 있는 것입니다. 그러기 위해서 거쳐야 하는 것이 졸음이라는 달갑게 여겨지지 않은 임재의 경험을 거치게 되는 것입니다.

　자신도 모르게 임하는 성령의 임재와 육신의 분주함과 게으름 때문에 생기는 생리적인 졸음을 구분할 수 있어야 할 것입니다. 육신적인 졸음과 성령의 임재는 겉보기에는 같아 보이지만 여기에는 분명한 구별점이 있습니다. 성령의 임재 속에서 겪는 졸음은 그 사람이 일상적으로 기도에 많은 시간을 들이고 하나님과 늘 친밀한 관계를 유지하려는 갈망과 실천이 있습니다. 베드로처럼 작은 자투리 시간도 아까워 옥상으로 올라가 기도한 것 같은 주님에 대한 갈망이 남다른 것입니다.

늘 기도에 힘쓰고 구별된 삶을 살고자 하는 노력이 따라주어야 합니다. 육신을 힘들게 하여 기도에 방해를 받는 일은 절제하고 거룩한 삶을 살고자 합니다. 말씀을 묵상하고 기도에 힘씀으로써 기도 생활이 일상이 되어 있는 것입니다. 이런 꾸준한 기도를 해 오는 가운데 어느 날부터 졸음이 오기 시작한다면 이는 성령의 임재로 보아도 좋을 것입니다. 임재가 일어난다고 해서 당장에 신묘한 영적 현상들이 나타나는 것은 아닙니다.

아무런 유익도 없는 것 같은 의미 없는 졸음을 반복하는 가운데 하나님이 필요로 하는 때에 꿈과 환상을 통해서 성령의 음성을 듣게 되는 것입니다. 때로는 계시가 임해서 새로운 일을 행하게 되기도 하는 것입니다. 일상적인 삶에서 하나님의 말씀대로 살지 않으면서 기도 생활도 등한히 하는 사람은 기도하려고 하면 영이 아직 힘이 약해서 육신을 이기지 못하고 졸음이 오고 몸이 쑤시고 잡생각이 많이 나고 할 말도 생각나지 않아 기도에 몰입하지 못한다면 그건 단순히 생리적인 작용에 의한 졸음일 뿐입니다.

기도하려고 하면 졸음이 오고 기도를 멈추면 다시 정신이 말똥말똥해지는 것은 영의 지배를 거의 받지 못하고 육신에 매여 사는 삶을 살기 때문에 오는 바람직하지 못한 현상입니다. 이는 마치 예배 전에는 활동적이던 사람이 예배만 시작하면 슬슬 졸기 시작하는 것과 같습니다. 졸음은 영이 약하고 육신에 매몰되어 사는 사람들에게 기도할 때면 맞닥뜨리는 심각한 문제입니다. 이를 극복하고 성령의 인도를 받는 사람으로 변화되기 바랍니다.

12장 영의 세계는 넓고도 깊다.

(고전 2:10)"오직 하나님이 성령으로 이것을 우리에게 보이
셨으니 성령은 모든 것 곧 하나님의 깊은 것까지도 통달하시느
니라"

성도는 영의 세계를 보는 눈이 열려야 합니다. 영적인 생활을
하는데 영의세계를 아는 것은 필수이기 때문입니다. 우리에게 육
체적으로 고통을 주는 질병에는 수많은 종류가 있는데, 그 많은
병을 원인자로 구분해보면 크게 '세균성질환' '심인성질환' '퇴행
성질환' '외상에 의한 질환' '순환계질환' '내분비계 질환' '내장관
련 질환' 등으로 구분할 수 있겠습니다. 더 자세한 구분은 제가 의
사가 아니기 때문에 알지 못하며, 대충 이정도로 알고 있습니다.
이처럼 질환의 종류가 다양하기 때문에 이에 대한 처치도 다양할
수밖에 없습니다.

영적 질환인 '귀신들림'에도 다양한 유형이 있습니다. 그것은
귀신의 종류만큼이나 다양할 수밖에 없는데, 귀신들림을 경험했
거나 지금 앓고 있는 사람의 경우, 자신이 경험한 단 한 가지만 알
고 있는 것이 대부분입니다. 그래서 자신의 경험이 전부일 것이
라는 오해를 하곤 합니다. 경험이 풍부하지 못한 초보 의사가 실
수하는 것은 자신의 지식 한계 안에서 병을 다루려고 한다는 것입
니다. 축귀의 경험이 부족한 사역자들도 역시 마찬가지로 단 한

가지 방식으로 귀신을 쫓으려고 하기 때문에 그 방식으로 통하지 않는 귀신을 다루는데 어려움을 겪습니다.

우선 귀신이 들리는 것에 대한 기본적인 정의를 내리기에는 너무도 예외가 많다는 것입니다. 성도의 경우, 성령을 받은 사람, 거듭난 사람, 거듭나지 못한 사람, 신앙생활을 게을리 하는 사람, 열심히 하는 사람 가릴 것 없이 다 들 수 있다는 사실입니다. 도대체 기준이 너무도 모호합니다. 죄가 있는 사람, 죄가 없는 사람 모두 대상이 됩니다. 죄가 없다는 말은 우리가 생각하기에 귀신이 들릴 정도로 심각한 죄를 짓지 않았다는 것을 의미하는 것이지. 근원적으로 죄가 없다는 것은 아닙니다. 마치 예루살렘의 망대에서 사망한 사람처럼 귀신 들린 사람이 특별히 죄가 두드러지게 많은 것은 아니라는 사실입니다.

그저 평범하게 신앙생활을 하고, 평균적인 삶을 사는 아주 평범한 사람에게 귀신이 들린다는 사실을 볼 때 그 누구도 귀신에 관한 한 안전지대가 없는 것 같습니다. 이는 마치 질병에 걸리는 것과 같다고 할 것입니다. 물론 건강을 게을리 하고, 섭생을 바르게 하지 못한 사람이 비교적 질병에 걸릴 확률이 높지만, 평소 건강에 관심이 많고 꾸준히 건강관리를 해온 사람에게도 질병은 걸립니다.

평생 술 담배도 하지 않고 신앙생활과 운동을 꾸준히 해온 이른 바 바른 생활 사나이로 평가를 받던 어떤 교회의 장로가 최근 폐암으로 고생하다가 죽었습니다. 간접흡연에 노출된 것도 아닙니다. 금은방을 경영하기 때문에 주로 고객이 여성이기에 간접흡연의 위험은 거의 없었지만 폐암에 걸리고 만 것입니다.

귀신들의 종류도 다양합니다. 질병을 일으키는 귀신, 소란케 해서 정신을 못 차리게 만들어 폐인이 되게 하는 귀신, 자살 충동을 일으키는 귀신, 성폭행을 조장하는 귀신 등 등 그 역할은 다양합니다. 또 잠복기가 긴 귀신의 경우, 대체로 귀신이 들려서 그 증상을 외부인이 알아차리기까지는 적어도 3년 이상 걸리는 귀신도 있고, 귀신이 들리는 그 즉시 알아차리는 조급한 귀신도 있습니다. 환자가 귀신이 들렸음에도 불구하고 오랜 세월 동안 전혀 눈치를 채지 못할 정도로 교활한 귀신은 주로 정신질환을 일으키게 하는 귀신이 많습니다. 그리고 들어오자마자 환자를 괴롭히는 귀신은 그 즉시 알 수 있기 때문에 적절한 조치를 취할 수 있습니다. 질병에도 급성과 만성이 있듯이 귀신들림에도 급-만성이 있는 것입니다.

질병에 걸리면 자가 치유가 가능한 질환이 있고, 반드시 의사의 도움을 받아야 하는 질환이 있습니다. 자가 치유를 해야 하는 질환은 주로 심인성 질환 등이며, 외상이나 세균성 질환은 반드시 의사의 도움을 받아야만 합니다. 환자가 스스로 고쳐보겠다고 시일을 끌다가 결국 치유시기를 놓쳐 난치성이 되는 경우가 있습니다. 치유시기를 놓치게 되면 만성이 되거나 난치성이 되어 결국 목숨을 잃고 마는 대표적인 질환이 암이 있지 않습니까?

귀신들림 역시 스스로 해결할 수 있는 수준이 있고, 그렇지 않은 것이 있습니다. 스스로 자신의 의지로 극복해야 하는 귀신들림의 경우, 대부분은 환자가 뚜렷한 의식을 가지고 있으며, 부분적으로 일상생활을 할 수 있지만 계속 남모를 고통을 겪습니다. 이런 경우, 축귀자의 도움은 부분적으로 유효하기만 기본적으로는 자신의 삶의 태도를 긍정적으로 바꾸어야 하고, 말씀으로 무장해서 기도하며 믿음으로 도전해야 합니다.

부정적인 생각과는 반대되는 생각을 의도적으로 해야 하고, 성령 충만하도록 기도생활을 꾸준히 해야 합니다. 축귀는 자신 안에 계시는 성령의 역사로 귀신이 밀려서 나와야 하기 때문입니다. 시간이 많이 걸리고 힘 드는 일이지만 그렇게 하지 않고는 벗어날 길이 없습니다. 성령으로 충만해야 되기 때문입니다. 사역자는 보조적인 역할만 할 뿐 전적으로 치유해줄 수 없습니다. 이는 마치 심인성 질환처럼 약물은 보조 수단일 뿐 환자가 질병을 고치려고 하는 긍정적인 노력이 필요한 것과 같습니다.

스스로 전혀 극복할 수 없는 귀신들림의 경우, 이는 반드시 축귀 사역자의 도움을 받아야 합니다. 축귀 사역자의 도움을 받은 후에 성령 충만한 생활을 하면서 영성을 깊게 해야 합니다. 축귀는 시간을 끌수록 불리하기만 합니다. 스스로 믿음으로 쫓아내겠다고 고집을 부리는 것 역시 귀신의 영향입니다. 귀신축사에 대하여 상세하게 아시고 깊으면 "귀신축사 알고보면 쉽다"와 "귀신축사 차원 높게 하는 법"을 참고하시기를 바랍니다.

그러므로 가족들은 경험이 많은 축귀사역자의 도움을 청해서 축귀를 해야 합니다. 축귀 사역자가 별로 도움을 줄 수 없는 귀신들림은 일상생활을 할 수 있음에도 불구하고 늘 기분이 가라 앉아 별로 의욕이 생기기 않는다든가, 몸의 컨디션이 늘 나쁜데 병원에서는 만성적 노이로제라든가 우울증이라고 진단이 나오는데도 불구하고 약물도 소용이 없고, 더 악화도 되지 않고 낫지도 않는 상태로 무기력해지는 증상들이 있습니다.

이런 유형의 귀신들림은 귀신이 몸 안과 밖을 자유자제로 드나들 수 있기 때문에 축귀가 실제로 어렵습니다. 그렇기 때문에 환자가 축귀자의 도움을 받아서 긍정적인 생각을 가지고 믿음으로 나가야 합니다. 그러나 이런 환자의 경우, 시간이 많이 필요하기 때문에 실제로 축귀자의 도움을 지속적으로 받을 수 없다는 것이 문제를 어렵게 합니다. 예배 때마다 성령으로 충만하여 귀신을 쫓아내야 하는데 예배 때마다 성령으로 충만한 역사가 일어나는 교회가 드물기 때문입니다. 몸 안에 거하는 귀신과 몸 밖에서 조정하는 귀신이 있습니다. 대체로 귀신들은 몸 안에 거하는 것을 좋아하여 배, 가슴, 머리 등에 자리를 잡으려고 합니다. 그렇기 때문에 이 귀신의 집을 분쇄하여 추방하게 되지만 쫓겨나간 귀신이 다양한 귀신들과 연합전선을 펴는 경우, 일은 복잡해집니다.

귀신들림의 문제는 단순하지 않은 경우가 많습니다. 죄와 연관된 문제의 경우, 죄를 처리해야 하지만 그 죄가 어떤 내용이냐에 따라서 또 다릅니다. 자신의 죄인지, 가문의 죄인지, 지역의 죄인지를 정확하게 알아내기 위해서는 지식의 말씀이 필요하며,

영적 분별력이 필요합니다. 질환에 의해서 발생한 귀신들림의 경우, 그 원인이 되는 질병을 치유해야 합니다. 이럴 경우에는 신유의 은사가 있어야 합니다. 귀신을 쫓는 일은 단순히 축귀의 은사만으로 다 되는 것이 아니라, 복잡한 문제를 풀기 위해서 다양한 성령의 은사가 보조적으로 필요합니다.

대부분의 축귀 사역자나 신유 사역자는 단순한 기능만 부여 받았기 때문에 그에 해당하는 귀신들림이나 질환을 치유할 뿐 모든 것을 치유하지는 못합니다. 즉 전문의가 자신에게 해당하는 질환만 치유하는 것과 같다고 할 것입니다. 자신이 전공하지 않은 질환에 대해서는 전혀 손을 대지 못하는 전문의처럼 축귀 사역자들도 그런 경우가 많습니다. 현실에는 무척 많은 종류의 귀신들림이 있습니다. 귀신들림을 경험한 사람들은 자신의 경험의 입장에서 이를 이해하려고 하지만 그것은 지극히 일부일 뿐입니다.

저는 14여 년간 다양한 질환과 문제와 귀신들림을 다루면서 얻어진 지식이 있지만, 알면 알수록 모르는 것이 더 많아진다는 사실을 새삼 깨닫습니다. 그래서 저는 오늘도 초신자의 마음으로 환자에게 다가가면서 성령께서 일깨움을 주기를 간절히 소망합니다. 성령의 도우심으로 한 명의 환자라도 더 고침을 받아 건강하고 행복한 삶을 살기를 바라지만 그렇게 되지 못하는 경우가 많아서 안타깝습니다.

마음 같아서는 다 고쳐주고 싶지만 현실은 그렇지 않습니다. 질병의 원인을 제대로 파악하고 그에 따른 적절한 의료 조치를 취할 때 질병이 완쾌되지만 그렇지 못하여 오진했을 때는 불행한 일이 일어나듯이 귀신들림 역시 바르게 진단하는 것이 가장 중요합니다. 회개해야 할 것은 회개해야 하고, 믿음을 굳게 가지고 생각을 고쳐야 할 것은 생각을 바꾸는 노력을 해야 하며, 귀신의 집을 파괴해야 할 것은 한 판의 영적 전쟁을 치러야 합니다. 악령을 묶어야 할 것은 묶는 작업이 필요하고, 저주를 풀어야 할 것은 풀어야 합니다. 미움과 원망을 풀어내야 할 것은 속사람의 상처를 치유해야 하고, 속사람 깊이 뿌리박힌 죄악을 들어내어 회개할 것은 그렇게 해야 합니다. 귀신들림마다 원인이 다양하기에 처방도 다양할 수밖에 없습니다. 이는 많은 경험으로 얻을 수 있는 지식들입니다. 한 가지만 다루는 사역자는 이런 다양한 내용들을 잘 모를 수 있습니다. 하나님이 그들에게 맞는 환자들만 부쳐주시기 때문입니다.

영의 일은 우리가 모르는 영역이 너무도 많습니다. 중세에 탐험가가 목숨을 내놓고 대양에 도전하기 전까지 유럽은 그야말로 우물 안의 개구리였습니다. 오로지 교회만 알뿐 세상은 전혀 몰랐던 것을 용기 있는 탐험가가 죽을지도 모르는 망망대해를 향해 도전했듯이 오늘날까지 우리는 우물 안의 개구리처럼 영의 대양에 도전할 엄두도 못 냈습니다. 대양 끝에는 거대한 낭떠러지가 있어서 죽을 것이라는 헛된 상상으로 발을 묶어두었듯이, 말씀을 벗어나면 곧 죽음이라는 위협으로 우리를 교리 안에 가두었습니다.

이제 우리는 과감하게 영의 대해를 향해서 용감한 항해를 해야할 것입니다. 저의 글을 이해할 수 있는 사람도 있고, 부분적으로 이해하는 사람도 있고, 전혀 이해하지 못하는 사람도 있을 것입니다. 주님이 이 땅에 오셔서 말씀하실 때도 그러했고, 지금도 그러합니다. 새로운 영역은 그것을 두려워하지 않는 용감한 탐험가에 의해서 그 베일이 벗겨지는 것처럼 영의 일에도 사람들의 오해와 편견을 무릅쓰고 과감하게 도전한 용기 있는 탐험가들로 인해서 우리들 앞에 지식으로 그 모습을 드러내는 것입니다.

영적 원리는 모호한 신앙의 세계가 아니라 철저한 과학의 세계이기도 합니다. 영의 원리를 과학적으로 밝히기 위해서는 많은 연구와 노력이 필요할 것입니다. 심리학자들이 이 영역에 관한 과학적 도전을 이미 시작했습니다. 그들은 하나님을 경외하고자 하는 것이 아니기에 우리 그리스도인이 과학을 하는 마음으로 영의 세계에 대해서 논리적으로 접근해야 할 것입니다. 영적인 세계를 알고 볼 수 있어야 합니다. 성도는 반드시 영의 세계가 열려야 합니다. 인간의 모든 문제는 영의 차원에서 발생합니다. 성도는 영적인 존재이기 때문입니다. 더 자세하게 영적인 세계와 영들의 전이에 대하여 바르게 알고 싶으신 분은 **"영분별과 기적치유."**와 **"하나님의 복을 전이 받는 법"**을 참고하시기를 바랍니다.

13장 영적 전이와 영적 손상이란?

(고전 2:13)"우리가 이것을 말하거니와 사람의 지혜가 가르
친 말로 아니하고 오직 성령께서 가르치신 것으로 하니 영적인
일은 영적인 것으로 분별하느니라"

하나님은 우리들에게 영적전이 뿐만 아니라, 영적손상이 있다
는 것을 알고 대비하게 하십니다. 영적인 치유사역을 하다가 보
면 영적전이 뿐만 아니라, 영적인 손상도 있다는 것을 알게 되실
것입니다. 영적전이와 영적 손상이라는 말을 들어보셨습니까?
신령한 은사를 받아서 사역에 임하는 과정에서 흔히 경험하게 되
는 두 가지 비슷한 영적 현상으로서 '전이'(transference)와 '손
상'(damage)이 있습니다. 이 두 가지는 증상으로는 서로 비슷하
기 때문에 구분이 잘 되지 않지만 면밀히 점검하면 분별할 수 있
는 것입니다. '영적 전이'는 은사를 받은 초기에 주로 많이 나타나
며, 전이를 체험하는 가운데에는 자신의 은사의 한 기능으로 자
리 매김이 되는 경우가 있습니다.

그러나 '영적 손상'은 사단과 마귀 또는 귀신으로부터 공격을
받아 생기는 증상이기 때문에 주로 축사와 신유은사를 받은 사람
에게 나타나며, 때로는 악한 영에 의해서 질병이 생겼을 경우, 그
질병을 치유하는 사역자에게서 경험되는 것입니다. 악한 영은 아
직 영적 능력이 약하거나 경험이 많지 않은 초보 사역자를 위협하

여, 사역을 약화시키거나 두려움을 주어, 사역을 못하고 물러나게 하기 위해서 충격을 주는 것입니다. 악한 영은 이렇게 악랄하게 영적인 사역을 못하도록 온갖 방법을 다 동원하는 것입니다.

실제로 안양에 사시는 목사님이 저에게 이렇게 말했습니다. 저는 나이가 들어 목회자가 된 사람인데 나이가 있어 육십 오세부터 신대원을 다니면서 교회를 개척하여 목회를 했습니다. 그런데 오시는 성도 분들이 모두 환자만 오셨습니다. 그래서 예수 이름으로 기도하면 병이 낫기도 했습니다. 그러던 어느날 할머니 한 분이 기도를 해달라고 하며 교회를 찾아오셨습니다.

그래서 머리에 손을 얹고 예수 이름으로 명하노니 질병은 떠나가라, 했더니 이 할머니가 막 울더랍니다. 야~ 이놈아, 니~ 놈 때문에 내가 나가야 한다. 야~ 이놈아, 니~ 놈 때문에 내가 나가야 한다. 하며 우는데 등골이 오싹하고 등에선 찬물이 줄줄 흐르는데 도저히 사역을 할 수가 없더랍니다. 그런 일이 있은 다음부터는 두렵고 불안하여 사역을 하지 못했다고 했습니다. 이것이 바로 영적 손상입니다. 이분은 아직 성령으로 장악당하지 못하고 성령 충만하지 못하여 악한 영으로 부터 영적 손상을 당한 것입니다. 이 분은 자신이 축사를 받았어야 합니다. 당신도 만약에 이런 경험이 있었다면 귀신축사를 받으시기를 바랍니다.

영육치유를 행하는 사역자나 축사를 행하는 사역자는 환자의 상태에 대한 지식의 말씀으로 영적 전이를 경험하게 됩니다. 환자가 앓고 있는 질병의 정도나 또는 아직 환자가 질병을 제대로 깨닫지 못하고 있는 경우에 또는 사역자가 어느 곳에 손을 얹어야 할 것인지를 깨닫게 하기 위해서, 그리고 자신이 감당할 수 있는 문제인지를 가늠하게 하기 위해서 성령께서 환자의 고통을 사역자에게 전이시켜 느끼게 하는 것입니다. 예를 들어서 머리가 아픈 사람을 치유 기도하려고 하면 사역자의 머리가 아프다는 것입니다. 예를 든다면, 상대방의 통증부위가 동일하게 아프고 힘들게 되기도 하고…. 속이 더부룩하거나…. 쓰리거나…. 어지럽거나…. 현기증을 느끼거나…. 구토증이 생기거나…. 냉기를 느끼거나…. 온 몸의 뼈나 근육이 뭉쳐들고 뻣뻣해지는 것 같은 체험을 하게 되며…. 눈앞이 아찔해지며…. 독한 약에 취한 사람처럼…. 넋을 잃은 것처럼…. 몽롱한 현상을 겪기도 합니다.

아주 약한 전기에 노출된 듯 손이나 팔이나 어깨에 찌릿해지는 정전기 같은 체험도 있고요…. 몸살이나 오한처럼…. 몸이 밑으로 쳐지며…. 미열이 나고….식은땀이 나기도하고…. 몸이나 팔다리가 욱신욱신 아프게 되는 영적다운 현상을 경험하기도 합니다. 이것이 바로 영적인 손상의 현상입니다.

저도 이런 일을 경험합니다. 한 일 년이 지난 일인 것 같습니다. 이 근방에서 기도원을 한다는 권사가 왔습니다. 그래서 권사를 나오라고 해서 기도하려고 하니까, 제 머리가 많이 아팠습니다. 기도를 해주고 상당한 시간동안 깊은 기도를 해서 해결했습니다.

또 치유 사역 초기에 이런 경우가 있었습니다. 집회에 처음 오는 사람이 많을 경우 첫 시간에 집회를 인도하기가 힘이 버거워지다가 두 시간 정도 지나면 장악이 되는 경우도 있습니다. 좌우지간 치유 사역자는 성령이 충만한 가운데 사역을 해야 합니다. 그래서 성령께서 앞서시면서 축사를 하시게 해야 합니다. 그래야 사역자에게 피해가 생기지 않는 것입니다. 사역자는 부단하게 자신의 관리에 힘써야 합니다. 만약에 환자가 영적으로 강하여 귀신이 축사되지 않을 할 경우는 성령으로 완전하게 장악한 다음 축사를 하도록 해야 합니다. 어느 정도 시간이 경과되어야 합니다. 그렇지 않으면 그 악한 영의 영향으로 사역자가 고통을 당합니다.

실제로 어느 여 목사님은 류마치스 관절염을 앓는 환자를 기도해주었는데 자신이 류마치스 관절염이 걸려서 손가락이 틀어졌다고 하는 분을 기도해준 경험도 있습니다. 또 제가 시화에서 목회 할 때 어느 권사님이 벌침을 배우겠다고 해서, 제가 저에게 와서 훈련을 받으면 신유은사가 나타나니, 신유은사를 가지고 전도를 하라고 했더니, 그 권사님 하시는 말이 저 신유은사 받지 않을래요, 전에 우리 교회 목사님이 신유은사가 있어서 환자들을 자주 기도해 주었는데, 기도해 주고나면 환자는 병이 낫는데 자신이 아파서 며칠씩 고생하는 것을 보았습니다. 저는 고생하기 싫으니까 신유은사 받지 않겠습니다.

이런 경우 환자의 고통이 고스란히 사역자에게 전달되어 오는 것입니다. 자신이 감당할 수준이 아닌 문제를 다루고자 하면 문제가 해결 되지 않을 뿐만 아니라, 자신도 피해를 입게 되는 것입니다. 영적 전이의 현상은 사람마다 상황마다 다를 수 있습니다. 환자를 접촉하기 전인 중보기도 단계에서도 경험할 수 있으며, 환자를 직접 대하고 사역을 행할 때 느낄 수 있으며, 사역을 마치고 귀가한 후에 나타날 수도 있습니다. 현장에서는 전혀 느끼지 못했던 것을 집에 돌아온 후에 서서히 증상을 느끼기 시작하여 힘이 빠지고 통증이 일어나기도 합니다. 이런 경우 대부분은 잠깐 경험하게 되지만, 경우에 따라서는 몇 시간 또는 며칠이 될 수도 있습니다. 그러나 이런 경우는 예외적이며, 대부분은 기도하면 사라지게 됩니다. 성령으로 인도받지 못하고 성령이 보증해 주지 않는 이런 영적 사역은 자신이 지니고 있는 영적 능력을 소진하게 되는 소모성 사역입니다. 성령이 보증을 하여 주지 않는 다는 증거입니다.

그러므로 사역자는 사역 전후로 충분한 기도로 무장해야 합니다. 이런 증상을 자주 경험하게 되면 일부 사역자에게는 악한 기능으로 고정되기도 합니다. 영적 사역은 영적 분별을 몸으로 느껴야만 하기 때문에 환자의 질병 정도를 가늠하기 위한 인식 수단으로 사역자의 영적 전이 현상이 환자 분별의 기능이 됩니다. 이런 기능을 갖추는 사람은 치유 사역자이며, 능력 전도자에게는 거의 찾아볼 수 없는 기능이기도 합니다.

다시 한 번 말씀드리면 자신에게 강하게 고통이 찾아오는 경우는 영적으로 강하게 눌린 상태이므로 말씀과 찬양 안수로 계속 성령의 깊은 임재가 장악한 다음에 사역을 하시기를 바랍니다. 급하면 사역자가 당합니다. 인간 욕심으로 사역하면 안 됩니다. 대규모 군중집회에서 치유의 역사를 일으키는 전도자에게 있어서 영적 전이는 사실상 필요하지 않습니다.

이 기능은 일대일 치유를 하는 경우 전인치유를 위해서 주어지는 성령의 지식의 말씀의 한 부분이기도 합니다. 그러나 지식의 말씀은 환자를 치유할 때 나타나는 현상이지 치유가 끝난 다음에 나타나는 현상은 아니라는 것일 아셔야 합니다. 사역을 끝낸 다음에 나타나는 현상은 영적손상으로 나타나는 현상이니 치유하고 사역자 자신의 관리를 하여야 합니다. 이런 영적 전이와 비슷한 영적 손상은 악령의 공격에 의해서 영적 능력이 급격히 소진되었을 경우에 나타나게 되며, 간혹 충분한 기도와 성령의 역사 없이 인간적인 욕심으로 혼적인 사역을 행한 결과 영적 능력이 상당히 소진되어 버렸기 때문에 나타나는 현상입니다. 영의 전이에 대하여 세부적으로 알고 싶은 분은 "하나님의 복을 전이 받는 법"을 참고 하시기를 바랍니다.

영적 탈진은 과도하게 능력을 소모했거나, 자신이 감당하기에 벅찬 악한 영으로부터 충격을 받았을 경우 나타납니다. 마귀의 집요한 공격을 받게 되면 영적 탈진이 일어나, 영적인 일이 시들해지거나, 무기력해져서 무덤덤한 신앙생활을 하게 되는 경우가 있습니다. 성령 충만이 사라지고 육신적으로 신앙생활을 해야 하기 때문에 교리적이고, 형식적인 신앙생활에 빠지게 됩니다. 그리고 기도가 되지 않고, 몸이 이곳저곳 아프기도 하고, 힘이 없고 피곤하기만 합니다. 짜증도 심해지기도 합니다. 이것이 일반적인 성도들과 경험이 부족한 사역자들이 경험하게 되는 영적 탈진입니다.

영적 사역자들이 경험하는 영적손상으로 인한 능력의 소진은 점진적으로 나타나는 것이며, 악령으로부터 지속적으로 공격을 받게 되면 영적능력이 소멸되어가게 됩니다. 이런 증상을 영적전이로 오해하게 되면 자신에 대한 축사를 하지 않게 되어 지속적으로 악령의 공격을 받게 되며, 그럴 때마다 영적탈진이 일어나고, 마침내는 더 이상 사역을 할 수 없는 지경에 이르게 되는 것입니다. 체력도 소진되고 여러 영육의 문제가 발생하여 더 이상 사역을 하지 못하게 되는 것입니다.

악한 영에 의해서 발생한 질병이나 문제를 다룰 때는 반드시 악령으로부터 공격을 받게 됩니다. 그러나 경험이 부족하거나 이에 대한 지식이 부족한 사역자의 경우 단순한 질병이나 문제로만 여기고, 주님이 주신 영적인 권세로 축사를 제대로 하지 못하고, 성령께서 치유하시거나 해결해 주시기 만을 간구하는, 치유하여 주시옵소서하는 나약한 기도를 하게 됩니다. 이런 경우에도 치유가 일어나고 문제가 해결될 수도 있지만, 사역자는 자신도 모르는 사이에 악한 영으로부터 심각한 훼손을 받게 되는 것입니다.

영적손상을 받게 되면 육신적으로 힘이 빠지고, 쑤시고 아파서 환자처럼 눕게 되거나, 머리가 어지럽고, 매스꺼우며, 정신이 혼미해지고, 힘이 빠져 행동할 수 없게 됩니다. 몸은 매를 맞은 듯이 쑤시고, 이곳저곳 아프며, 머리가 어지러운 현기증 증상에 시달리게 되며, 이명 현상(tinnitus)이 나타나 정신을 차릴 수가 없습니다. 때로는 정신이 맑아져 잠을 잘 수 없게 되어, 불면증에 시달리기도 합니다. 환상이 보이고 환청이 들리며, 육신이 고단해져서 신음소리를 내기도 합니다. 이런 육신적 고통을 단순히 영적 전이로만 이해한다면 문제가 생길 수도 있습니다. 왜냐하면 축사를 받은 후에 나타나는 증상과 비슷하기 때문에 속기 쉽습니다.

일반적으로 축사를 받을 후 몇 칠 동안은 힘이 없는 경우가 많습니다. 그래서 특히 축사사역에 있어서 영적 능력을 가늠하는 것이 중요합니다. 자신이 감당할 수 있는 악령의 수준이 있는 것입니다. 성령이 앞서서 하시게 해야 합니다. 그리고 강력한 영권으로 무장하여 대적기도를 해야 합니다. 감당하지 못할 강한 악령을 만나게 되면 심각한 타격을 받게 될뿐만 아니라, 심하면 귀신 들리게 될 수도 있습니다. 능력도 없는 스게와의 일곱 아들들이 함부로 귀신을 쫓으려다가 봉변만 당하였듯이, 능력이 되지 않는 상태에서 귀신을 섣불리 상대하려고 하다가 불행한 일을 당하는 경우가 있습니다. 귀신들린 청년을 불쌍히 여기고 믿음으로 귀신을 쫓아주려던 사모가 귀신 들려 고생한 경우가 있었습니다.

축사 사역자의 경우에 기본적으로 어느 정도의 귀신들은 감당할 수 있는 능력이 있지만, 계속 되는 영적 전투에서 많은 능력과 체력을 소진할 수 있습니다. 그런 경우에 더 강력한 악령을 만나게 되면 심각한 손상을 받을 수 있습니다. 악한 영의 공격을 단순히 영적 전이로 오해하여 사역자 자신에 대한 적절한 축사를 하지 않으면 계속 탈진을 경험하게 됩니다. 악한 영에 의해서 생긴 문제를 다룰 때마다, 심각한 영적 탈진을 경험하게 되면 자신에 대해 축사를 해야 합니다.

악한 영을 대적하여 몰아내지 않기 때문에 악령은 사역자를 얕잡아보고 계속 공격을 하게 되고, 그럴 때마다 영적 전이라고만 생각하고 아무런 대응을 하지 않으면 이런 고통은 계속 당하게 될 것입니다. 영적 전이는 환자가 가지고 있는 영적 문제에 대한 정보를 성령으로부터 받아서 효과적으로 사역을 할 수 있게 하기 위한 성령의 기능으로 주어지는 일종의 지식의 말씀인 것입니다.

그런데 사단은 사역자를 괴롭게 하기 위해서 손상을 주게 됩니다. 사역 초기에 또는 이런 사실을 제대로 이해하지 못하는 사역자에게 마귀는 집요하게 공격을 하게 됩니다. 이렇게 되면 그 사역자는 영적 전이와 영적 손상을 함께 경험하게 됩니다. 그래서 자신에게 나타나는 모든 경험은 다 성령께서 주시는 영적 전이라고 믿어버리게 됩니다. 그 결과 육신적 고통을 계속 치르게 되는 것입니다. 더 나가서는 사역을 하지 못하게 되는 것입니다. 이를 흔히 '양신 역사'라고 부르는데, 성령과 악령이 그 사람을 함께 사용하는 것입니다.

그러나 이런 상태는 결국 오래 가지 못합니다. 사역자가 알아차리고 자신을 축사하고 관리하면 금방 없어집니다. 그러나 이런 사실을 제대로 파악하지 못하면 성령은 차츰 위축되고 악령의 역사가 더 강해지게 됩니다. 사단은 교묘하게 사역자를 속여서 그릇된 일을 하도록 만듭니다. 결과적으로 시간이 지나면 사역자의 타락으로 나타나게 됩니다. 인간 방법을 동원한 사역을 하게 됩니다.

그러다가 성령의 기름부음이 없는 사역자가 되어 필경에는 사역을 못하게 되는 것입니다. 이렇게 하는 것이 마귀의 목적입니다. 하나님의 일꾼을 타락시켜 사역에서 제외시키려는 것입니다. 영적 충격은 서서히 영적 능력을 소멸시켜 무기력하게 만들려는 사단의 전략이기도 합니다.

능력을 받아서 사역을 행하던 사람이 몇 년이 지나고 나면 무기력해져서 치유 사역을 더 이상 할 수 없게 되는 모습을 볼 수 있습니다. 이런 경우에 상당수는 이와 같은 과정에서 제대로 대처하지 못했기 때문에 있는 것도 빼앗긴 경우라고 볼 수 있을 것입니다. 그래서 사역자는 자신의 내면관리에 힘써야 합니다. 그리고 깊은 기도로 심령을 항상 성령의 임재 가운데 있어야 합니다.

그래야 자신의 영성을 보존하며 건강을 유지하며 사역할 수 있습니다. 특히 축사 사역을 할 때는 성령의 강한 역사를 일으켜서 성령께서 하시도록 해야 합니다. 절대 자신의 의지로 사역을 하려고 하면 영락없이 영적손상을 당하게 됩니다. 그러므로 사역자는 항상 성령의 충만과 내면관리에 힘써야 합니다. 기도가 깊어져서 자신의 영성을 맑게 유지해야 합니다. 그래야 사역시 악한 영의 공격을 받지 않고 자신을 보호 할 수가 있습니다. 자신을 보호하며 사역을 해야 사역자의 수명이 길어지고 길게 사역을 할 수가 있는 것입니다.

또 이런 경우도 있습니다. 어느 여 목사님이 저에게 상담한 내용입니다. 목사님 저는 상대방에 대하여 전화로 기도를 해주어도 제가 기침을 해댑니다. 어느 때는 강단에서 설교할 때도 기침이 나오고 구역질이 나와서 덕이 되지 못합니다. 환자들을 기도할 때 환자는 아무런 역사도 나타나지 않는데 저만 막 기침을 해댑니다. 이런 경우는 그 여 목사님이 치유가 완전히 되지 않아서 자신의 더러운 것들이 나오는 것입니다. 원래 성령의 역사는 자신이 먼저 나타는 것입니다.

자신에게 나타난 성령의 역사가 상대방에게 전이가 되는 것입니다. 그래서 자신에게 나타난 성령의 역사로 자신에게 있던 상처들이 나가는 것입니다. 이런 분은 많은 시간을 치유하여 자신을 깨끗하게 하고 사역을 해야 합니다. 정 그렇게 하지 못한다고 한다면 일주일에 하루라도 자신이 치유를 받으면서 사역을 해야 합니다. 그렇지 못하면 자신의 건강에 문제가 올 수가 있습니다. 젊을 때는 문제가 없을 수 있지만 나이가 들어 체력이 떨어지면 탈진현상이 나타나 사역을 하지 못할 수도 있는 것입니다.

며칠 전에 어느 권사님 부부가 오셨습니다. 그 권사님은 마음이 어둡고 너무 영적으로 눌려서 기도를 못한다고 했습니다. 그 이유인즉 성령을 받고 방언을 하며 신유은사가 강하게 나타나 길래, 여러 성도들의 병고침을 하고, 신바람 나게 활동을 하다가 어느 날 성경을 보고 있는데, 여자 귀신의 형상이 나타나더니, 그 뒤로 부엌에만 들어가면 짜증이 나고 싫어지고 영적 상태가 망가지더라고 합니다.

많은 은사자들과 교역자들의 기도를 받아 봐도 그 악령은 떠나지 않고 계속 괴롭히고 있어 눈이 어둡고 귀가 어두워졌으며 가난에 찌들어 살고 있었습니다. 이런 일이 왜 일어날까요.? 내 경험으로 판단하기에 성령님의 허락 없이 마구잡이로 은사행위를 하다가 자신이 영적인 문제를 업어 쓴 경우입니다. 은사가 나타나면 무턱대고 사용하는 것이 아닙니다. 신유 기도할 때는 반드시자신의 영적인 문제부터 해결하고 손을 대야하며, 성령님의 허락이 있고 함께 함이 있을 때 하는 것이 안전합니다. 혼자서는 위험하므로 협력 사역을 하는 것이 좋습니다. 영력이 성장한 뒤로는그리 힘들지 않기도 합니다. 영적인 문제가 생기면 이성을 잃지말고, 즉시 영적인 지도자를 만나 해결하도록 합시다.

모양새가 아름답지 못한 분에게는 안수 받지 말고, 오래 같이 있지 말고 피합시다. 교역자라고 해서 모두 다 된 분이 아닙니다. 나의 영적인 문제를 해결하는데 도움이 되지 못하고, 힘든 상황으로 이끈다면 생각을 해 보아야 합니다. 요령이 있어야 합니다. 분별력을 기르시기를 바랍니다. 지혜를 얻기를 바랍니다. 나를 괴롭히는 인간이 있으면 기도하고, 여러 방법을 활용해도 힘들면 내가 피하는 것이 좋습니다. 그래서 영적인 은사를 사용하려면 영감이 깊어져야 하고 영력이 있어야합니다. 영적 삶이란 성령의 일과 마귀의 일을 분별하는 능력을 길러내는 과정이라고 생각할 수 있습니다. 하나님의 아들 예수께서 오신 이유는 마귀의 일을 멸하고자 함이 아닙니까? 그리고 그의 제자들인 성도들 역시 마귀의 일을 멸하는 것이 의무입니다.

그러려면 마귀의 속임수를 파악해야 하며, 특히 성령 사역으로 위장한 짝퉁을 분별해낼 줄 알아야 할 것입니다. 날이 갈수록 교묘해지는 사단의 전략 전술을 밝혀내고, 그 정체를 폭로하는 일은 영적 사역자가 할 일입니다. 말씀을 왜곡시키는 이단은 말씀 사역자인 신학자가 할 일이며, 육신적인 고통을 주어 무기력하게 하려는 사단의 음모는 능력 사역자가 폭로해야 할 영역입니다. 영들의 전이에 대하여 상세하게 알고 싶은 분은 "**하나님의 복을 전이 받는 법**"을 참고하세요.

신학자와 능력 사역자가 서로 보조를 맞추어서 사단의 책략을 밝혀내어 성도들을 안전하게 지키는 것이 주님이 우리들에게 권세와 능력을 주신 목적이기도 합니다. 이단과 악령은 우리가 잠시, 조는 틈을 타서 가라지를 뿌리고 갑니다. 그래서 정신을 차리고 우는 사자처럼 다니는 악령들을 멸해야 할 것입니다. 깨어 기도하지 않고는 이런 일을 이길 장사가 없습니다. 정신을 놓으면 속아 넘어갈 수밖에 없는 짝퉁들이 너무 많습니다.

14장 하나님은 체험함으로 알아간다.

(고전 2:10)"오직 하나님이 성령으로 이것을 우리에게 보이
셨으니 성령은 모든 것 곧 하나님의 깊은 것까지도 통달하시느
니라"

하나님은 살아 역사하고 계십니다. 살아계신 하나님은 이론
으로 아는 것이 아닙니다. 체험함으로 알아가는 것입니다. 인생
을 살아가는데 경험이 중요한 것은 두 말할 나위가 없을 것입니
다. 그래서 속담에 '젊어서 고생은 사서도 한다.'라는 말이 있지
않습니까? 인생을 살아가는데 있어서 뿐만 아니라 학문의 영역
에서도 마찬가지입니다. 그래서 전문가가 되기 위해서는 짧은
세월의 이론 학습을 거친 다음 오랜 세월동안 현장에서 실습을
통해서 경험을 쌓아가는 것입니다. 의사가 되는 것을 예로 들어
보면 예과 본과 과정은 합쳐서 6년이지만, 그 후 수련의 과정을
거쳐서 전문의가 되기까지는 15년이라는 긴 세월이 필요한 것
입니다.

영의 일에서도 이런 원리는 동일하다고 볼 수 있는데, 성경에
기록된 말씀을 이해하는 신학적 방법을 배우는 데는 3~4년의
짧은 기간이면 충분합니다. 기본적인 골격만 이해한다면 6개월
정도면 성경 말씀을 읽고 이해하는 기본 원리를 충분히 배울 수
있습니다. 그러나 그것이 전부가 아니고 본격적이고 중심적인

것은 성령의 인도하심에 따라서 삶 속에서 말씀을 경험하여 깨닫게 되는 의미를 어떻게 체계적으로 이해하는가 하는 문제입니다. 몸으로 느끼고 체험하면서 알아가는 것이 문제입니다.

우리는 날마다 성령과 동행하면서 다양한 영적 경험들을 하지만 그 대부분의 경험들을 제대로 정리하거나 이해하지 못한 채로 잊어버리기가 일쑤입니다. 그것은 개인의 잘못 탓도 있겠지만 그 보다 근본적인 문제는 경험을 이해하는 방법에 대한 기본적인 가르침조차 제대로 받지 못하였기 때문일 수 있습니다. 목회자들이 대부분 신학교에서 책상머리에서 신학공부를 했습니다. 학문이라는 것이 실용적인 면과 이론적인 면을 동시에 포함하는데 학문으로 치달아가게 되면 실용의 면을 소홀히 하게 되어 공리공담에 휘말리게 됩니다. 이런 학문을 '사변적 학문'이라고 부릅니다.

최초의 이론은 경험을 통해서 만들어지지만, 그 다음 단계는 그 이론을 사변적으로 이해하고 정리하려는 후학들의 경험 없는 비판과 분석이 따르게 되면서 경험은 이론으로 만들어지고 정교한 논리로 재구성되면서 학문이 됩니다. 그림을 예로 들어보면 더 쉽게 이해할 수 있을 것입니다. 처음 그림을 그릴 때는 사물을 보면서 그리기 시작합니다. 이것을 동양에서는 '실경화'라고 표현하고 서양에서는 '사실화'라고 부릅니다. 이 실경화가 그 다음에는 생각을 바탕으로 재해석되어 실경의 틀을 벗어나 생각만으로 그림을 그리는 단계가 됩니다. 이를 동양에서는 '관념화'라고 부르고 서양에서는 '추상화'라고 부릅니다.

추상화는 일반인들이 쓰는 말이고 화가들의 전문 용어는 '비구상화'입니다. 이에 대항하는 말이 '구상화'이며 이런 화풍을 사실주의라고 부르는 것입니다. 학문이 학문을 위한 것이 되면서 점차로 경험이 경시되고 이론이 중요하게 여겨지기 시작하면서 실용과는 거리가 멀어지고 학위를 위한 것이 되고 마는 것입니다. 이렇게 시간이 흐르면 신학은 학문을 위한 신학이 되고 마는 것인데, 이렇게 되면 그런 학문을 하는 사람들이 대다수가 되기 때문에 경험을 무시하거나 해로운 것으로 간주하게 되며, 경험을 이야기 하게 되면 '실용주의'니 '경험주의'니 '신비주의'니 하는 말로 따돌리게 됩니다. 신학의 기본은 성경말씀을 경험한 데서부터 출발하는 것입니다. 그 경험은 영적이기 때문에 개인적이고 비실존적이라고 볼 수 있지만, 실상은 군집적이고 실존적입니다. 그래서 신비적일 수밖에 없는 것입니다. 예수의 제자들은 물론 모든 사람들이 존경하는 바울 사도의 신학 역시 그 출발이 다메섹의 환상이라는 신비 경험으로부터 시작합니다. 마틴 루터의 종교적 열정 역시 신비경험으로부터 시작하며 수많은 중세 교부들도 예외 없이 신비경험을 가지고 있습니다. 이런 개인적인 신비경험이 곧 주님을 경험하는 것이며, 이것이 신앙의 기초가 되는 것입니다.

이 경험이 학문이 되면서 학문체계 안에서 이론이 이론을 만들어가는 과정에서 경험의 중요성은 배제되기 시작하고, 마침내는 공리공담이 되어버리는 것입니다. 이것이 유대교의 바리세인들이 빠졌었고, 그 때문에 주님으로부터 혹독한 비판을 받았던 바로 그 태도인 것입니다. 이론이 이론을 만들어내다 보면 최초 경험을 통해서 주어진 하나님의 뜻은 사라지고 아무도 모르는 굳건한 교리체계 또는 신학체계가 되어버리는 것입니다.

이런 구조 속에서 성경공부를 하면 유대교와 다를 바가 없게 되는 것입니다. '율법의 울타리치기'의 산물인 탈무드가 성경을 대치하듯이 그것과 다를 바가 없는 뿌리 깊은 신학이 성경을 대신하게 되는 현상을 피할 길이 없게 되는 것입니다. 그렇기에 우리는 솔직히 말하면 하나님의 말씀을 이해하기 위한 성경공부라기 보다는 신학을 이해하기 위한 성경공부가 될 수도 있다는 점입니다.

그런 증거가 능력이 사라진 공담만이 남은 학문체계로서의 성경지식입니다. 그것으로는 '손가락 하나 까딱할 수 없는'무기력만 들어낼 뿐입니다. '랍비들의 유전'이라고 불리는 것으로써 유전을 뜻하는 헬라어'파라디도스'(paradidos)는 '건네주다, 전해주다'는 뜻의 '파라디도미'(paradidomi)에서 나온 말로, 조상 때부터 구전으로 내려오는 일종의 행위법을 가리킵니다. 이러한 행위법은 장로들의 유전(마 15:2)이란 말 외에 사람의 유전(막 7:8; 골 2:8), 너희의 유전(마 15:3), 조상의 유전(갈 1:14) 등과 같은 표현이 있습니다. 경험이 없는 사람일수록 이론에 집착하게 됩니다. 그것이 자신의 전부이기 때문입니다. 오늘날 학문적 성과를 얻기 위한 대학교육까지 우리는 16년간이라는 긴 세월을 보내면 학문의 최고봉이 되기 위해서 다시 석박사 과정과 유학 등의 긴 시간을 다시 보내고 나면, 30대가 훌쩍 넘어서고 마는 까닭에 솔직히 수준 높은 영적 경험을 할 수 있는 시간적인 여유가 없습니다. 높은 수준의 경험 없이 높은 수준의 학문적 성취만을 얻게 되어 그렇게 해서 얻어낸 지위를 지키기 위해서는 이론적으로 얻은 학문세계를 철저히 옹호할 수밖에 없는 입장에 설 수밖에 없는 것입니다. 이런 체계가 경험을 무시하거나 배척하면서 오직 이론만을 절대로 옹호하는 신앙체계를 확산시키게 됩니다.

경험 없는 종교행위는 실험 없는 과학세계 이상으로 위험한 세계를 만들어냅니다. 영적인면에서 정말로 위험한 것입니다. 하나님은 살아계시기 때문에 이론으로 다 알 수가 없고 체험함으로 정확하게 알 수가 있기 때문입니다. 자기 신념을 사람들에게 확신시키기 위해서 과학적 데이터마저 속이는 황 교수와 같은 사람들이 신학의 세계에도 없다고 할 수 없습니다. 바리세인들의 견고한 신앙체계를 우리는 '거짓 신앙체계'라고 부릅니다. 그러나 그 체계 안에서 살았던 당시의 모든 유대인들은 그들의 경건과는 상관없이 모두 거짓 체계 속에 살았고, 그 체계 속에서 믿음을 가졌습니다.

경험이 없는 신앙은 그 목표가 하나님을 벗어날 수밖에 없습니다. 이런 거짓 체계 속에서 신학공부를 한 바울이 지향한 목표는 대제사장이 되는 것이었습니다. 그는 그 목적을 위해서 그리스도인을 무자비하게 죽이는 일을 당연히 해야 할 일이라고 착각했습니다. 유대인들이 스데반을 성 밖에서 돌로 쳐 죽였고, 그 일이 정당하게 집행되었음을 공증하는 의미로 증인들이 젊은 사울 앞에 옷을 벗어놓았습니다. 젊은 사울은 당시 유대인들의 주목을 받는 사람이었습니다(행 7:58). 유전을 준수하는 사람들이 지향하는 바는 그것의 정점입니다. 그러나 경험을 통해서 하나님의 말씀을 알아가는 사람들이 지향하는 바는 하나님의 실존입니다. 더 많은 하나님의 경험을 추구하게 되고 하나님을 실존적으로 알아가고 싶은 소망이 일어납니다. 그래서 능력을 사모하게 되고 신비한 경험을 더 하기를 원하게 되는 것입니다. 그런데 여기서 중요한 것은 그 경험이 하나님의 말씀을 통해서 이해되어야 한다는 것입니다.

신약성경 대부분을 기록한 바울은 자신의 영적 경험을 바탕으로 다른 성도들의 믿음을 세우기 위해서 그 경험이 말씀의 어떤 부분과 일치하는 것인지를 연구했던 사람입니다. 그는 경험을 바탕으로 성경을 해석하려고 했고, 자신의 경험이 곧 말씀의 성취라고 이해한 것입니다. 그에게 있어서 이런 이해는 성경이 되는 것으로 이해한 것은 결코 아닙니다. 바울의 경험은 그 자체가 성경을 구성하기 위한 것이었지만 바울은 거기까지는 몰랐고, 그런 생각은 털끝만치도 없었습니다. 자신의 경험이 성도들에게 유익이 될 수 있게 하기 위해서 말씀을 통해서 정리하였습니다.

이것이 신학자를 비롯해서 목회자들이 해야 할 기본적인 태도임에는 말할 나위가 없을 것입니다. 그래서 목사들은 신학교에서 배운 지식만 고집할 것이 아니라, 경험을 통해서 얻어진 것이 말씀의 어떤 면을 반영하는 것인지를 풀어내는 노력이 필요하고, 그런 바탕으로 성도들이 영적 경험을 풀어낼 수 있도록 가르쳐야 할 것입니다. 이런 면에서 목회자들은 체험이 중요한 것입니다. 알고 체험한 것을 성도들에게 알려주어야 하기 때문입니다.

　제가 이런 글을 쓰는 이유도 저의 영적 경험을 어떻게 문자로 풀어내고 설명하는지를 젊은 사람들이 이해하게 하기 위해서라는 목적이 있습니다. 영적 경험은 단순한 경험으로 끝나는가 아니면 다른 성도들을 유익하게 하는 지식이 되는가는 당사자가 그것을 하나님의 말씀 안에서 재해석하는 능력이 있느냐에 달려있다고 할 것입니다. 그리고 지도자들은 성도의 영적 경험을 말씀 안에서 이해하도록 도와주어야 할 것입니다. 저는 하루의 삶을 재료로 묵상하면서 그것이 성경 말씀의 어떤 부분을 자신이 현실 속에서 살아냈는지를 확인할 수 있도록 깊은 영의기도와 묵상기도를 설명했습니다. 그러기 위해서는 반드시 성경을 많이 읽어야 한다는 점도 설명했습니다. 성경을 삶을 재료로 하나님을 이해하도록 하는 것입니다. 깊은 영의기도에 대해서는 제가 쓴 "깊은 영의기도 숙달하는 비결"을 읽어보시기를 바랍니다. 이것은 자신 안에 계시는 성령께서 자신의 인생을 통해서 하나님을 개인적으로 이해하도록 돕기 때문입니다. 우리는 평생 하나님을 알아가는 긴 여정 안에 살고 있으며 주님은 주님의 일을 해서 주님을 기쁘게 하는 것보다 주님을 아는 것을 더 좋아하십니다. 이것이 마리아와 마르다 자매의 태도를 통해서 우리들에게 지적해준 것입니다. 하나님의 일을 하는 것도 무척 중요하지만 그 보다 더 중요한 것은 하나님을 아는 것입니다. 하나님을 아는 것은 체험으로 아는 것을 말하는 것입니다. 우리에게 가장 소중한 것이 영생인데, 이는 곧 "유일하신 참 하나님과 그 분이 보내신 예수 그리스도를 아는 것"(요 7:3)입니다. 예수 그리스도를 아는 것은 지식으로 아는 것만이 아니라 경험으로 아는 것이 더 중요합니다. 성령은 실존하시는 하나님이며, 그 하나님은 우리 안에서 역사하시는 영이십니다. 그래서 체험하면서 하나님을 아는 것입니다. 하나님은 살아계신 분이기 때문입니다. 그래서 하나님을 안다는 것은 체험적으로 아는 것입니다. 몸으로 느끼고 눈으로 본다는 것입니다. 그 체험과 경험이 없다면 당신은 공담으로 만들어진 사람의 손에 의한 하나님을 알고 있는 것일 수 있으며, 이는 '장로' '조상' '우리들'의 유전일 수 있습니다. 요즘 말로 표현하면 '신학교수' '교단헌법' '성경공부 매뉴얼'등의 가르침일 수 있습니다.

그런 체계적인 가르침을 그대로 수용하면 안전할 것입니다. 누구로부터 비판이나 비난을 받을 위험도 없습니다. 특히 목사와 같은 지도자라면 더욱 더 안전한 길을 선택할 것입니다. 그것이 진리인지 아닌지는 다음 문제이며, 다수가 따르는 길로 가는 것이 안전하기 때문에 더욱더 그것을 지지하게 됩니다. 그래서 거짓 체계는 다수의 방관자라는 안전망 때문에 견고하게 뿌리를 내릴 수 있는 것입니다. 2000년의 뿌리 깊은 유대교의 거짓 체계가 하나님의 아들까지 못 박는 일에 서슴없이 나서게 만들었습니다.

하나님은 말씀을 많이 안다고 아는 것이 아닙니다. 우리가 어떻게 하나님을 알 수가 있습니까? 말씀을 삶에 적용하면서 체험함으로 하나님을 알아가는 것입니다. 하나님은 이론으로 알려고 하지 마시기를 바랍니다. 살아계신 하나님은 체험함으로 알아야 합니다. 그래야 오류가 없습니다. 영적지도자들을 더욱더 하나님에 대하여 말씀으로 알고 체험해야 합니다. 그래야 성도들을 바른 길(예수)로 인도할 수가 있는 것입니다.

하나님의 말씀을 머리로 많이 안다고 권능있는 성도, 목회자가 되는 것이 절대로 아닙니다. 말씀을 아는 많큼 몸으로 느끼고 말씀과 같은 권능이 자신에게서 나와야 합니다. 저는 우리 교회 성도들에게 말씀을 아는 만큼 자신의 심령에서 영권이 나타나야 아브라함의 복을 받을 수 있다고 권면합니다. 기독교는 알고 끝나는 종교가 아닙니다. 아는 만큼 자신의 심령에서 말씀과 같은 역사가 나타나야 합니다. 그렇게 됨으로 말씀이 자신의 소유가 되는 것입니다. 한마디로 하나님이 함께하는 군사가 될 수 있다는 것입니다.

15장 초보시절 영적 교만을 주의하라

(고전10:12)"그런즉 선줄로 생각하는 자는 넘어질까 조심하라"

사람은 영적인 존재들입니다. 성령을 체험하면 무엇인가 신비한 것을 보게 되고, 신비를 추구하는 경향이 있습니다. 이렇게 신비한 것을 추구하다가 자신에게 무슨 영적인 현상이 일어나면 체험하지 못한 성도들 무시하면서 교만에 빠지는 경우가 종종 있습니다. 이런 현상은 성숙되지 못한 성도들에게서 많이 나타납니다. 바울이 쓴 서신을 보면 위대한 사도인 그도 처음에는 영적인 교만함이 있었던 것 같습니다. 서신을 쓴 연대에 따라서 살펴보면 이런 점이 들어나는데요. 그의 초기 서신인 갈라디아서에서는 예루살렘에 있는 기둥 사도들이 자신에게 별로 영적으로 도움이 되어주지 못했다고 말합니다(갈 2:6). 바울은 초기에 사도들과의 주도권 다툼이 있었습니다. 자신이 세운 교회에 예루살렘의 기둥 사도들로부터 파송되어온 선교사들 가운데 자신의 믿음과는 다른 사람들이 있었고 그들로 인해서 교회들은 갈등을 겪게 되었습니다.

이러한 상황을 맞게 되어 자신의 선교에 도전을 받게 되자 그는 예루살렘의 기둥 사도들에 대해 비하하는 태도를 취했습니다. 바울은 외식하는 베드로에 대해서 강한 불만을 나타냈고 사람들 앞에서 무안을 주었습니다. 이런 태도는 그가 초기 전도여행에서 마가 요한이 젊은 나이에 경험이 부족하고 심지가 굳지 못해서 중도에 선교를 포기하게 되었을 때도 그를 용납하지 못하였지요. 그 때문에 바나바와 결별하게 되었습니다.

바울이 갈라디아서를 쓴 뒤 6년이 지나서 쓴 고린도전서에서는 그 자신을 사도 중에 지극히 작은 자(고전 15:9)라고 낮추었습니다. 비슷한 시기에 쓴 에베소서에서 그는 자신을 일반 성도들에게 비교해서 지극히 작은 자보다 더 작은 자라고 스스로를 낮추기에 이르게 됩니다(엡 3:8). 사도에게 비교하던 그가 이제는 일반 성도들에게 비교하여도 그들보다 잘난 것이 없다고 여기게 되었습니다. 그는 여러 차례 전도여행을 하는 가운데 많은 실질적 고난에 처하게 되었습니다.

전도 여행을 떠나기 전에 그는 14년이나 아라비아에서 광야의 학교를 통과하는 훈련을 받았습니다. 고향 다소에서 그는 이미 잊혀진 사람으로 또는 무능하고 실패한 사람으로, 그리고 광신적인 신앙에 빠져 율법을 잃은 신비주의자로 오해를 받았습니다. 그러한 고독한 훈련은 혼자서 감당해야 하는 훈련이었습니다.

이 훈련을 통해서 그는 하나님의 크나큰 위로를 경험했으며, 다른 사람들이 알지 못하는 하나님의 깊은 곳까지 경험하였을 것입니다. 이런 고독한 영적 경험을 거치면서 그는 비록 사람들이 자신을 하찮게 여길지라도 하나님의 엄청난 은혜 속에 산다는 자부심으로 그 훈련을 감당하였을 것입니다. 이 고독한 훈련을 거치는 동안에 주님으로부터 받은 은혜가 그에게 한편으로는 자존심을 세우는 것이 되었지만, 또 다른 한편으로는 영적 우월감에 싸이게 되었다고 봅니다.

그러한 바울이 실제로 선교 여행을 하면서 점차로 현실적인 문제에 직면하게 되었고, 그에 따라 자신이 고독한 훈련을 받으면서 생각했던 것과는 상당히 다른 부분들을 경험하게 되었을 것입니다. 그는 실제로 자신은 아시아로 복음을 전하러 가는 것이 주님의 뜻일 것이라는 개인적 확신을 가지고 힘써 기도하였지만 자신의 뜻이 받아들여지지 않는 어려움을 경험하게 되었습니다.

바울은 이러한 경험들을 통해서 점차로 자신감을 상실하게 되었고, 자신의 나약함을 깨닫게 되었다고 봅니다. 이런 경험으로 인해서 그는 주후 65년경에 쓴 디모데후서에서는 자신을 마침내 죄인 중에 괴수(딤후 1:15)라고 까지 생각하기에 이르게 됩니다.

바울의 이와 같은 점진적 겸손은 그의 선교여행에서 당한 많은 어려운 문제들과 긴밀한 연관을 가지고 있다고 봅니다. 사실 잘 나가게 되면 사람들은 누구를 막론하고 우쭐하게 됩니다. 자신이 생각한 대로 모든 일이 척척 이루어지면 그것이 자신이 잘나서 그렇게 되는 것이라는 착각에 빠지게 되는 것입니다.

이런 착각은 교만을 만들어내게 되며, 이 교만은 그렇지 못한 사람들을 깔보게 되며, 비난하는 자리에까지 이르게 되는 것이지요. 실패를 경험하지 못하면 누구나 자신의 의를 드러내게 되는 것입니다. 바울은 여러 번의 실패와 어려움을 경험하면서 점점 그 자신이 나약하다는 사실을 깨닫게 되며, 자신이 이루어낸 모든 것들은 결국 하나님의 은혜라는 사실을 알게 되면서 스스로 다른 사람들과 비교했던 자신을 내려놓게 되었습니다.

영적인 경험을 처음하게 되면 누구나 자신을 특별한 존재로 여기려는 유혹을 받게 됩니다. 자신에게 주어지는 경험들이 하나님의 은혜로 온 것이라는 사실을 알지만, 그럼에도 불구하고 한 편으로는 자신이 다른 사람들보다 더 온전해서 또는 하나님의 각별한 사랑을 받고 있기 때문에 그런 은혜를 받고 있다고 생각하고 싶어집니다. 그리고 지금 받고 있는 은혜는 자신이 하나님 앞에 온전하게 서 있기 때문에 주어지는 것이라는 생각을 하게 되고, 그렇기 때문에 자신과 같은 은혜를 받지 못하고 있는 사람은 무언가 문제가 있고, 하나님 앞에 온전하지 못하기 때문이라고 비판하기 시작합니다.

이러한 판단은 영적 경험을 하기 시작하는 초기에는 누구나 한번은 하게 되는 필수적인 과정입니다. 이 과정을 겪으면서 겸손이 무엇인지를 깊이 깨닫게 되는 것입니다. 그런데 이 과제를 올바르게 처리하지 못하면 영적 교만에 빠지고 특히 종교의 영에 사로잡혀 모든 은혜를 열심의 결과로 보는 잘못에 빠지게 됩니다.

하나님에 대한 열심은 반드시 있어야 합니다. 그런데 이 열심이 다른 사람들보다 더 나은 위치에 있기 위한 것을 목적으로 삼을 때는 비뚤어진 열심이 되며, 이 결과 바리세인들과 같은 헛된 것을 위한 열심으로 전락하게 됩니다. 하나님에 대한 열심이 다른 누구 못지않게 강했던 바울은 이러한 자신의 열심을 후에는 가치 없는 것으로 여겼습니다. 이러한 열심은 자신을 병들게 하며, 교회를 어려움에 빠뜨릴 수 있다는 점을 바울은 깨닫게 되었습니다.

영적 현상들을 처음 경험하는 사람들은 누구보다 강한 열심을 가지게 됩니다. 이 열심으로 인해서 주님에게 죽기까지 헌신하고자 하는 마음을 가지고 위험한 일에도 몸을 아끼지 않고 뛰어들게 되지요. 그런데 이 열심이 하나님을 위한 것인지 자신을 위한 것인지 처음에는 구분이 잘 되지 않습니다. 모든 것이 하나님을 위한 것이라고만 생각되지 자신을 위한 것이 절대로 아니라고 믿습니다. 이런 생각에 사로잡히면 어떤 일을 하더라도 모두가 하나님을 위한 것이라고 믿게 됩니다. 심지어는 사람을 죽이는 일까지 하나님을 위한 것이라고 생각하고 행하게 됩니다. 사울이 그런 예입니다. 자신이 하는 모든 일은 오직 하나님만을 위한 것이라는 생각은 종교의 영이 불어넣는 잘못된 생각일 수 있습니다.

바울은 영적 미숙으로 인해서 생긴 이러한 생각에서 벗어나기까지 참으로 많은 세월이 흘렀습니다. 광야의 14년 세월에서도 이 점은 개선되지 않았습니다. 여러 차례의 선교 여행을 통해서 당한 극심한 환란과 역경을 치르면서 겨우 개선되어 65년경에야 비로소 자신을 낮출 수 있게 되었습니다.

영적인 경험을 처음 하는 사람에게 이러한 서툰 교만이 자신의 내부에 있다는 사실을 인정해야 합니다. 종교적 열정으로 위장한 교만은 종교의 영이 가져다 준 가라지입니다. 종교적 열정은 자신을 다른 사람들과 비교해서 우월한 위치에 있음을 자랑하게 하는 것입니다. 그러나 참된 헌신으로부터 나오는 열정은 하나님의 사랑으로 채우는 갈망이며, 이는 다른 사람들에게 자신을 헌신하고자 하는 희생을 바탕으로 나오는 것입니다. 종교적 열정은 사람들을 판단하지만 주님을 향한 열심은 사람들을 세우는 일을 합니다. 참된 겸손은 주님의 십자가를 사랑하고 그 길로 가는 것이지만 서툰 교만은 십자가를 이용해서 자신의 유익을 구하게 만듭니다.

서툰 교만을 다루시는 하나님의 인도는 실패라는 것으로 나타납니다. 거듭된 실패를 통해서 내부의 열정이 삭아들고 자신으로부터 나오는 모든 것들이 힘을 잃게 됩니다. 이렇게 실패를 거듭하게 됨으로써 자신이 가장 무능한 존재임을 깊이 깨닫게 되면서 "내가 내 된 것은 오직 하나님의 은혜로 말미암은 것"이라는 사실을 진정으로 인정하게 되어야 모든 사람들을 섬기게 되고 사람들의 다양한 삶을 가치 있는 것으로 인정하게 되는 것입니다. 노숙자라도 해도 그의 삶이 소중한 것임을 절실히 깨닫게 되어야 그런 사람을 사랑으로 섬기게 되고 그들이 처한 처지를 인정할 수 있게 되는 것입니다.

우리는 빌립보서 3장 3절을 마음에 새겨야 합니다. "하나님의 성령으로 봉사하며 그리스도 예수로 자랑하고 육체를 신뢰하지 아니하는 우리가 곧 할례파라" 성령으로 봉사를 해야 합니다. 자기 열심 으로 봉사하면 자칫 교만해 질수가 있는 것입니다. 하나님은 말씀하십니다. "또 무엇을 하든지 말에나 일에나 다 주 예수의 이름으로 하고 그를 힘입어 하나님 아버지께 감사하라"(골 3:17). 우리 무엇이든지 예수님의 이름으로 하고 하나님에게 영광을 돌리는 하나님의 자녀가 되어야 합니다.

기도하다가 무엇이 보이고 듣는 다고 다된 것이 아닙니다. 기도하면서 덜덜덜 떤다고 성령 충만한 것이 아닙니다. 겸손하십시오. 성경은 이렇게 말합니다. "만일 누구든지 무엇을 아는 줄로 생각하면 아직도 마땅히 알 것을 알지 못하는 것이요"(고전 8:2). 사람이 어떻게 하나님을 다 압니까? 성경말씀을 다 알 수가 없습니다. 고린도전서 10장 12절에서 "그런즉 선줄로 생각하는 자는 넘어질까 조심하라" 말씀하십니다. 항상 조심합시다. 겸손 합시다.

16장 성령의 나타남이 각각 다른 이유

(잠3:6)"너는 범사에 그를 인정하라 그리하면 네 길을 지도
하시리라"

교회마다 성령의 나타남이 각각 다릅니다. 이유는 무엇입니
까? 그것은 한마디로 교회의 담임목회자가 추구하는 방향에 따
라 성령의 역사가 다르게 나타나는 것입니다. 많은 성도들이 성
령의 다양한 은사들을 사모함에도 불구하고 자신의 교회 안에서
는 잘 일어나지 않는데, 기도원이나 영성훈련원이나 부흥회와
같은 특별한 성격의 집회에서 잘 일어나는 까닭이 무엇인지 궁
금해 하는 분들이 많을 것입니다. 그토록 사모했고 기도도 많이
했는데 혼자 할 때나 교회 안의 집회에서는 전혀 받을 수 없던 은
사가 특별한 모임에서는 흔히 나타나는 것을 누구나 알고 있을
것입니다.

그래서 은사를 사모하는 사람들은 그런 집회를 찾아가게 되는
것입니다. 오랜 신앙생활을 했음에도 불구하고 방언조차 하지
못하던 목회자들이 특별한 집회에 참석했다가 뜻하지 않게 방언
을 받는 경우가 흔히 있습니다. 우리가 알아야 할 것은 혼자 기
도하여 방언의 은사조차 받기가 쉽지 않습니다. 어쨌든 교회 안
에서 열리는 모임에서는 그토록 사모하건만 잘 되지 않던 영적
경험이 영성집회에서는 쉽게 경험할 수 있는데, 은혜를 경험하

고 다시 교회로 돌아오면 얼마 가지 못해서 다시 냉랭해지는 것입니다. 일종의 영적 '요요현상'인 것입니다. 이는 자기 교회에서는 영성집회와 같은 성령의 역사가 일어나지 않기 때문에 나타나는 현상입니다. 사람은 육이 있기 때문에 항상 성령으로 충만한 곳에서 말씀을 듣고 기도하지 않으면 육으로 돌아가기가 쉬운 것입니다.

목회자들도 자신의 교회 안에서 뜨거운 성령의 역사가 일어나기를 간절히 사모함에도 불구하고 좀처럼 역사가 일어나지 않기 때문에 갈등이 심합니다. 방언을 말하기는 하지만 늘 같은 수준의 방언이어서 재미도 없고 답답하기만 해서 방언을 할 필요를 별로 느끼지 못합니다. 아무런 유익도 없고 같은 소리만 반복하기 때문에 지루하기까지 합니다. 그러던 방언이 집회에서 전혀 다른 방언이 터지고 몇 차례 바뀌기도 하며 깊은 은혜와 감동이 밀려와 눈물을 엄청 쏟기도 합니다.

이런 영적 경험이 교회 안에서 나타나지 않는 이유는 개 교회마다 다를 수 있겠으나 원칙적으로 성령의 뜻에 의해서 그렇게 나타나는 것입니다. 우리 교회는 보수성이 강한 편이고 다양한 영적 현상들을 적절히 다룰 수 있는 수준에 이르지 못한 것이 가장 큰 이유입니다. 그렇기에 성령께서 연약한 교회 안에서 강력하게 역사할 수 없는 것입니다. 앞에서도 말씀드렸지만 목회자의 영성과 추구하는 목회방향에 따라 성령의 역사가 다른 것입니다. 성령은 성령의 사람을 통하여 나타나기 때문입니다.

목회자로부터 성도에 이르기까지 신령한 은사에 관한 이해가 부족한 현실에서 교회 안에서 성령의 역사가 광범위하게 일어나게 되면 고린도교회와 같은 오류를 범할 수 있습니다. 교회 안에는 성숙한 성도와 미숙한 성도가 섞여 있을 뿐만 아니라 다양한 형태의 믿음을 소유한 사람들이 모여 있습니다. 목회자가 성도들의 수준을 어느 정도 높여서 그 차이를 좁혀놓아야 할 뿐만 아니라 성향도 일정한 형태로 변화시켜주어야 합니다. 그런데 목회자가 성령의 역사와 은사에 대하여 박식하지 못해서 성령의 깊은 것까지 이해하지 못한 연고입니다. 그래서 목회자가 성령과 은사에 대하여 알고 체험하고 이해하는 수준에서 성령의 역사가 일어나는 것입니다.

목회자가 큰 은사가 있는 경우에 그 교회에 모이는 성도들은 그와 같은 은사를 사모하는 사람들이 대부분입니다. 우리 충만한 교회의 경우가 그러한데, 성령의 세례와 치유, 방언의 은사를 비롯해서 그 밖의 은사를 사모하는 사람들이 모입니다. 경건하고 거룩한 예배를 지향하는 사람들은 우리 충만한 교회에 오지 않습니다. 일정한 성향을 지닌 사람들이 모이는 교회에서는 성령은 역사할 수 있는 바탕이 마련되기 때문에 강하게 역사가 일어나는 것입니다. 우리 충만한 교회의 경우 주일 예배에도 성령의 강한 역사가 일어납니다. 예배에 참석한 모든 사람들이 성령을 체험하고 영육을 치유하며, 귀신을 축사하고 방언기도를 합니다. 정말 대단한 성령의 역사가 일어납니다.

그러나 장로교와 같은 보수적인 교단의 교회에는 한 가지 성향의 사람들만 모이는 것이 아니며, 또한 믿음의 정도도 다르기 때문에 성령의 역사가 활발하게 일어날 수 있는 배경이 없습니다. 한 마디로 어중이떠중이이기에 성령께서 집중적으로 역사할 바탕이 없는 것입니다. 담임목회자 또한 성도들의 성향에 맞추어 말씀을 전하고 기도를 하기 때문입니다. 성령의 역사는 감성적인 사람에게서 더 잘 일어나는 법입니다. 물론 이성적인 사람들에게서도 일어나지만 감성적 성향에서 더 풍성하게 일어나는 법입니다. 따라서 교회 안에서 역사를 하게 되면 우선 감성적인 사람이 은혜를 경험하게 되는 것입니다.

　성령의 은혜를 경험하게 되면 자신도 모르게 고린도 교인들과 같은 생각을 하게 됩니다. 대체로 감성적인 사람은 지성이 딸리는 법이기에 제 멋대로 생각하고 판단하는 경향이 강합니다. 즉 은혜를 받는 사람은 하나님이 더 사랑하고, 그렇지 못한 사람은 바리세인들처럼 형식적인 신앙생활을 하거나 아니면 죄가 있을 것이라는 생각을 하게 됩니다. 따라서 교회가 은혜 받은 사람들과 받지 못한 사람들로 나뉠 가능성이 많습니다. 이것은 바람직하지 못할 뿐만 아니라 위험하기까지 합니다. 이러한 현상을 담임 목회자가 하나로 만들어야 합니다. 하나를 만드는 제일 좋은 수단이 말씀과 성령의 역사입니다. 목회자가 성령의 강력한 역사가 모든 성도들을 장악하여 뜨겁게 기도하게 해야 합니다.

　그 다음 이유는 교회 안의 영적 분위기에 기인합니다. 성령의 역사는 다양한 영적 주체들의 작용에 의해서 일어납니다. 즉 수 많은 천사들이 주의 명령에 따라서 역사를 수행하게 되는데, 기도원이나 치유센터와 같은 장소는 그곳에 이미 성령으로부터 보내심을 받은 일정한 기능을 담당하는 천사들이 있습니다. 이들은 기도원이나 치유센터의 전임 사역자에게 부여된 직임과 연관되어 있기 때문에 보다 더 강력하게 역사하게 됩니다.

기도원이나 치유센터의 사역자는 자신에게 이미 주어진 은사를 통해서 능력을 행하게 되지만 교회는 그렇지 못합니다. 교회는 능력을 행하는 것이 우선이 아니라 가르치고 양육하는 것이 우선이기 때문에 그 속성이 다를 수밖에 없습니다. 치유센터와 기도원은 능력을 행하는 천사들이 많은 반면 교회는 지혜의 영들이 많은 것입니다. 따라서 보편적인 교회 안에서는 능력 행하는 역사가 일어나지 않는 것입니다.

외부에서 강사를 초청해서 집회를 열면 역사를 경험하게 되지만, 그 조차도 미약한 수준에 머물 수밖에 없습니다. 교회라고 하는 장소는 그 목적이 치유센터와 기도원과는 분명히 다르기 때문입니다. 따라서 교회가 전반적으로 영적 현상에 관한 지식을 갖출 수 있어야만 이런 역사들이 자연스럽게 일어나게 됩니다. 교회를 이끌어가는 목회자가 전반적으로 영적 현상에 관한 지식을 갖추어야 이러한 역사들이 자연스럽게 일어날 수가 있는 것입니다.

일에는 선후가 있는 법이듯이 성령의 다양한 역사를 꾸준하게 이끌어내려고 한다면 교회는 구조적인 면에서 재정비가 필요합니다. 교회가 가르침과 성령의 나타나심을 어떻게 조화롭게 이끌어갈 수 있겠는지를 연구하고 구조를 그 방향으로 새롭게 구축해야 할 것입니다. 성령의 역사를 일회적으로 경험하는 것만으로는 안 됩니다. 성령의 역사는 한 순간의 이벤트가 되어서는 안 되기 때문에 그것을 지속적으로 경험할 필요와 분명한 목적에 관한 지식이 있어야 합니다.

대부분의 교회가 외부 강사를 초청해서 단회적으로 성도들이 신령한 은혜를 경험하는 것으로 머물고 맙니다. 집회에서 성령의 강림과 기름부음으로 인해서 쓰러지는 것을 경험하고 그 기름부음으로 심령이 새로워졌지만 얼마 가지 못해서 그 기쁨이 사라지고 맙니다. 그렇게 반복하게 되면 영적 경험에 대한 회의가 생기게 되는 것입니다. 영적 경험은 반드시 그 의미가 있는 것입니다. 그것을 목회자가 분별해서 설명해 주어야 하고 사역자 역시 그러해야 하지만 아직은 그런 영적 수준에 이른 사역자나 목회자를 찾아보기 어렵습니다. 목회자들의 수준을 높여야 교회마다 강력한 성령의 역사가 일어날 것입니다.

안타까운 일이지만 개인적 영적 경험은 경험으로만 머무는 수준에 그치고 있습니다. 경험으로부터 출발해서 그 다음 주께 헌신하되 어떤 방향으로 헌신할 것인지 그리고 그런 경험이 자신을 새로운 출발점에 서게 하고, 주신 은사와 능력으로 어떤 위치에서 섬김으로 나갈 것인지를 고민하면서 풀어나가야 합니다.

그런 구조가 아직 교회 안에는 제대로 되어 있지 않기 때문에 교회 안에서의 성령의 나타나심은 아직은 소극적일 수밖에 없는 것입니다.

성령의 역사하심은 이미 설명한 것이지만 영적 분위기가 무척 중요합니다. 성령은 모성성이기 때문에 분위기를 무척 타는 분입니다. 즉 여성은 분위기를 좋아하는 것처럼, 성령의 역사는 반드시 영적 분위기가 되어야 합니다. 그런데 개인이나 교회는 남성적인 사고구조로 오랫동안 내려왔기 때문에 분위기에 어색합니다. 무뚝뚝한 남자들처럼 삭막한 것이 우리 교회 현실이 아닙니까? 분위기를 잘 타는 여성들에게 숨이 막힐 지경입니다. 그러니 성령 또한 숨이 막히는 것입니다. 그러니까 영적인 것을 아는 성도들은 이곳저곳을 돌아다니면서 부족한 영성을 채우려고 하는 것입니다.

청춘 남녀가 사랑을 고백하기 위해서는 분위가 좋은 장소로 가야 합니다. 그리고 그윽한 조명 아래에서 사랑을 고백한다면 성공할 것입니다. 그런데 이런 분위기를 모르고 시장 한 복판 분식점에서 고백한다면 뺨을 맞을 것입니다. 성경의 아가서가 무엇을 의미하는 줄 아시지 않습니까? 하나님과 사랑의 고백이 아닙니까? 우리는 그런 그윽한 분위기를 좋아하시는 성령님의 취향을 이해해야 합니다.

교회는 그윽한 분위기를 잡기에는 다소 모자라는 곳입니다. 그렇기 때문에 분위기를 바꿀 필요가 있습니다. 목회자부터 고

답적이고 권위적인 분위기에서 벗어나야 합니다. 목회자가 성령으로 변화되어야 합니다. 그래야 교회 전체에 흐르는 영적 분위기가 바뀌게 됩니다. 목회자가 변하지 않으면 절대로 교회가 성령으로 충만 할 수가 없습니다. 교회는 목회자의 영적 성향으로 인해서 성도들이 자신도 모르게 솔타이(영의얽힘)가 되어 있습니다. 이것이 성령의 역사를 가로막는 중요한 장애가 되기도 합니다.

교회 안에서는 단회적으로 밖에 일어날 수 없는 성령의 역사가 교회 밖에서는 흔히 일어나는 것을 조금 이해가 되었을 것입니다. 성령의 역사하심이 얼마나 신앙생활에 중요한 것인지는 말하지 않아도 잘 알 것입니다. 결혼한 사람은 정서적으로 안정을 갖는 까닭은 사랑하는 사람이 있기 때문입니다. 그 가족의 사랑이 힘들고 어려운 세상을 이기게 하고 인간다운 삶을 살게 해 줍니다. 그러나 가족을 이루지 못한 사람은 자신들은 잘 몰라도 어딘가 부족함을 주변 사람들은 느낍니다.

주님의 사랑은 성령을 통해서 경험하게 됩니다. 그 사랑이 날마다 확인되고 넘쳐 난다면 영적 삶은 분명히 다르게 될 것입니다. 영적 경험은 혼자 하기란 쉽지 않습니다. 그래서 경건한 사람들이 여럿이 모여서 기도회를 한다면 보다 쉽게 경험하게 될 것입니다.

성령의 역사는 장작불의 원리입니다. 성령으로 충만한 성도들이 모인 장소에 성령의 역사가 강하게 나타나는 것입니다. 성령은 자신 안에 계십니다. 그리고 우리 안에 계십니다. 성령의 임재 하에 전하는 말씀 안에 성령님이 계십니다. 그러므로 성령으로 충만한 사람들이 모인 장소에 성령이 강하게 역사하는 것입니다. 일반 교회에서 영적현상이 나타나는 것이 미약한 것은 성령의 역사를 거부하는 사람들이 있기 때문에 영적 현상이 약하게 일어나는 것입니다. 이는 마가복음 6장 4-5절을 보면 알수가 있습니다. "예수께서 그들에게 이르시되 선지자가 자기 고향과 자기 친척과 자기 집 외에서는 존경을 받지 못함이 없느니라 하시며, 거기서는 아무 권능도 행하실 수 없어 다만 소수의 병자에게 안수하여 고치실뿐이었고" 알고 대비하시어 항상 성령의 영적현상이 일어나는 교회가 되도록 하기를 바랍니다. 이를 위하여 담임 목회자부터 성령의 역사의 중요성을 깨닫고 변해야 할 것입니다. 목회자가 변하지 않고는 절대로 교회에서 성령의 역사가 일어날 수가 없습니다. 그래서 담임 목회자의 추구하는 목회 방향과 영성이 중요한 것입니다. 성령의 역사를 예배마다 체험하고 싶은 분은 우리 교회에 성령의 역사가 일어나지 않는다고 불평하지 말고, 그런 성향의 교회를 선택하여 믿음 생활을 하면 쉽게 해결이 될 것입니다.

17장 경건의 모양과 능력은 균형 잡혀야 한다.

(딤전 6:5-6)"마음이 부패하여지고 진리를 잃어 버려 경건
을 이익의 방도로 생각하는 자들의 다툼이 일어나느니라. 그러
나 자족하는 마음이 있으면 경건은 큰 이익이 되느니라"

성도는 살아계신 예수를 믿는 사람들입니다. 살아계신 예수
님을 믿는 성도들 같이 아는 것과 실제 역사가 같이 가야 합니
다. 이반 종교와 같이 알기만 하면 절름발이 신앙이 됩니다. 아
는 것을 몸으로 체험해서 자기의 소우가 되게 해야 합니다. 저에
게 전국에서 다종의 사람들이 전화를 합니다. 책을 읽으면 능력
이 나타납니까? CD를 들으면 집회에서 받는 은혜를 그대로 받
을 수가 있습니까? 목사님은 어떻게 그 많은 교재들을 만들었습
니까? 자신이 쉽게 사용하도록 교재의 내용을 아래 한글로 주실
수가 없습니까? 교재와 책을 읽고 흠 잡히지 않겠습니까? 책 한
권 때문에 이단이 된 분들이 있습니다. 저는 바쁜데 참으로 한가
하여 이래라 저래야 말들이 많습니다. 저는 이런 말만 하는 사람
들의 모습을 보면서 바리세인들이 생각났습니다. 최근 들어서
손가락 하나 까딱하지 않고 말만 하는 바리세인들(눅 11:46)의
모습이 우리 교회 안에서 너무도 많다는 생각을 하게 됩니다.
말씀이 없는 '은사주의'는 자기를 자랑하는 교만에 빠질 위험
이 있고, 능력이 없는 '말씀주의'는 손가락 하나 까딱하지 않는

바리세인이 될 수 있습니다. 실상 우리 교회는 후자에 속하는 사람들이 절대 다수이기에 자신들이 행하는 일이 종교적이고 말씀주의라는 사실을 잘 인식하지 못하고 있습니다. 개신교 100여 년의 역사 속에서 말씀만 강조하다보니 행동은 위축되고 말았습니다. 그것이 오늘날 교회가 세상으로부터 차가운 냉대를 받는 결정적인 원인을 제공하고 있는 것입니다. 머리와 귀만 커져 판단에는 앞섰지만 행동에는 관심이 별로 없습니다. 머리로만 살려고 하고 손과 발로는 살려고 하지 않습니다. 세상에서도 화이트칼라를 지향하고 불루칼라는 찬밥 신세가 된지 오랩니다. 몸을 움직이지 않고 소득을 올릴 수만 있다면 그 쪽을 택하려고 하기에 요즘 공대(工大)가 푸대접을 받고 있지 않습니까?

교회 역시 마찬가지로 편하게 앉아서 성경공부만 하고 지식만 쌓아가는 쪽을 선택하지, 몸이 힘든 영적 사역은 하려고 하지 않습니다. 능력을 행하는 것은 많은 기도와 고난의 터널을 통과해야 하는 일종의 3D에 속한다고 할 것입니다. 따라서 은사 보다는 말씀을 아는 것이 더 고상해 보일 것입니다.

말씀이 결여된 은사주의는 불교나 무속과 다를 바가 없는 위험한 일이 될 수 있습니다. 불교 선수행이나 무속의 강무행위와 기독교의 은사를 구분할 수 있는 것은 오로지 말씀뿐입니다. 말씀에 기초를 두고 행하는 능력 행함은 그래서 불교의 선수행과는 전혀 다른 차원이 되는 것입니다. 그런데 이토록 중요한 말씀을 제대로 갖추지 않고 은사를 행한다면 행하는 당사자는 물론

이거니와 그것을 지켜보거나 동참하는 사람들은 혼란스러울 수밖에 없습니다.

말씀이 진정 살아계신 하나님의 말씀이 되기 위해서는 반드시 능력을 동반해야 할 것입니다. 왜냐하면 하나님의 나라는 말에 있지 않고 능력에 있기 때문입니다. 주의 영이 임하는 곳에는 반드시 능력이 나타나기 때문이며, 그 능력의 가장 핵심은 병 고침을 받고, 귀신이 쫓겨나가는 것입니다. 사람이 예수 중심(영적)으로 변하는 것입니다. 그 다음으로 세대에 따라서 문화적 배경에 따라서 다양한 능력들이 있을 것입니다.

말씀과 능력은 동전의 양면처럼 하나님 나라의 두 본성이기도 합니다. 즉 말씀이 곧 능력이고, 능력이 곧 말씀인 것입니다. 하나님이 세상을 창조하실 때 말씀으로 창조했는데, 그 말씀이 바로 세상의 모든 것들을 존재하게 하는 기본 능력인 것입니다. 우리는 이 두 가지가 사람을 통해서 통전적으로 나타날 수도 있고, 분리적으로 나타날 수도 있습니다.

통전적으로든 분리적으로든 하나님의 나라라는 큰 틀에서 보면 모두 하나님께로부터 온 것이며, 하나님 나라를 이루는 초석들입니다. 하나님은 각 사람에게 나누어주어 균형되게 하여 하나님의 일을 행하시는 것입니다. 따라서 말씀은 능력을 돕는 위치에 서야 하고, 능력 또한 말씀을 돕는 위치에 서야 합니다. 서로가 서로를 지지하고 도움으로써 하나님의 나라가 견고하게 설 수 있는 것인데, 안타깝게도 우리는 이런 하나님의 뜻을 제대로 이해하지 못하고 서로 비판하는 태도를 취해온 것입니다. 절대 다수에 속하는 말씀주의자들이 우선 이 점을 바르게 이해할 필요가 있습니다. 성경공부도 중요한 것 못지않게 기도도 중요합니다. 성경공부에 관심이 많은 사람들은 기도를 피상적으로 하는 경향이 있습니다. 자신들은 이를 부인하려고 할지 모르지만 능력을 행하는 사람들의 기도하는 모습과 견주면 분명한 차이가 납니다. 또 능력을 행하는 사람들은 성경공부를 하기는 하지만 역시 수준의 차이가 납니다.

두 가지를 다 흡족하게 하기란 결코 쉬운 일이 아니지만 그렇다고 해서 어느 한 쪽으로 과도하게 치우치는 것은 바람직하지 못할 것입니다. 영성훈련의 가장 중요한 목적은 그리스도를 닮아가는 것입니다. 말씀 공부를 통해서, 능력을 행하는 과정을 통해서 그리스도를 닮아갈 수 있습니다. 어느 한 쪽만이 절대적으로 유리하거나 올바른 것이 아닙니다. 사람에게는 기질의 차이가 있기 때문에 다양한 방법이 있는 것입니다.

반은 이성적이고 반은 감성적입니다. 보편적으로 남성은 이성이 강하고 여성은 감성이 강합니다. 그렇기 때문에 영성훈련은 말씀훈련과 느낌훈련 두 가지로 구분해서 할 필요가 있는 것입니다. 우리 교회에서 이제까지 무시되어온 감성훈련을 강조하는 까닭이 여기에 있는 것입니다. 저 역시 누구 못지않게 말씀교육을 시킬 수 있겠으나, 제가 하지 않아도 할 사역자가 차고 넘칩니다. 그렇다고 말씀을 등한이 하는 것이 절대로 아닙니다. 말씀을 모르면 바른 성령의 역사를 일으킬 수가 없습니다. 성도들을 하나님의 군사로 양성할 수가 없습니다. 그러나 감성훈련을 제대로 시킬 수 있는 전문 사역자는 눈을 비비고 찾아야 겨우 찾을 정도로 희귀하기에 이에 강조점을 두고 당부하는 것입니다.

우리가 가치 없다고 생각하고 관심을 두지 않았던 'SQ'(Spiritual Quotient)가 요즘 세상에서 관심을 모으고 있는 시대입니다. 앞으로는 'SQ'(영성지수)가 높은 사람들이 세상을 이끌어갈 것이라고 합니다. 서구의 말씀주의가 변화시키지 못했던 아시아를 복음화시키기 위해서 우리가 들고 가야 할 것이 감성으로 무장된 능력 사역이라고 저는 확신합니다. 왜냐하면 아시아는 교리보다는 현실적인 삶의 문제에 더 관심이 많기 때문입니다. 아시아의 불교는 소승불교입니다. 힌두교 역시 그러합니다. 현실적인 문제에 대한 답을 주지 않으면 그들을 구원할 길이 없습니다.

행함이 없는 한국교회가 세상 사람들로부터 거센 도전을 받고 있습니다. 이제까지 머리와 귀만 가지고 교회에 다녔기 때문입니다. 그래서 "경건의 모양은 있으나 경건의 능력은 부인하는"(딤후 3:5) 태도가 우리들의 모습이 되어버렸습니다. 바울은 제자 디모데에게 이런 사람들을 멀리하라고 당부했습니다. 또한 야고보 사도는 "하나님 아버지 앞에서 정결하고 더러움이 없는 경건은 곧 고아와 과부를 그 환난 중에 돌보고 또 자기를 지켜 세속에 물들지 아니하는 그것이니라"(약 1:27)라고 설명했습니다.

그렇기에 말만 앞세우고 행동하지 않았던 우리의 모습을 회개하자는 소리가 교회 일부에서 일어나고 있습니다. 행함이 없는 믿음에 대한 반성 없이 오랜 세월동안 목회자 일방주의로 인해서 그들이 편하고 유리한 형태로 교회가 발전되어 왔음을 부인해서는 안 됩니다. 이제는 누구를 위해서가 아니라 하나님의 나라를 위해서 우리가 진지한 고민을 해야 할 때입니다.

말씀과 능력의 균형을 되찾는 일이 시급합니다. 일방적으로 말씀주의에만 치우쳐 있는 한국교회를 능력으로 채워서 균형을 이루도록 해야 할 것입니다. 이제는 말씀으로 무장된 능력 사역자가 많아질 수밖에 없는 시대에 들어와 있습니다. 국민 대다수가 고학력을 갖춘 오늘날 말씀과 능력을 조화시킬 수 있는 개인적인 조건들은 다 갖추었다고 봅니다. 이제 지도자들이 이를 제대로 이해하고 앞장서서 제도를 새롭게 할 때입니다. 말씀과 능력이 균형이 이루어질 때 참으로 건강하고 아름다운 교회가 이 땅에 서게 될 것입니다. 교회는 말씀 안에서 성령의 역사가 일어나야 성도들이 영적으로 변합니다.

18장 신령한 능력은 감성에서 나온다.

(고전 2:10)"오직 하나님이 성령으로 이것을 우리에게 보이 셨으니 성령은 모든 것 곧 하나님의 깊은 것까지도 통달하시느 니라"

감성이란 자극에 대하여 느낌이 일어나는 능력을 말합니다. 하나님은 감성이 풍부한 성도를 좋아하십니다. 하나님의 마음을 몸으로 느끼고 알기 때문입니다. 우리가 능력 있는 삶이라고 할 때 두 가지 측면을 고려해 볼 수 있을 것입니다. 우선은 죄를 이 기고 시험을 이겨 하나님의 말씀대로 살아가는 능력을 들 수 있 고, 그 다음은 다른 사람의 문제를 해결해주거나 신령한 능력으 로 하나님의 존재를 나타내는 것이 있습니다. 하나님이 온전하 신 것처럼 우리도 온전해지기 위해서는 반드시 능력이 있어야 하는데, 그렇지 못하면 세속적인 삶과 구분이 되지 않아 하나님 의 영광이 나타날 수 없게 되는 것입니다.

죄를 이기고 경건한 삶을 살기 위해서는 하나님의 말씀을 잘 알아야 합니다. 하나님의 말씀을 주야로 묵상하고 그 뜻을 바르 게 이해한 다음에 성령이 주시는 능력을 받아서 죄를 이기는 삶 을 살게 되는 것입니다. 하나님의 말씀은 죄를 이기는 능력이 되 는 줄은 모든 그리스도인들이 잘 알고 있지만 실상은 그렇지 못 한 것이 현실입니다. 하나님의 말씀을 배우는 성도들은 물론이

거니와 말씀을 가르치는 목회자들마저도 죄에 빠져서 삶을 망치는 사람이 적지 않습니다. 많은 사람들이 겉과 속이 다른 이중적인 삶을 살고 있는데, 특히 그리스도인이 그런 삶을 살게 되면 세상 사람들로부터 심각한 비난을 받게 됩니다. 말씀을 잘 알고 있는 사람들 가운데에도 이중적인 삶을 사는 사람이 있습니다. 이는 바리세인들이 그러하듯이 우리들도 역시 그렇습니다. 이를 극복하지 못하는 까닭은 능력이 없기 때문입니다. 죄의 유혹을 이길 수 있는 능력이 없어서 세상과 적당히 타협하면서 절충적인 삶을 살게 되는 것입니다.

신령한 능력이 없으면 다른 사람의 영적 문제에 대해서 전혀 도움을 줄 수 없게 되며, 자기만의 신앙에 머물고 맙니다. 이렇게 능력이 없는 상태임에도 불구하고 살아가는 데는 별로 지장을 느끼지 못합니다. 대부분이 능력 없는 삶을 살고 있기 때문에 외눈박이가 사는 동네에서는 두 눈을 가진 사람이 장애인이듯이 능력이 없는 그리스도인이 넘치는 곳에서는 능력 있는 그리스도인이 이상한 사람 취급을 받게 되는 것은 당연한 일입니다.

감성이란 자극에 대하여 느낌이 일어나는 능력을 말합니다. 죄를 이기고 타인을 도울 수 있는 능력의 근본은 감성에서 나옵니다. 가장 큰 능력은 사랑인데 이는 감성적인 요소이지 이성적인 요소는 아닙니다. 머리에서 나오는 것이 아니라, 가슴에서 나오기 때문에 감성이 풍부하지 못하면 이를 잘 표현하지 못하게 됩니다. 그래서 매스컴을 보고 들을 때 머리와 눈으로 보고, 마음으로 성령님에게 기도하는 것입니다. 한마디로 권능이 나오는 마음을 강화시킴으로 성령의 불을 소멸하지 않는 방법을 강구하자는 것입니다. 능력은 드러나는 것이기 때문에 그것이 내재되어 있는 것만으로는 충분하지 못합니다. 기도하여 밖으로 나타나게 해야 합니다. 이를 알고 있는 바울은 그의 제자 디모데에게 믿음이 있음을 보고 안수해서 그 능력을 겉으로 들어나게 해 주었습니다.

안수는 우리가 가지고 있는 능력을 드러내어 표현되게 해 주는 기능이 있습니다. 이는 영으로 하는 기도입니다. 사랑하는 마음이 있어도 이를 표현하지 않으면 상대방이 잘 알 수 없듯이 우리 가운데 주어진 능력이 드러나지 않으면 잘 알 수 없습니다. 그래서 능력이 없는 것이나 마찬가지 삶을 살게 되는 것입니다. 능력은 지성 보다는 감성에서 더 강력하게 작용하는 경향이 있기 때문에 능력 있는 삶을 살고자 한다면 자신의 내면에 있는 감성적 요소들을 끌어내어야 합니다.

다양한 영적 은사들 역시 감성적 성향에서 더 강하게 작용하기 때문에 성령의 능력을 사모하는 사람은 감성적 분위기에 자신을 내어놓는 훈련이 필요합니다. 이것이 영으로 하는 기도입니다.

능력은 성령이 나누어 주시거나 성령이 임재하면 성령께서 자신의 능력으로 역사를 하게 됩니다. 성령은 모성적이며 감성적이기 때문에 우리의 좌뇌나 이성을 사용하지 않고 우뇌나 감성을 사용하게 되는 것입니다. 우리가 매스컴을 보고 들을 때 좌뇌와 이성을 사용하여 시청합니다. 매스컴을 보고 들으면서 마음으로 기도하면 우뇌와 감성이 밖으로 나오기 때문에 매스컴에서 보고 듣는 세상적인 것들이 자신의 마음 안으로 들어오지 않는 것입니다. 오히려 성령의 역사로 밖으로 나가게 되는 것입니다. 그래서 이성적 판단(mind)보다는 감성적 느낌(heart)을 사용하기 때문에 감성적인 사람이 능력을 받기가 훨씬 쉽습니다. 그러므로 우리가 하나님의 능력을 사모한다면 우선 감성적인 기질들을 적극적으로 개발해야 할 것입니다. 감성적 작용의 대표적인 기능이 '상상력'입니다. 하나님의 역사하심에 대한 그림을 그리는 사람이 능력을 받을 수 있는 확률이 높은 것입니다. 이성적이고 논리적인 기도를 하는 사람보다 감성적인 기도를 하는 사람이 더 많은 능력을 받습니다. 그래서 능력을 받는 사람들을 보면 무언가 어설프고 무지한 것 같아서 이성적인 사람들은 그들을 업신여기게 되는 것입니다. 사회가 지성적인 사람들 위주로 되어 있기 때문에 그렇습니다. 저는 영상기도를 강조합니다. 성령의 임재 하에 영상기도를 함으로 감성을 발달하게 하기 때문입니다.

그러나 이제는 세상도 바뀌어 감성적인 사람이 더 성공하기 쉬운 세상이 되었습니다. 창조적 발상을 하는 사람이 대박을 내는 사회가 되어가고 있는 것입니다. 컴퓨터 세상은 상상력으로 이루어지는 것입니다. 상상력은 무한한 가치를 창출해내는 중요한 수단인 것입니다. 그것이 감성에서 오는 것이며, 모든 지혜가 성령으로부터 오기 때문에 감성적인 사람이 성공하기 쉬운 세상이 된 것입니다. 능력 있는 목회가 각광을 받는 세상이 되어가고 있습니다. 말씀과 능력이 함께 하는 목회자가 성공하게 됩니다. 죄를 이기고 믿음으로 승리하는 사람이 존경을 받게 되는 세상이 되었습니다. 세상의 모든 가치 판단의 기준이 능력의 유무에 있습니다. 사람들에게 매력적으로 보이는 사람이 승리할 수 있는데 그 매력은 세상을 이기는 능력에서 오는 것입니다. 그 기본이 감성입니다. 이제까지 우리는 감성을 어떻게 다루어야 하는지를 잘 몰랐습니다. 그래서 모두 서툴기 때문에 외면하기도 했습니다. 세상은 약삭빠르기가 한이 없습니다. 다가오는 세상은 감성이 좌우한다는 사실을 그리스도인보다 더 빠르게 간파하고 감성 교육을 하고 있지 않습니까? 감성 훈련은 마음(heart)을 다루는 훈련이며, 이것이 영성 훈련의 본질이기도 합니다. 성령이 우리 마음을 어떻게 주장하는지를 바르게 깨닫는 훈련입니다. 마음의 움직임이 어떻게 일어나는지를 파악하는 것입니다. 그것이 성경이 우리들에게 일깨워주고 있는 "주야로 묵상하는 것"입니다. 그리고 깊은 영의기도를 하는 것입니다. 매스컴을 보고 들을 때조차, 마음으로 기도를 함으로 감성이 발달하게 하자는 것입니다. '감성이 모든 영성을 지배한다'고 주장한 에드워즈의 말을 우리가 새겨보아야 합니다. 예일대학을 졸업한 지성인인 그가 감성을 중요하게 생각한 까닭은 그를 통해서 성령의 대부흥이 일어나는 과정을 몸소 경험하면서 깨닫게 된 진리인 것입니다. 그는 18세기 당시 결코 쉽게 얻을 수 없는 영적 지식을 가지고 있었습니다. 비록 그가 지성인이고 학구적인 사람이긴 하지만 그것만으로는 결코 알 수 없는 엄청난 영적 지식을 가지고 설교를 했다는 사실은 당시나 지금이나 사람들을 놀라도록 합니다. 지성적인 그가 감성(affection)을 중요하게 여긴 까닭을 이해하는 데는 그리 어렵지 않습니다. 그는 평생 성령이 역사하는 현장에서 사역했으며, 성령의 기름부음을 항상 경험하면서 성령과 동행하면서 깨닫게 된 지혜가 바로 감성이라는 것입니다. 바울 역시 논리적이고 학구적인 사람이지만 그가 성령과 동행하면서 깨닫게 된 것은 하나님의 신비였습니다. 그것은 논리나 이성을 초월하는 것이었으며, 하나님의 살아계신 증거였습니다. 그래서 그는 "하나님의 나라는 말에 있지 않고 능력에 있다"고 담대하게 증거 하게 되었습니다. 저 역시 바울처럼 에드워즈처럼 그런 성령과 동행하는 긴 세월을 경험하면서 깨닫게 된 사실은 바로 감성입니다. 이것이 제대로 작동하지 않으면 하나님의 능력안에 머물 수 없음을 깨닫게 되었고 그래서 이를 강조하는 것입니다. 성령은 이론으로 배워서 깨닫는 것으로는 부족합니다. 감성으로 느껴야만 제대로 알 수 있는 것입니다. 성령은 몸으로 나타나야 정확하게 알 수 있는 것입니다. 자녀가 부모를 이론으로 아는 것이 아니라 동거하면서 느낌으로 배우고 아는 것처럼 우리의 아버지이신 하나님 역시 동행하면서 느끼는 느낌으로 알아가는 것입니다. 그것이 능력의 원천입니다. 감성을 강하게 하려면 깊은 영의기도를 해야 합니다. 깊은 영의기도가 되어야 감성이 풍부하여 하나님의 마음을 읽을 수가 있습니다. 영의기도에 대해서는 "깊은 영의기도 숙달하는 비결"과 앞으로 나오는 "기도 쉽게 바르게 하는 법"을 읽어보시기를 바랍니다. 이성주의자들도 깊은 영의기도를 하면 감성이 풍부하여 내적인 능력과 외적인 능력이 균형을 이루는 성도가 될 수 있습니다. 영의기도를 해야 합니다. 영의기도는 내면을 강화시키는 기본적인 수단입니다. 영으로 기도하지 않으면 하나님의 마음을 알지 못하여 이성주의로 갈 수밖에 없습니다. 그런데 이성주의자들이 기도하기를 싫어합니다. 우리 교회 영성훈련에 참석해서도 기도를 하지 못합니다. 그러니 인내하지 못하고 도중에 포기하여 깊은 영성을 개발하지 못합니다. 감성은 기도에서 나옵니다. 여성분들이 감성이 풍부한 것은 깊은 영의기도를 즐겨하기 때문입니다. 감성이 풍부하여 분위기를 잘 의식하기 때문에 여성들이 남성보다 감성이 풍부하여 영감 있는 분들이 많습니다. 여성분들이 예언하는 분들이 많습니다.

19장 성별의 차이로 영성의 차이가 생긴다.

(고전 2:10)"오직 하나님이 성령으로 이것을 우리에게 보이
셨으니 성령은 모든 것 곧 하나님의 깊은 것까지도 통달하시느
니라"

우리는 사물을 인식하고 이해하는 기능에는 크게 두 가지로
전혀 다른 차원이 있다는 사실을 최근에야 제대로 이해하기 시
작한 듯합니다. 이 두 가지 차원이란 '감동'과 '인지'입니다. '감
동'이란 흔히 '느낌'을 의미하는 말로써 정서적으로 사물을 느끼
는 감성적인 것이며, '인지'란 이성적인 판단으로 사물을 분별하
는 지성적인 작용입니다. 감성과 지성은 인간이 사물을 느끼고
판단하는 중요한 기능이지만 오랫동안 지성적 작용인 인지만을
인정했기 때문에 감성을 통해서 판단하는 사람들은 상대적으로
많은 불이익을 당했고, 지금도 이 점은 별로 개선되지 않고 있는
것입니다.

여성과 남성은 태어나면서부터 아주 다른 존재로 세상에 나옵
니다. 여성은 감성을 주된 판단 기능으로 태어나고, 남성은 이성
을 주된 기능으로 보유하고 태어납니다. 그렇기 때문에 생각하
고 판단하는 기능이 전혀 다릅니다. 여성은 공감을 통해서 남성
은 안목을 통해서 판단합니다. 남녀 어린 아이를 통해서 간단한
실험으로 이 부분에 관해 알 수 있는데, 엄마가 아이와 함께 놀

다가 손을 다쳤다고 하면서 아파하는 모습을 보여주면, 여자 아이들은 곧 엄마와 함께 눈물을 흘리면서 울지만, 남자 아이들은 잠시 엄마의 모습을 바라보다가는 별일이 아니라고 판단이 들자 다시 놀이로 돌아갑니다.

여자 아이들은 엄마와 함께 공감하여 울지만, 남자 아이들은 공감하지 못하고 무관심하게 자기 일에만 몰두합니다. 여성은 본성적으로 이와 같이 감성을 따라 행동하게 되지만 남성은 이성을 따라 행동합니다. 드라마를 보면서 여성은 주인공이 느끼는 감정을 같이 느껴 울고 웃지만, 남성은 감성적 인면이 둔하기 때문에 같이 보면서도 무덤덤합니다. 그 대신에 드라마 구성에 허점이 있다느니 하면서 이런 저런 판단을 많이 합니다. 그래서 부부가 같이 드라마를 보는 경우, 남편은 비평가 같고 아내는 왜 그렇게 꼼꼼히 따지면서 보느냐고 책망합니다.

같은 드라마를 보면서 서로 보는 방향이 다르고 느끼고 분석하는 것이 다릅니다. 그래서 남성은 수학이나 물리 등과 같은 과목에서 우수한 반면 여성은 국어 등과 같은 언어 영역에 강합니다. 여성은 말을 잘하고 표현을 구체적으로 하지만 남성은 언어로 표현하기 보다는 행동하는 것을 더 잘 합니다. 이는 태어나면서부터 두뇌가 다르게 발달했기 때문입니다. 이런 생리적 차이 때문에 영성에서도 다른 성향을 보여줄 수밖에 없는 것입니다. 즉 여성은 '감성적 영성'을 추구하게 되고, 남성은 '인지적 영성'을 더 선호하게 됩니다. 그런데 안타깝게도 교회의 지도자들의 절대 다수가 남성으로 구성되어 있기 때문에 남성의 인지적 영성만이 올바르고 여성의 감성적 영성은 차원이 낮다고 폄하했습니다.

우리는 오랫동안 그런 교리적 교육을 받아왔기 때문에 이런 태도가 아주 당연한 것으로 여기면서 신앙생활을 해왔습니다. 느낌을 따라서 신앙생활을 하는 것은 위험하다고 몰아붙였습니다. 그 대신에 철저하게 말씀에 입각해서 신앙생활을 해야 한다고 가르쳐왔기에 대다수의 여성들은 자신들의 특성인 감성의 영성을 포기한 채로 남성성에서 비롯된 인지의 영성을 받아들이면서 살아왔습니다.

여성은 한 가지 일을 하면서 다양한 일들을 동시에 생각하고 행동할 수 있는 기능이 발달되었지만 남성은 한 가지 일에 몰두하면 다른 일은 할 줄 모르는 몰입형 기능을 가지고 태어났습니다. 그래서 부인들은 이런 남편들의 특성을 잘 모르기 때문에 자주 다툼이 생기곤 합니다. 지금 일을 하고 있는 남편에게 급히 어떤 일을 도와 달라고 부탁했는데, 시간이 지나도 자신의 일만 하고 아내의 일을 도와주려고 하지 않는 남편에게 화가 납니다. 남편이 자기의 요구를 무시했다는 생각이 들어 남편에게 화를 내게 되고 남편을 이기적인 사람이라고 오해하게 됩니다.

남성은 한 가지 일을 마쳐놓아야 그 다음 일을 할 수 있습니다. 동시에 이것저것을 할 줄 아는 여성의 입장에서는 이 부분이 제대로 이해가 되지 않습니다. 자신들은 쉽게 하는 일을 왜 남자들은 안 하려고 하는지 모르겠다고 하소연합니다. 아내의 부탁에 대답만 해놓고는 까마득히 잊고 자기 일만 하는 남편이 미워지기 시작하지만, 남성에게는 여성처럼 동시에 많은 일을 할 줄 아는 기능이 취약합니다. 반대로 남편은 아내가 한 가지 일에 몰두하지 못하고 부산하기만 하다고 책망합니다. 꼼꼼하게 계획을 세워서 한 가지씩 순서에 맞추어 경제적으로 일을 처리하지 못하고 이것저것 두서없이 일을 하기 때문에 산만하다고 핀잔을 줍니다.

일의 순서를 정하고 철저히 계산해서 행동하지 못하고 그저 느끼는 대로 두서없이 일을 하는 것처럼 보이니까 계획적으로 일을 하라고 충고합니다. 그런데 남성에게는 쉽게 잡히는 이 부분이 여성에게는 잘 되지 않습니다. 계획을 잡았다고 하더라도 중간에 어떤 생각이 들어오면 그 생각을 따라서 행동을 바꾸는 것이 여성들의 특성입니다. 그래서 대부분의 여성들은 계획적인 구매 보다는 충동적인 구매가 더 자연스럽습니다. 느낌을 따라서 행동하는 것이 더 자연스러운 것입니다. 일을 하다가 이웃집 아주머니가 와서 수다를 늘어놓으면 함께 동참해서 시간이 가는 줄 모릅니다. 그래서 종종 약속 시간을 잊기도 합니다.

그런데 성령은 모성성이기 때문에 즉흥성이 강합니다. 질서 있게 예측 가능하게 작용하는 것을 좋아하는 남성의 입장에서 성령의 이와 같은 여성성을 이해하기가 쉽지 않기 때문에 성령을 따르는 삶 보다는 교리를 따르는 삶을 더 선호하는 것입니다.

그래서 성령과 잘 어울리지 못합니다. 반면에 여성들은 같은 성향을 가지고 있는 성령의 작용에 쉽게 동화될 수 있는 장점이 있기에 여성에게서 성령의 은사가 더 강하게 나타나는 것입니다.

영적 상담에 있어서도 남성은 결론으로 이끌려고 하지만, 여성은 그렇지 않습니다. 결론 보다는 지금 이 순간의 대화가 더 중요하게 느껴지기 때문에 남성들이 지켜보면 그저 수다를 떠는 것 같다는 생각을 하지 않을 수 없습니다. 그래서 남성 사역자들은 여성 사역자들의 이와 같은 태도를 불신하게 됩니다. 남성 목회자들이 여성 전도사들을 신뢰하지 못하는 이유가 여기에 있습니다. 자신들과 다른 사고구조를 가지고 있고, 다르게 행동하기 때문에 같은 지도자의 반열에 올려놓는 것은 위험하다고 판단하는 것입니다.

그런데 남성 목회자들은 죽었다 깨어나도 알 수 없는 성령의 지혜를 여성 사역자들은 쉽게 얻어내는 것을 보면서 고개를 갸우뚱합니다. 그토록 은사를 받고 싶어도 방언조차 하지 못하는 목회자가 대다수인데, 여성들은 아주 쉽게 은사를 받는 모습이 이해가 되지 않습니다. 목사인 자신은 영적으로 캄캄한데, 사모인 아내는 시시콜콜 다 들여다보는 것 같습니다. 같은 신앙생활을 하지만 목사와 사모가 가는 길이 다른 것 같습니다. 만약 다른 여성 성도가 그런 신앙태도를 보이면 즉시 절제하라든가 잘못 되었다고 충고를 하겠지만 한 몸이나 다름없는 아내가 그런 모습을 보이니 어쩔 줄 몰라 합니다.

여성의 신앙생활은 남성의 입장에서 보면 너무도 위험한 것 같습니다. 말씀을 중요하게 생각해야 한다고 그토록 강조하지만 여성 성도들 대다수는 공감하지 못합니다. 왼손잡이로 태어난 사람은 주위의 강요 때문에 어쩔 수 없이 오른 손을 사용하지만 항상 어설프기만 합니다. 그렇다고 왼손을 잘 쓰는 것도 아닙니다. 오랫동안 왼손을 사용하지 않았기에 왼손도 어설프게 되었습니다. 왼손잡이들은 오른손도 아니요, 왼손도 아닌 어정쩡한 사람이 되고 맙니다. 이처럼 여성들이 남성 주도의 사회에서 이성도 아니요 감성도 아닌 어정쩡한 사람이 되고 말았습니다.

오랜 세월동안 학교 교육을 통해서 이성적 작용을 우선하는 남성 위주의 교육을 받아왔기 때문에 여성성이 심각하게 위축될 수밖에 없었던 것입니다. 그래서 성경을 읽고 이해하기 보다는 기도하면서 느끼는 것이 더 좋은데도 불구하고 이를 억제하려고 합니다. 성경을 읽고 감동 받는 남성의 입장에서 기도를 통해서 감동을 받는 그런 행위가 위험하게 판단되지만 이는 남성의 입장에서만 보기 때문입니다. 여성의 입장에서 보면 위험할 것이 없는 아주 정상적인 행동일 뿐입니다.

성경만 읽어야 신앙생활을 잘 할 수 있다는 생각은 남성적인 편견일 뿐입니다. 기도만 하면서도 신앙생활이 아름다운 권사님들이 얼마나 많습니까? 느낌에 따라서 집안 살림을 해온 어머니들의 수고로 가정이 편안합니다. 계획을 잡아놓고 그대로 살면 될 것 같지만 세상 살림이 계획대로 되는 것이 얼마나 있습니까?

감정을 따라서 산다고 해서 위험할 것이라는 생각도 편견일 뿐입니다.

말씀을 따르는 삶이 중요하듯이 성령을 따르는 삶도 무척 중요합니다. 남성은 말씀을 따르고 여성은 성령을 따르는 것이 더 유리합니다. 서로의 차이를 제대로 인정해 주어야 하지 않겠습니까? 문서화 되지 않았다고 해서 위험하다고 생각하는 편견으로부터 벗어나야 합니다. 믿음이란 원래가 그런 것이 아닙니까? 손에 잡히지 않는 모호한 것을 받아들이는 것이며, 구체화할 수 없는 것을 느낌으로 받아들이는 것입니다. 그렇기에 여성이 어쩌면 더 믿음이 좋을 것입니다.

남성과 여성의 이와 같은 차이를 제대로 이해하지 못하는 젊은 부부들은 사사건건 다툼이 일어납니다. 자기편에서 상대를 보려고 하니 다툼이 생겨 급기야는 이혼하기까지 합니다. 젊은 부부는 이혼 사유로 대부분은 성격차를 듭니다. 부부란 성격차가 있는 것이 당연합니다. 남녀가 본성적으로 다르게 태어났기 때문에 다른 것이 정상입니다. 그 차이를 제대로 이해하지 못한 무지함 때문에 이혼이라는 아픔을 만들어냅니다. 서로의 차이를 인정하지 않고 한 쪽만 고집하게 되면 힘이 센 쪽이 이기기 마련입니다.

우리 교회도 지금까지 힘이 센 남성 쪽 영성이 여성 쪽 영성을 억압해왔습니다. 말씀주의가 성령주의를 짓눌러왔습니다. 이제는 서로의 차이를 인정하고 그에 따른 삶의 방식을 만들어야 합니다. 부부가 오래 살다보면 점점 그 차이를 인정하게 됩니다. 그래서 서로 조금씩 양보하다 보면 중립점에 서게 되며, 따라서 서로 비슷하게 닮아가게 됩니다. 교회도 이와 같아야 하겠습니다.

말씀주의와 성령주의가 서로 양보해서 조화를 이루며 어우러져야 건강한 교회라고 할 것입니다. 남편만 주도하는 가정이나, 아내의 입김만이 센 가정은 문제가 있습니다. 그 둘이 서로 충돌하면 결국 파경을 맞습니다. 이제까지 아내들이 억눌려 살아왔는데, 근래에는 아내들의 주장이 강해지기 시작했고, 그래서 황혼 이혼이 늘어나고 있습니다. 교회도 여성성을 무시하고 계속 나간다면 결국은 이혼을 당하고 말 것입니다. 성령은 여성성이며, 이를 계속 무시하면 여성 성도들이 언젠가는 화를 내게 될지도 모릅니다.

20장 가장 흔한 은사가 가장 요긴한 법이다.

(고전 12:4) "은사는 여러 가지나 성령은 같고"

하나님은 예수를 믿는 자녀들에게 성령의 은사를 주십니다. 제가 그동안 성령치유 사역을 하다가 체험한 바로는 은사 중에도 흔한 은사가 요긴하게 쓰인다는 것을 알았습니다. 신학에서 하나님의 뜻이 들어나는 계시에는 두 가지 차원이 있음을 설명하고 있는데 예수 그리스도를 통하여 나타나는 '특별 계시'와 창조에 근거하여 자연법칙이나 인간의 정신구조 및 역사 등을 통해서 나타나는 '일반 계시'가 있습니다. 자연 속에서 하나님의 영원한 능력과 신성을 보며, 본성(양심)으로 하나님의 말씀을 수행하고, 자기가 하나님의 자녀임을 느끼고, 하나님을 찾아가는 것이 인간의 본성 가운데 있는 것입니다. 이런 '일반 계시'를 칼 바르트와 같은 신학자는 별로 인정하려고 하지 않았습니다.

이처럼 자연계의 피조물은 물론 자연법칙에도 하나님의 뜻이 분명히 있는 것입니다. 그 까닭은 하나님이 이 세상을 창조하였고, 그 질서를 만들어냈기 때문입니다. 따라서 만물에는 분명히 하나님이 의도한 바가 담겨져 있는데, 자연 법칙 가운데 인간에게 가장 필요하고 요긴한 것일수록 흔하다는 것입니다. 가장 중요한 물과 공기는 누구나 값없이 얻을 수 있는 흔한 것이지만, 최근에는 이마저도 인간의 탐욕으로 말미암아 오염되어가고 있어서 값이 드는 재료가 되어가고는 있지만, 기본적으로 가장 흔한 것입니다.

영의 일에서도 이와 마찬가지로 가장 요긴한 것이 가장 흔하게 나타나고 주어진다는 사실입니다. 바울이 모든 사람들이 다 갖기를 소망한 은사는 방언과 예언이었습니다. 은사란 기본적으로 모든 사람에게 주어지는 것이 아니고, 하나님의 뜻대로 일부에게 주어지는 것입니다. 성도들마다 각각 해야 할 일이 다르기 때문에 그렇습니다. 각각 다른 은사를 가지는 것은 사람들마다 각각 다른 직업을 가지는 것과 같다고 할 것입니다. 돈을 많이 번다고 해서 인기 직종에만 몰리면 사회는 발전할 수 없듯이 교회 역시 다양한 직임이 있기에 그에 따른 은사도 각각 다른 것입니다.

그럼에도 불구하고 모든 사람들이 다 갖추기를 바라는 것이 바로 방언과 예언인 것입니다. 그렇다면 이 은사는 교회의 다양성과는 상치되는 것이 아니겠는가 하는 의구심이 들겠지만, 그렇지 않다는 것이 결론입니다. 방언과 예언은 물과 공기처럼 영적 세계에 흔히 있어야 하는 가장 요긴한 것이기 때문입니다. 방언과 예언은 약방의 감초처럼 다른 신령한 은사를 수행하는데 있어서 빠질 수 없는 중요한 요소인 것입니다. 교회 안에서 아직 예언이 흔하지 못한 것은 이에 대한 이해부족 때문입니다. 불과 반세기 전만 해도 우리 교회는 방언이 희귀한 것이었고, 보수적인 교단에서는 방언을 조금도 이해하지 못했습니다.

그러나 이제 방언은 보수 교단의 교회 안에서 뒤 늦게 불이 붙었습니다. 원조 격인 순복음에서 방언보다 제자훈련에 더 관심을 가지게 되었고, 보수교단 교회들은 이제 방언에 눈을 뜨기 시작했습니다. 그래서 최근에 순복음 교인들이 보수교단으로 수평 이동하는 일이 벌어지고 있답니다. 이처럼 예언도 지금 걸음마 단계이지만 곧 확대될 것입니다. 이 두 가지는 요긴한 것이기 때문에 성령께서 교회 안에 확대시킬 준비를 다 갖추고 있는 것입니다.

방언과 예언이 어떤 이유로 물과 공기처럼 영적 삶에 요긴한 것일까요? 물과 공기는 육신의 생명을 유지하기 위한 필수요소이듯이 방언과 예언은 영적 삶을 위한 필수요소인 것입니다. 방언은 영적 삶의 호흡과 같이 기도에서 중요한 위치를 차지합니다. "말할 수 없는 탄식으로"성령께서 우리를 대신해서 기도하는 것이기 때문입니다. 말할 수 없는 탄식이라고 할 때 '탄식'은 무거운 부담이라는 사실을 이미 설명했습니다. 우리가 부담이 되는 상황에서는 기도할 힘을 잃게 됩니다. 그럴 때 우리는 기도하지 못하게 되는데, 우리 겉 사람의 의식은 기도를 쉬는 것이 죽음에 이르는 것과 같다는 사실을 잘 모릅니다.

물과 공기가 없으면 죽는 줄은 알면서 기도가 끊어지면 영이 죽는다는 사실을 절실하게 느끼지 못하고 사는 것입니다. 이럴 때 방언은 우리 영을 살리는 일을 하게 되는 것입니다. 예언은 영적 삶에서 갈 바를 몰라 헤매는 심령에 등대와 같은 역할을 하는 것입니다. 우리는 매일의 삶에서 수없이 많은 선택을 하면서 살아갑니다. 순간순간마다 선택이 없을 때가 없을 정도로 선택의 마당에 서 있는 것입니다. 다만 심각한 것이냐 아니냐의 정도 차이가 있을 뿐입니다.

이런 모든 선택의 순간에 우리가 의존하는 것은 대체로 느낌입니다. 분석과 판단을 한다고는 하지만 꼼꼼하게 따지고 보면 우리는 무언가 설명하기 어려운 느낌에 의해서 결정을 하게 되는 것입니다. 선택의 과정에서 가장 중요하게 작용하는 것이 느낌이라는 사실을 인식하였다면 우리는 예언을 따라서 살아가고 있다는 사실을 알아야 할 것입니다. 예언의 주된 기능이 느낌이기 때문입니다. 그러므로 영의 생존과 어떤 선택을 위해서 가장 필요한 것이 방언과 예언인 것입니다. 따라서 이 두 은사는 모든 성도가 다 필요로 하는 가장 요긴한 것이기에 가장 흔하게 주어질 수밖에 없습니다.

방언은 영의 호흡인 기도의 기초가 될 뿐만 아니라 모든 은사를 활용함에 있어서 그 기능을 강화시키는 촉진제 역할을 한다는 사실을 이미 설명했습니다. 그렇기 때문에 신령한 은사를 받은 사람은 예외 없이 방언을 말할 줄 알게 되고 은사를 받기에 앞서 먼저 방언의 은사를 받게 되는 것입니다. 예언의 핵심인 느낌은 누구나 갖추고 있는 감성의 중심 작용인 것입니다. 따라서 누구든지 예언할 수 있는 바탕이 마련되어 있습니다.

이제 담대하게 입을 열어서 예언을 말하기만 하면 되는 것입니다. 이 과정에서 우리가 극복해야 할 것이 있다면 그것은 편견을 떨쳐내는 일입니다. 무슨 일이든지 처음부터 전문가 수준에 이른다는 것은 불가능합니다. 그 수준에 이르기까지는 많은 실수도 하고 좌절도 맛보아야 합니다. 성숙한 예언을 할 수 있게 되기까지 그런 과정을 빼놓을 수 없습니다. 방언 역시 능력 있는 방언을 하기까지는 피땀이 나는 기도에 매진해야 합니다. 모든 것이 수고 없이 그냥 되는 일이란 자연에서든 영성에서든 없습니다.

대충 해보고 안 된다고 포기하면 아무것도 할 수 없는 숙맥이 되고 맙니다. 건강을 위해서 열심히 운동도 하지 않습니까? 영의 건강을 위해서는 방언과 예언을 할 줄 알아야 합니다. 예전에는 골프를 못쳐도 아무런 지장이 없었습니다. 그러나 요즘은 시대가 바뀌어 골프를 못 치면 격이 떨어집니다. 그래서 너나 나나 골프 연습장으로 달려가지 않습니까? 예전에는 별로 관심을 두지 않아도 지장이 없던 것들이 지금은 필수가 되어가고 있는 것처럼 방언이나 예언이 교회 생활을 하는데 별로 지장을 주지 않았지만 앞으로는 그렇지 않습니다.

방언과 예언이 일반화 되고 그 가치를 제대로 이해하기 시작하면 못 하는 사람은 뒤질 수밖에 없습니다. 하나님이 왜 가장 흔한 기능으로 방언과 예언을 하도록 하셨을까 생각해보십시오. 그것은 영적 삶에서 가장 요긴한 것임에도 불구하고 방언과 예언을 하지 못하는 사람이 있기 마련입니다. 그런 사람들에게는 또 다른 대안을 주님은 갖추고 있습니다. 그것이 무엇인지는 글로는 알려주지 않고 비밀로 할 것입니다.

이제까지 교회 지도자들은 신령한 은사에 관해서 너무도 무지했습니다. 그렇다보니 이에 대해서 제대로 가르치지도 못했고 강조하지도 못했습니다. 그 가치를 전혀 알지 못하니 관심도 없었습니다. 이는 주님이 천국의 가치를 마치 감추어진 보화와 같다고 설명하신 바와 같습니다(마 13:44). 대부분의 목회자들이 아직도 신령한 은사의 가치를 제대로 알지 못해서 건축자의 버린 돌처럼 취급합니다. 모든 사람이 다 하기를 원하는 방언과 예언 등과 같은 은사에 대해서 어디 한 번 제대로 된 가르침을 제공한 적이 있는지 가슴에 손을 얹고 생각해보십시오.

주님 앞에 너무도 창피하고 부끄러운 일이 아닙니까? 주님이 땅 끝까지 복음을 전파하기 위해서 우리들에게 주실 것을 약속한 그 능력이 바로 신령한 은사가 아닙니까? 주님 다시 오실 때까지 주님이 이 땅에 복음을 전파하기 위해서 모든 성도들에게 주시고자 한 그 능력을 교회가 외면하고 무시하고 심하게는 억압하면서까지 대항하는 이유가 도대체 무엇입니까? 귀를 막고 눈을 감고 은사를 외면하려는 어리석은 지도자들이 받을 책망이 무섭지 않겠습니까?

모르면 배워야 하고 없으면 구해야 하지 않습니까? 주님은 한두 번 구한다고 훌쩍 응답해주시는 분이 아님을 잘 알지 않습니까? 아무리 주기로 약속한 것이라고 할지라도 받을 때까지는 구해야 합니다. 적어도 지도자라면 신령한 은사가 어떤 영적 의미들을 가지고 있는지를 정확하게 알고 있어야 합니다. 그리고 간절히 사모하면서 구해야 할 것입니다. 그리고 성도들은 은사가 교회를 위해서 어떻게 유용하게 사용되어야 할 것인지를 배우고 실천해야 할 것입니다. 교회에 유익이 되지 않는다면 이 또한 주님 앞에서 엄한 심판을 받게 될 것입니다.

은사는 현실적인 교회 체제 안에서 규모 있게 사용되어야 하고 적당히 절제와 통제를 받으면서 하나님의 나라를 확장하는데 기여해야 할 것입니다. 체제가 걸림돌이 되는 현실을 개선하여야 할 것입니다. 독선과 고집은 스스로를 멸망하게 하는 위험한 행동입니다. 그러므로 은사를 받은 사람은 권위에 순복할 줄 알아야 합니다. 권위와 은사는 전혀 다른 차원입니다. 은사에는 권위가 없기 때문에 이에 당연히 순복할 줄 알아야 합니다. 모든 것이 질서 있게 사용될 때 모든 사람이 유익을 얻을 뿐만 아니라 무엇보다 은사를 행하는 당사자가 하나님으로부터 상급을 받게 될 것입니다.

예수를 믿고 성령으로 거듭난 성도는 기본적으로 기도의 영이 와야 합니다. 기도를 해야 영적으로 변할 수 있습니다. 그래야 영이신 하나님과 교통할 수가 있는 것입니다. 그러므로 방언의 은사는 흔하지만 가장 중요한 은사입니다. 방언기도는 영을 강화시키고, 영을 소성하는 역할을 하기 때문입니다. 방언기도를 할 때 목으로 하지 말아야 합니다. 호흡을 들이쉬고 내쉬면서 아랫배에서 나오는 방언을 해야 합니다. 모든 영적인 활동이 기도로 이루어지는 것입니다. 기도해야 성령이 충만하고 기도해야 영적인 상태가 되므로 하나님의 말씀을 영으로 알아들을 수가 있는 것입니다. 방언기도에 대하여 더 자세한 것은 **"방언기도에 숨은 비밀"**을 읽어보시기를 바랍니다.

그리고 성도에게 중요한 것이 하나님의 뜻을 아는 것입니다. 하나님의 뜻을 알려면 기본적으로 영적인 상태가 되어야 합니다. 영적인 상태가 되면 하나님은 예언의 말씀을 성도에게 들려주십니다. 예언은 무엇입니까? 성경 말씀이 예언입니다. 성경말씀으로 성령으로 충만한 가운데 영으로 읽고, 들을 때 하나님의 '레마'인 예언이 들리는 것입니다. 자세한 것은 **"성령의 은사와 사명 감당" "예언의 달인이 되는 가이드"**를 읽어보세요. 좌우지간 가장 흔한 은사를 귀하게 여겨야 합니다. 모든 것이 기본적인 은사에서 발전되기 때문입니다.

21장 문제를 통과하며 하나님을 알아간다.

(요일 2:27)"너희는 주께 받은바 기름 부음이 너희 안에 거하나니 아무도 너희를 가르칠 필요가 없고 오직 그의 기름 부음이 모든 것을 너희에게 가르치며 또 참되고 거짓이 없으니 너희를 가르치신 그대로 주 안에 거하라"

하나님은 말씀의 비밀을 깨닫는 만큼씩 영적으로 깊어지며 자라게 하십니다. 많은 목회자와 성도들이 저에게 이렇게 질문합니다. "목사님! 왜 저는 기도를 많이 하는데 심령이 열리지를 않고 권능이 나타나지 않습니까?" 제가 이렇게 대답합니다. 심령이 뚫리고 권능이 나타나는 것은 기도를 많이 하고, 능력 있다는 목사에게 성령의 불을 받아서 되는 것이 아닙니다. 말씀을 삶에 적용하여 체험하면서 말씀이 깨달아지는 만큼씩 열리는 것입니다. 성경을 해석하는 것이 아니고, 말씀을 체험하여 깨달아 성령으로 해석하여 전할 수 있는 수준이 되는 만큼씩 심령이 열리고 권능이 나타나는 것입니다. 다시 말하면 말씀이 영이요 생명이라는 것을 체험하고 믿어지는 만큼씩 열린다는 것입니다. 말씀이 영이요, 생명이라는 것이 깨달아지는 것은 자신이 그만큼 영적으로 변했다는 증거입니다. 우리는 이 말씀을 주의 깊게 읽고 묵상해야 합니다. 하나님의 "말씀(예언)은 언제든지 사람의 뜻으로 낸 것이 아니요 오직 성령의 감동하심을 받은 사람들이 하나님께 받아 말한 것임이라"(벧후 1:21). 하셨다는 것을 말입니다. 그러므로 말씀의 비밀이 깨달아지는 만큼씩 심령이 열리고 권능이 나타나는 것입니다. 한마디로 말씀과 성령이 자신을 장악하는 만큼씩 심령이 열리고 권능이 나타나는 것입니다. 물론 기도도 성령으로 많이 해야합니다.

그래서 기독교는 체험의 종교라고 하는 것입니다. 그래서 하나님은 성도들이 문제를 만나 하나님께 기도하여 해결하면서 하나님을 체험적으로 알아가게 하시는 것입니다. 하나님은 살아계신 하나님이시기 때문입니다. 성도들이 하나님이 살아계신 다는 것을 믿게 하기 위하여 문제를 만나 하나님의 역사로 해결되는 것을 체험하게 하십니다. 그렇게 하면서 세상을 이길 수 있는 담대한 성도를 만들어 가십니다.

바울이 고린도 교인들에게 이렇게 말합니다."여러분은 아직도 육에 속한 사람들입니다. 여러분 가운데 시기와 싸움이 있으니, 여러분은 육에 속한 사람이고, 인간의 방식대로 살고 있는 것이 아닙니까?"(고린도전서 3:3). 우리가 알거니와 고린도 교인들에게는 신령한 은사가 넘쳤습니다. 외견으로 보면, 매우 신령한 것 같고 영적인 것 같습니다. 그럼에도 불구하고 그들이 하는 행동은 바람직하지 못했습니다. 이처럼 우리 가운데에도 신앙생활은 오래 했지만 여전히 육에 속한 사람들이 있다고 말할 수 있습니다.

바울은 뒷부분에 그런 사람들은 인간의 방식대로 살고 있다고 언급합니다. 세속적인 삶의 방식을 따라서 살아가는 오늘날의 성도들의 영적 수준이 그렇습니다. 그러므로 "신령한 것이 먼저가 아닙니다. 자연에 속한 것이 먼저요, 그 다음이 신령한 것입니다"(고전:15:46)라고 언급한 말씀처럼 우리는 먼저 육체로 태어납니다. 그러므로 육적인 삶이 우선이고 그 다음이 영적인 삶이 있게 되는 것입니다. 이것이 자연의 이치이지만 신앙생활을 하면서 영적 단계로 전혀 옮아가지 못하는 사람들이 있는 것입니다.

하나님은 우리 모두가 영적인 사람이 되기를 원하십니다. 그래야만 하나님의 뜻을 제대로 알게 되고 올바르게 응답할 수 있기 때문입니다. 육에 속한 사람은 그리스도 안에서 어린아이와 같다고 정의합니다. 이런 사람은 하나님의 일을 알지 못한다고 합니다. 비록 신앙생활을 많이 하고 성경공부를 많이 해서 박식하고 자신은 영적 만족을 누리지만 그 모든 것이 하나님의 뜻을 이루어내는 일에는 별로 기여하지 못합니다. 그러므로 하나님은 어린 아이에서 벗어나 영적으로 성숙된 사람이 되도록 우리 삶 가운데 육체적 시험을 둡니다. 육에 속한 사람은 육신적 문제를 만나게 됩니다. 물론 영에 속한 사람이라고 해도 완전이 육체의 소욕에서 자유로울 수는 없습니다. 우리는 육체를 벗어나서는 이 세상에 존재할 수 없는 존재이기 때문입니다.

우리는 육체의 문제를 통해서 하나님을 알아가게 됩니다. 고통스런 문제가 있어야 우리는 비로소 하나님을 깊이 생각하게 되며, 그 문제가 해결되는 과정에서 하나님의 뜻을 발견하게 되는 것입니다. 문제를 통해서 하나님을 경험하고 알아가는 것은 육체에 속한 사람이라는 증거입니다. 계속적인 육신의 문제로 괴로워하는 사람은 영적인 일에 관심을 쏟아야 합니다. 육체의 문제는 영적 성숙을 위한 '스티그마'입니다. 육체의 문제를 해결해 가는 과정에서 단순히 문제의 해결에만 관심을 쏟으면 그 문제를 주신 배경을 이해하지 못하게 됩니다. 그 문제를 통해서 얻게 될 하나님의 속성을 발견하지 못하면 육체의 문제는 계속 이어질 수밖에 없는 것입니다. 육체의 문제를 해결하려면 반드시 하나님에게 기도해야 해결이 되는 것입니다. 그래서 육체의 문제를 해결하다가 보면 자연스럽게 하나님을 체험하며 알아가는 것입니다.

우리에게는 계속되는 육체의 문제를 통해서 영적 눈을 뜨게 되고 하나님이 문제를 다루시는 진정한 의도를 파악하여 보이지 않는 하나님을 보는 것 같이 인식하고 응답하게 되는 것입니다. 이런 것이 영적 성숙에 이르는 자세이며, 이런 과정을 통해서 우리는 하나님이 자신에게 다가오는 발소리를 듣게 되고, 즉각 바르게 응답할 수 있는 능력을 기르게 되는 것입니다. 자연에 속한 사람은 하나님의 영에 속한 일을 받아들이지 못합니다. 자신의 주변에서 일어나는 일을 단순히 자연적 시각으로만 인식하기 때문입니다. 그런 사람들은 자연적인 일들 가운데 있는 하나님의 뜻을 전혀 발견할 수도 없고 이해할 수도 없는 것입니다(고전

2:14).

비록 목회자라고 해도 육의 수준을 제대로 벗어나지 못한 사역자는 주로 세상의 일에 관해서만 이야기합니다. 하나님의 말씀을 전하더라고 인간의 방식으로 전하게 됩니다. 주로 철학적이고 세속적인 내용을 다룹니다. 물론 이런 부분을 다루어야 하는 까닭은 모든 성도가 다 영에 속한 사람이 아니기 때문에 부득불 육에 속한 이야기를 해야 합니다. 바울도 고린도 교인들에게 영에 속한 이야기를 하지 못하는 것은 그들이 모두 육에 속하여 그리스도 안에서 어린 아이 같았기 때문입니다. 그런데 바울처럼 영에 속하여 하나님의 신비한 세계를 깊이 경험하고 알고 있음에도 불구하고 성도의 영적 수준으로 인해 부득불 육신적인 방법으로 이야기를 해야 하는 경우에는 문제가 없겠으나, 그렇지 못하고 자신도 육에 속해서 자신이 지금 하고 있는 말이 오직 세상의 기준에만 의존한 것이라면 문제가 있는 것입니다.

허구한 날 오로지 세상을 살아가는 이야기만 한다면 이것은 심각합니다. 비록 성경을 인용한다고 하더라도 그 말씀은 엄격히 하나님과는 별로 상관이 없는 세상에 속한 이야기일 뿐입니다. 겉으로는 영적인 것처럼 보이지만, 그 속은 여전히 세속적입니다. 이런 이야기는 세속적인 사람의 강연이나 세미나와 다를 바가 없는 것이지요. 고린도 교인들이 겉으로는 신령한 것 같이 보였지만, 사실 그들은 여전히 세속적 기준의 삶을 살아가고 있는 것과 같은 것입니다. 겉으로는 하나님의 말씀을 전하지만, 여전히 세상 사람들이 추구하는 그런 가치를 쫓아가는 사역자들이 우리 곁에 있습니다. 사석에서 그들의 입에서는 오로지 세상의 가치에 어울리는 말들만 나옵니다. 세상이 추구하고 즐겨하는 것들을 얻기 위해서 많은 노력을 합니다.

보다 나은 출세를 위해서 학위를 추구하고, 보다 나은 교회를 맡기 위해서 은밀한 거래를 서슴치 않으며, 높은 자리에 오르기 위해서 경력을 부풀리고, 화려한 경력을 자랑하며, 정치인들처럼 돈을 뿌리고, 자신은 조금도 피해를 보지 않으려고 소송을 일삼으며, 자신에게 유익한 것이라면 목회자의 윤리도 저버리며, 거짓과 술수를 마다 않고 이익을 쫓아가며, 교회를 사고팔고, 대를 물려 상속해주고, 약삭빠르게 잇속을 쫓아 변신하는 등 세상에서도 환영 받을 수 없는 그런 방법들을 아무런 가책도 없이 행하는 것들은 모두 육에 속한 일입니다.

이런 형태의 육에 속한 사람은 끊임없이 육신의 문제로 고통을 당하게 됩니다. 육체의 문제는 육에 속한 사람을 영에 속한 사람으로 이끌어내기 위한 하나님의 배려입니다. 문제를 통해서 자신의 결점을 발견하고 하나님에게 철저히 회개하며, 육신의 일에 몰두했던 어리석음을 깨닫고 하나님에게 기도하여 하나님의 뜻에 따라 사는 삶으로 변화되어야 하는 중요한 고비인 것입니다. 그래서 성도는 날마다 깊은 영의기도를 하면서 자신을 성찰해야 합니다. 육에 속한 사람은 영에 속한 일을 경험하지 못했으므로 그는 오로지 사람의 일에만 관심이 있고 그런 것들만 언급하고 그렇게 가르칩니다. 그래서 세상의 일에 너무도 약고 그 대처하는 방법이 매우 현실적이어서 육에 속한 사람에게는 실질적으로 유익하고 탁월해 보입니다. 그래서 사람들에게 인기가 많습니다.

　세속적 성공을 추구하는 사람은 신령한 세계에 대한 경험이 전무하기 때문에 그렇습니다. 자신이 경험한 세계는 오직 보이는 육의 세계이기 때문에 이것이 전부인 것입니다. 그러므로 이 세계에서 성공해야 하는 것이지요. 이런 사람들이 신령한 세계의 귀중한 것들을 볼 수만 있다면 아마도 그것을 얻으려고 엄청난 노력을 할 것입니다. 왜냐하면 세상의 귀한 것을 얻기 위해서 이토록 약삭빠른 데, 하물며 하나님의 나라의 그 귀하고 소중한 것들을 경험한다면 가만히 앉아 있겠습니까? 모르기 때문에 엉뚱한 것들을 얻으려고 기를 쓰는 것입니다. 세상의 것들은 없어질 것들이지만 하나님의 나라의 것들은 없어지지 않습니다. 육체의 시험을 통해서 영적인 세계로 들어갑니다. 육체의 문제를 통해서 우리는 부르짖게 되고 그 부르짖음을 통해서 주님의 영역 안에 들어가는 길이 열리게 되는 것입니다.

　목회자들 가운데 일 년내내 비록 성경을 언급하지만, 그것은 겉치레일 뿐 세상에 있는 것들을 이야기하고, 세상에서 살아가는 방법들을 이야기하고, 내 생각 내 판단으로 이야기하고, 하나님이 직접 지시하시는 그 음성을 들어본 기억조차도 없고, 어쩌다 한 번 들은 것 같은 희미한 기억만을 간직하고 있다면 이는 얼마나 서글픈 일입니까?

날마다 우리 가운데 일어나는 놀라운 일들이 그저 강 건너 불처럼 남의 일로 여겨집니까? 육체를 통해서 주님을 만납니다. 육체의 문제는 우리가 영적 세계로 이르기 위한 징검다리일 뿐입니다. 그것에서 얻는 것들이 우리의 목표가 아닙니다. 우리는 그 일들을 통해서 하나님을 알아가고 소유하는 것입니다. 하나님은 영이시기 때문입니다. 주님을 소유하면 우리 가운데 그분의 일이 나타납니다. 우리는 그 나타남을 증거 하는 자들입니다. 우리의 지식과 경험과 경륜과 성취는 모두 주님 발아래 내려놓아야 하는 것들입니다. 주님의 나타나심은 우리가 구해야 하는 가장 귀한 은혜입니다. 주님은 그를 믿고 따르는 자를 통해서 그분을 드러내기를 바랍니다. 우리는 그 도구가 되어 어디에 있던지 주님이 나타나는 도구가 되어야 할 것입니다.

22장 영의 흐름은 영적지각으로 느낀다.

(고전 2:11)"사람의 일을 사람의 속에 있는 영외에 누가 알리요 이와 같이 하나님의 일도 하나님의 영외에는 아무도 알지 못하느니라"

성경은 성령님을 바람에 비유하여 설명하고 있습니다. 그리고 성령으로 태어난 사람 즉 영의 사람도 이와 같다고 합니다. 영을 바람에 비유한 것은 영의 속성이 우리가 육신적으로 느끼는 바람 즉 기체의 흐름과 비슷한 특성을 지니고 있기 때문입니다. 바람은 기체가 온도 차이에 의해서 이동하는 흐름이라는 사실이 밝혀졌지요. 어떤 특정한 두 지역의 온도의 차이가 심할수록 대기는 급하게 이동을 합니다. 이런 경우 강한 바람이 부는 것입니다. 이와 같이 영의 흐름도 두 영의 사이에 있는 영적 차이에서 생겨나게 됩니다. 영의 흐름이란 자신의 몸 안에서 영이 이동하거나 유입해 들어오는 것을 말합니다. 우선 그리스도인에게는 성령님이 흐릅니다. 우리 안에는 성령님이 항상 떠나지 않고 계십니다. 그럼에도 불구하고 성령님이 우리 안에 충만하기 위해서는 외부로부터 임해야 합니다. 성령이 충만한 곳에서 예배드리면서 성령으로 기도하며 충만하게 채워야 합니다. 성도는 성령으로 충만한 목사와 교회를 만나는 것이 복입니다. 이것은 우리의 상식으로는 도무지 이해할 수 없는 하나님의 신비입니다. 우리는 하나님을 형상으로 이해하기 때문에 우리 안에 이미 계신 성령님을 왜 다시 받아들여야 하는지를 이해할 수 없는 것입니다.

성령님이 우리 안에 계심에도 불구하고 우리는 날마다 충만함을 구해야 합니다. 성령님은 인격임에도 불구하고 또한 영이며, 바람이며, 기(energy)입니다. 이 성령님이 우리에게 스며드는 느낌을 우리는 발견할 수 있어야 합니다. 성령님의 흐름을 포함해서 모든 영의 흐름을 느끼고 구분할 수 있어야 하지요. 영의 흐름을 인식하기 위해서 먼저 우리는 영이 흐른다는 사실을 받아들여야 합니다. 이런 사실을 모르면 우리 몸에 영이 흘러들고 있는데도 불구하고 도무지 알아차리지 못하는 죽은 사람이 되는 것입니다. 성경은 사도들이 사역할 때 성령이 어떤 특정한 사람에게 임하는 모습을 본 기록이 있습니다. 이것은 성령이 임하는 외적 증거를 보고 파악하는 것은 물론이고 영적인 지각을 통해서 느끼고 보는 것입니다. 즉 영의 눈과 지각으로 영적 흐름을 파악하는 것입니다.

성령님은 그렇다 해도 악령이 드나드는데도 불구하고 전혀 눈치조차 못 채고 있다면 이것이 얼마나 한심스러운 일이겠습니까? 그런데 이것이 사실입니다. 악령이 마음 놓고 제 집 드나들듯이 하는데도 전혀 알지도 못하고 알려고도 하지 않습니다. 수많은 그리스도인이 이와 같이 명목상의 그리스도인으로 머물러 있는 모습이 안타깝습니다. 영이 흐른다는 말조차 생소한 사람들이 얼마나 많은지 모릅니다. 이런 사람들에게 하나님은 어떻게 일을 하시겠습니까? 영의 흐름은 살아있는 증거입니다. 살아있는 모든 것은 움직입니다. 영이 살아나면 운동하기 시작합니다. 눈에 보이지는 않지만 몸으로는 느낄 수 있는 것이 에너지의 흐름입니다. 눈에 보이지 않는 흐름을 특수한 장치를 하고 보면 볼 수 있습니다. 바람 속에 연기를 불어넣으면 그 흐름이 확연하게 눈에 보이듯이 우리의 영의 흐름에도 이와 같이 매체를 넣으면 눈에 확연하게 드러나는 것입니다. 이 매체는 여러 가지가 있는데 그 가운데 가장 보편적인 것이 능력 있는 사람(특히 영분별의 은사를 받은 사람)의 안수를 받으면 그 느낌을 확연하게 알 수 있게 됩니다. 질병으로 고생하는 사람에게 저는 한 손은 환부에 얹고 한 손은 머리에 얹고 기도합니다. 그렇게 하는 까닭은 환자의 질병의 치유는 물론이거니와 환자가 이 기회로 말미암아 영의 흐름을 느끼게 하기 위해서 입니다. 이렇게 기도하면 환자들은 기도가 끝난 다음 자신의 몸속으로 스며드는 강한 에너지의 흐름을 느꼈다고 말합니다. 이런 현상을 처음 경험하는 그들에게는 매우 신기한 것이기 때문에 제가 여쭈어보지 않아도 스스로 먼저 고백하거나 물어봅니다.

사람마다 다소 다르지만 대체로 뜨거운 바람(열기), 서늘한 바람(청량감), 잡아 흔드는 것 같은 진동, 몸을 띄우는 것 같은 부양감, 포근하게 감싸는 것 같은 힘(포옹감), 전기 충격과 같은 전율, 머리를 어루만지는 것과 같은 느낌, 별빛이 쏟아지는 것과 같은 눈부심 등을 느낍니다. 이런 기운이 안수하는 저의 손을 타고 들어와 온 몸에 골고루 퍼진다는 말을 합니다. 드물기는 하지만, 주님 같은 희고 거룩한 분이 자신을 감싸거나 안거나 바라보고 계시는 것을 환상으로 보는 경우도 있습니다.

영의 흐름을 인식하는 것이 왜 중요한가요? 그 까닭은 굳이 말할 필요조차 없는 것인데 우리의 영을 지키고 보호하기 위해서이며, 나아가 성령의 충만함을 늘 유지하게 하기 위해서 입니다. 성령님이 우리 몸에서 움직이는 것을 느끼지 못하면 성령님에게 즉각적으로 반응하기 어렵습니다. 영적 사역을 하는 사역자는 물론이거니와 모든 성도들은 성령님의 흐름에 민감해야 합니다. 성령님은 수줍음을 많이 타시는 분입니다. 이렇게 표현하는 것은 우리의 생각과 행동에 따라서 성령님은 쉽게 위축되고 제한 받으신다는 말입니다. 우리의 행동으로 인해서 성령님이 쉽게 위축되기도 하고 활성하기도 합니다.

하나님을 기쁘시게 하면 성령님은 기뻐하시며, 우리 몸속에서 활발하게 역사하시지만 우리가 하나님의 말씀대로 살지 못하면 성령님은 근심하시고 따라서 행동이 위축되는 것입니다. 이런 흐름을 제대로 느끼고 파악할 수 있어야 합니다.

성령님 이외에 우리는 타인으로부터 많은 영의 영향을 받습니다. 영의 흐름은 강한 곳으로부터 약한 곳으로 흐르는 것이 원칙입니다. 물은 높은 곳에서 낮은 곳으로, 바람은 차가운 곳에서부터 더운 곳으로 흐릅니다. 이와 같이 영도 그렇게 흐릅니다. 강한 쪽에서 약한 쪽으로 흘러듭니다. 영적인 힘이 약한 사람 즉 믿음이 약하거나, 기도를 게을리 하거나, 신앙의 연륜이 짧거나, 말씀의 깊이가 없거나 하는 사람은 상대적으로 그런 부분에 강한 사람을 만나면 그 사람으로부터 영적 에너지가 자신에게로 흘러 들어옵니다. 이 과정에서 영적인 영향을 받게 됩니다. 영의 흐름은 긍정적인 것뿐만 아니라, 부정적인 것도 함께 흘러 들어옵니다. 물론 부정적인 것은 걸러내야지요. 그러려면 영의 흐름을 파악할 수 있어야 하는 것입니다.

영의 흐름을 파악하는 일은 마치 거쉬탈트(gestalt)를 응용한 숨은 그림 찾기와 같다고 할 것입니다. 눈 속에 드러난 예수님 형상의 사진 말입니다. 이 흑백 사진을 처음 보는 사람은 그 속에서 예수님의 형상을 찾기 힘들지요. 분명히 형상이 있는데도 불구하고 아무리 보아도 찾지 못합니다. 그런데 한 번 찾으면 그 다음부터는 예수님 형상이 한 눈에 들어옵니다. 이와 같습니다. 영의 흐름을 느끼지 못하는 사람은 계속 못 느끼지만 한 번 느껴 본 사람은 쉽게 느낄 수 있습니다. 그러므로 처음 느낌을 경험하는 것이 중요합니다. 그러므로 능력 있는 사람을 통해서 영의 흐름을 경험하는 것이 좋습니다.

사람들이 예수님에게 몰려와 서로 밀치는 속에서도 예수님은 자신에게서 능력이 나가는 것을 느꼈습니다. 이것은 어떤 여인이 의도적으로 예수님의 옷자락을 만졌기 때문입니다. 어떤 한 쪽에서 의도적으로 접근하면 자신 안에 있는 영이 흘러들거나 나가는 것을 느낍니다. 안수 기도를 할 때 자신으로부터 영적 에너지가 흘러나가는 것을 느낄 수 있지요. 반대로 흘러 들어오는 것도 느낍니다. 때로는 다른 사람을 위해서 기도할 때 많은 영적 에너지가 그 사람에게로 흘러가는 것을 느낍니다. 이것을 영적 에너지를 나누어주는 것(spiritual impartation)이라고 하는데 영적 능력이 강한 사람이 약한 사람에게 자신의 능력을 나누어주는 것을 말합니다. 이렇게 함으로써 자신도 능력을 얻게 되지요. 능력을 나누어준 사람은 다시 그 능력이 증대됩니다. 마치 헌혈하는 것과 같은 이치입니다. 나누어주고 난 뒤에 주님으로부터 다시 충분한 능력을 공급 받아 채웁니다. 안수기도를 하고 돌아온 뒤에 기도를 하면 다시 능력이 채워지는 흐름을 느끼게 되고 그럴 때는 기분이 매우 상쾌해 집니다. 하늘로부터 에너지가 자신의 몸속으로 스르르 스며드는 그 기분은 느껴보지 않은 사람은 알 수 없는 상쾌함입니다. 마치 환자가 링거를 꽂고 누워 있으면 정신이 맑아지고 힘이 솟아 기분이 좋아지는 것과 흡사합니다.

몸에 스며드는 것 이외에 자신의 주변에 흐르는 영의 흐름을 느낄 수 있습니다. 이 경우는 축귀를 위해서 어떤 지역에 들어가는 경우 영의 흐름이 마치 물 흐르듯이 움직이는 느낌을 받습니다. 강하게 몰아치기도 하는 것이 마치 파도가 밀려오는 것과 같습니다. 악한 영의 흐름은 음산하고 불쾌하며 어둡습니다. 이와 반대로 성령의 흐름은 밝고 신선하며 따뜻합니다. 가정을 방문

하면 먼저 느껴지는 것이 이런 흐름입니다. 기도를 많이 하고 경건한 삶을 사는 사람의 집으로 들어가면 평안하면서 향기가 나고, 밝은 기분이 들며, 정신이 맑아지고 기분이 좋아지지요. 그런데 문제가 있는 가정에 들어가면 기분이 가라앉고 어둡고 음산합니다.

이런 느낌의 강도에 따라서 영적 진단을 할 수 있는 것입니다. 저는 심방할 때 이 영적 지각을 통하여 가정의 영적상태를 진단하여 조치를 합니다. 영적 흐름은 대기의 흐름과 같아서 경건한 사람이나 능력 있는 사람이 가면 반드시 변화를 나타내게 마련입니다. 온도가 일정한 방 안에서는 대기의 흐름이 전혀 없지요. 그런데 방 한가운데 얼음덩이를 가져다 놓거나 난로를 피우면 대기는 움직이기 시작합니다. 그리고 활발한 흐름이 생기지요. 이와 같이 아무렇지도 않은 곳이라 할지라도 경건한 사람이나 능력 있는 사역자가 관여하면 변화가 즉시 나타납니다. 이것은 힘의 균형이 깨어지기 때문에 필연적으로 그런 현상이 나타나는 것입니다.

아직 이런 영의 흐름을 느끼지 못한다면 분발하고 의지를 가지고 노력하여 영의 흐름을 느낄 수 있도록 노력하십시오. 그런 기능은 자각으로부터 시작합니다. 이런 영의 흐름이 있는 줄도 알지 못하면 눈먼 장님과 같아서 전혀 느끼지 못하지요. 이제 알았기 때문에 느끼는 과정으로 들어갑시다.

눈을 감고 기도할 때 자신의 몸속에 어떤 기운이 흐를 것이라는 믿음을 가지고 시작하십시오. 영적 감각이 예민한 사람은 쉽게 느끼지만 감각이 다소 둔한 사람은 시간이 걸릴 것입니다. 평소와 같이 기도하십시오. 스타일을 바꾸면 생소해져서 희미한 흐름을 놓칠 수 있습니다. 기도하면서 몸에 나타나는 어떤 변화가 있다면 그 때부터 정신을 집중하고 그 흐름에 집중하여 살피십시오.

영의 흐름은 자신의 몸에 있는 영(성령이든 자신의 영이든 심지어는 악령이든지)이 운동하는 에너지이므로 반드시 움직임이 나타납니다. 다만 이것을 자신이 눈치를 챌 수 있는 요령을 발견하는 것이지요. 그러므로 누구나 영적 흐름을 경험할 수 있는 것입니다. 강하고 약한 차이가 있을 뿐이고 이런 흐름을 예민하게 잡아내는 능력은 처음 그 느낌을 경험하는 첫 시도가 중요한 것입니다. 첫 경험이 힘들고 어려울 뿐 그 이후는 아주 쉽게 파악할 수 있는 그런 능력입니다. 영의 흐름을 알고 귀신을 축사하려는 분은 "귀신축사 차원높게 하는 법"과 "귀신축사 알고 보니 쉽다"를 읽어보시기를 바랍니다.

23장 세밀함이 능력의 강약을 좌우한다.

(고전 2:10)"오직 하나님이 성령으로 이것을 우리에게 보이셨으니 성령은 모든 것 곧 하나님의 깊은 것까지도 통달하시느니라"

하나님은 모든 성도들에게 기본적인 능력을 주십니다. 이 능력은 성도들이 서로 섬기기 위해서 주어지는 것이지요. 그럼에도 불구하고 현실적으로 아무런 능력도 없는 것처럼 살아가는 것이 일반적입니다. 아주 소수의 성도들만 능력을 드러내기 때문에 교회는 이제까지 곱지 않은 눈으로 보아왔던 것도 사실이지요. 특히 우리나라 정서에는 '사촌이 땅을 사도 배가 아프다'라는 말이 있듯이 우리 내면에는 시기하는 정서가 깃들어 있어서 이런 부분도 영향을 주었다고 봅니다. 물론 화려한 능력이 아닌 생활의 은사들도 있습니다. 그러나 그 어떤 것이든지 받을 당시에는 매우 즐거운 일이지만 그것을 키워내는 일은 고달프고 어려운 일입니다. 능력을 받으면 그날부터 사실 고달픈 삶이 기다리고 있을 뿐만 아니라, 의무와 책임도 따르게 됩니다. 이런 섬기는 일에 주어지는 능력을 잘 개발하여 받았을 때보다 훨씬 더 활기 있게 사역을 감당하는 사람이 있는가 하면 점점 줄어들어 능력이 있는지 없는지 조차 확인할 수 없을 정도로 위축되는 사람이 있습니다. 그리고 전혀 발전되지 않고 아주 소규모로 사역하는 사람도 있습니다.

원칙적으로 우리는 능력을 받아야 하며, 받은 능력은 증대되어야 합니다. 그런데 현실적으로 그렇게 되지 못하는 이유가 어디에 있는 것일까요? 확대되는 사람과 위축되는 사람과의 차이는 여러 가지 이유가 있겠지만, 가장 큰 이유는 섬세함의 차이입니다. 능력에 있어서 그 기능을 좌우하는 부분이 섬세함입니다. 하나님은 매우 섬세하고 자세한 분입니다. 우리는 그런 하나님의 속성을 이해하고 사역을 해야만 합니다. 하나님이 능력을 가진 사역자에게 주시는 정보는 섬세하고 자세합니다. 실제로 문제를 가진 사람은 자세한 정보를 얻기를 원합니다. 막연하고 객관적인 조언으로는 도움이 되지 못합니다. 문제가 심각할수록 자세한 지침과 조언을 필요로 합니다. 선택의 기로에 서있는 사람은 막연하고 일반적이고 상투적인 조언을 필요로 하는 것이 아니라 구체적이고 확실한 지침을 얻기를 원합니다. 주님으로부터 정보를 얻을 때 자세하고 세밀한 것을 얻어낼 수 있어야 합니다. 깊이 있고 실질적인 정보를 얻어내는 능력은 사역자의 세밀함에 기인합니다. 평상시에 하나님의 음성을 들을 때 세밀한 부분에까지 신경을 써야 합니다. 하나님은 우리에게 정보를 주실 때 다양한 방법들을 동원하여 전해주시는 것입니다. 성격이 꼼꼼하고 치밀하지 못하거나 성숙하지 못하면 많은 정보들을 흘려보내게 됩니다. 면밀하지 못한 관찰과 대충 넘어가려는 생각은 하나님에게는 인정을 받을 수 없습니다. 꼼꼼하게 점검하고 확인하는 버릇이 들어야 합니다. 사람들마다 개성이 달라서 어떤 사람은 꼼꼼하지 못합니다. 그러나 이런 사람이라고 해서 하나님은 대충 넘어가지 않습니다. 이런 사람은 많은 시련을 통해서 꼼꼼함을 익혀가게 됩니다.

하나님은 대부분의 사역자에게 면밀하게 말씀해 주시지 않습니다. 구약에서 보듯이 많은 선지자들이 있었으나 모세에게는 그들과 달리 대화하였습니다. 모세 한 사람에게만 예외적으로 그렇게 하셨습니다. 지금도 역시 모든 사역자들에게 하나님은 정신을 차리지 않으면 흘려보낼 수밖에 없는 모호하고 세미한 방법으로 말씀하십니다. 정신을 바로 집중하지 않으면 놓칠 수 있는 그런 방법으로 정보를 제공하시는 것입니다. 그리고 능력을 받은 사람이 그 능력을 어떻게 사용해야 하는지에 대해서 별도로 가르치지 않는다는 것입니다. 이미 우리에게는 그런 것에 대한 지식이 공개되어있고 개발되어 있기 때문입니다.

하나님은 먼저 기본적이고 원리적인 가르침을 주십니다. 그런데 대부분의 사람들은 그것으로 만족하려고 합니다. 한 걸음 더 나아가야 한다는 생각을 하지 못합니다. 일반적이고 원칙적인 것에서 벗어나 특수한 상황에 이르는 것을 자신도 모르게 두려워하는 것입니다. 보편적이고 상식적인 수준에 머무르기를 원하는 것이지요. 하나님은 깊은 영성으로 이끌기 위해서 그 사역자에게 담력과 믿음을 요구하는 시험을 베푸십니다. 이 시험은 상식을 벗어나는 것이 대부분입니다. 상식적으로는 이해하기 어려운 시험을 만날 때 우리는 하나님을 의심하게 됩니다. 아브라함이 이삭을 제물로 바쳐야 하는 시험을 당했을 때 그는 갈등하게 되었지만 그가 의지하는 하나님은 설령 자신이 잘못 알고 이삭을 제물로 드렸다 해도 다시 살리실 것을 확신했습니다. 이삭은 약속의 자녀이기 때문에 결코 죽이시지 않을 것이라고 하나님을 믿었던 것입니다. 아브라함이 상식적이지 않은 일을 대하는 태도는 하나님을 의뢰하고 그 약속을 믿는 믿음에 기인하였습니다.

우리가 순수한 믿음과 주님에 대한 헌신에 일말의 거짓도 없다면 우리는 하나님을 전적으로 신뢰할 수 있을 것이며, 이런 믿음을 바탕으로 상식적이지 못한 요구에 응답할 수 있게 되는 것입니다. 상식을 초월하였을 때 우리에게는 하나님의 깊은 세계를 경험하게 되고, 더욱 세밀한 하나님의 세계로 들어가게 되는 것입니다. 여기에서 능력의 차이가 생기게 되는 것이지요. 하나님은 우리에게 상식적인 삶을 살도록 요구하시지 않습니다. 오히려 상식 너머에 있는 하나님의 능력을 의지하도록 요구하십니다. 하나님의 능력을 받은 사람은 누구나 이 도전에 직면하게 되고 이 시험이 곧 자신에게 주어진 능력을 향상시킬 수 있는 기회가 되는 것입니다.

세밀함을 얻기 위해서 우리에게 다가오는 불 시험을 이상하게 여기지 말아야 합니다. 능력이 강한 사역자가 되기 위해서는 평범함을 거부하고 두려움 없이 나아가야 합니다. 하나님은 강하고 담대하라고 하십니다. 수많은 영적 현상들을 만나게 되며, 그럴 때마다 두려워하면서 사람들의 이목을 계산한다면 그는 절대로 하나님의 인정을 받지 못할 것입니다. 대충 대충 넘어가려는 그런 자세는 사역자에게는 치명적인 약점이 됩니다. 대충 조언해주려고 하는 태도는 버리십시오. 막연하고 원리적인 도움을 필요로 하는 사람은 아무도 없습니다. 자신에게 꼭 맞는 맞춤식 도움을 얻기를 바라는 것입니다. 하나님은 성도들에게 문제를 만나게 하시는 구체적인 이유가 있는 것이지요. 이것을 몰라 헤매는 사람에게 막연한 말로 위로하려고만 한다면 더 혼란스럽게 될 것입니다.

사역자는 영육의 문제로 고통당하는 성도에게 바르게 진단하여 정확한 처방을 하여 알려주어야 합니다. 수박 겉핥기식으로 알려주면 절대로 안 됩니다. 예를 든다면 이런 식의 처방입니다. 열심히 기도하세요. 그러면 해결이 될 것입니다. 아니면 열심히 봉사하세요. 그러면 해결이 될 것입니다. 귀신에게 영육으로 고통당하는 성도에게 20일 금식하세요. 그러면 귀신이 떠나갈 것입니다. 사업이 안 되는 사람에게 당신은 사명자이기 때문에 사업이 안 됩니다. 신학을 하여 목회자가 되어야 합니다. 이렇게 처방을 해서 성도에게 알려주면 절대로 안 됩니다. 이런 인간적인 처방을 하는 사역자의 말을 순진하게 듣고 얼마나 많은 성도들이 방황하며 고통을 당하는지 이루 말할 수가 없습니다. 문제를 당하는 성도에게 육하원칙에 의거하여 바르게 처방을 해서 문제를 해결하며 아브라함의 복을 받고 하나님의 군사가 되게 해야 한다는 것입니다. 사역자는 진리를 많이 알아야 합니다. 수준이 안 되면 아예 조언을 하지 말아야 합니다. 성도들도 속지 말아야 하고, 사역자도 속이지 말아야 합니다. 이런 사역자는 반드시 하나님이 보응을 하실 것입니다. 하나님을 두려워하는 사역자가 되어야 합니다.

사역자는 자신에게 샤머니즘의 신앙의 잔재가 남아있지 않은지 날마다 점검해야 합니다. 샤머니즘의 신앙의 잔재가 남았다면 아직도 세상신의 영향을 받고 있는 증거입니다. 빨리 찾아서 해결해야 합니다. 사역자가 권능이 나타나는 것은 성령의 불을 받고 치유받으면 나타나는 것이 아닙니다. 물론 좀더 빨리 권능이 나타나게 할 수는 있습니다. 사역자가 권능이 강하게 나타나게 하려면 말씀의 비밀을 많이 깨달아야 합니다. 말씀의 비밀이 깨달이 지는 만큼씩 권능은 강하게 나타납니다. 말씀을 사역과 삶에 적용하므로 체험하면서 말씀의 비밀이 깨달아 집니다.

24장 영적 경험이 영적 특성을 만든다.

(고전 2:13)"우리가 이것을 말하거니와 사람의 지혜가 가르
친 말로 아니하고 오직 성령께서 가르치신 것으로 하니 영적인
일은 영적인 것으로 분별하느니라"

하나님은 체험하며 성도의 믿음이 자라게 하십니다. 사람들
은 천부적으로 타고난 성격도 있지만 후천적으로 교육에 의해서
형성된 성격도 있습니다. 이를 우리는 인격이라고 부릅니다. 영
적 성향도 이와 같은 면이 있어서 타고난 성향과 후천적인 인격
이 비슷하면 갈등이 별로 없지만 그렇지 못하면 심한 갈등을 겪
게 됩니다. 예를 들면, 급한 성격을 타고난 사람은 그 성격이 아
무래도 주님의 인격과는 거리가 있어 보이기 때문에 어떻게 해
서든지 차분하고 겸손한 인격이 되고자 많은 노력을 하지만 제
대로 되지 않습니다. 된 것 같이 생각되다가도 어떤 상황에 이르
면 예전의 급한 성격이 그대로 나타나 좌절을 겪게 됩니다.

영적 성향에 있어서 이런 선천적인 것과 후천적인 것이 어떻
게 조화를 이루어야 바람직한 것인지를 모색하는 노력이 필요하
지만 노력만으로 될 수 없는 부분이 있습니다. 사람의 성격은 부
모로부터 유전으로 물려받게 됩니다. 이런 성격이 현 시대에서
인정을 받지 못하는 것일 때는 무척 괴로운 삶을 살 수밖에 없습
니다. 요즘은 연예인이나, 전문 기술직이 각광을 받는 시대입니

다. 특히 IT에 관련된 직업이 인기가 있기 때문에 이런 직종에 맞는 성격은 꼼꼼하고 차분한 성격입니다. 그 반대 되는 성격은 이런 직종에서 어려움이 있기 때문에 머리는 좋아서 이 직종에 진입했지만 적성이 맞지 않아 고통스러워하는 사람들이 많습니다.

영적 특성에 있어서도 타고난 성격과 후천적으로 경험되어 형성된 성격의 차이가 생길 때는 여러 가지로 어려움을 겪게 됩니다. 영적 성향은 자신이 거듭날 때 경험하게 되는 영적 경험의 특성에 따라서 또는 이 시기에 만나게 되는 영적 지도자 사이에서 형성된 '영적 유대'에 의해서 특성이 형성되는 경우가 많습니다. 거듭나는 시기는 자신의 영이 새롭게 태어나는 시기이므로 이 때 경험하게 되는 영적 경험이 어떠한가에 따라서 특성이 규정되게 됩니다. 영적 경험은 홀로 하는 경우도 있지만 영적 지도자의 도움을 받아서 경험하게 되는 경우도 있습니다. 이런 경우에 영적 유대가 만들어져 지도자의 영적 성향을 닮게 되는 것입니다.

우리가 항상 표준으로 삼는 것은 그리스도의 인격인데, 그리스도의 인격은 결코 단순하지 않지만 우리는 단순히 '겸손'이라고 하는 한 가지 인격만을 인정하려는 경향이 강합니다. 엘리야처럼 불같을 수도 있고, 모세처럼 엄격할 수도 있습니다. 그밖에 다양한 모습을 보여주신 주님의 인격을 대표하면 '겸손'이겠지만 그 속에는 다양한 모습들이 있는 것입니다.

영적 체험에 의해서 형성되는 영적 특성인 인격은 크게 두 가지 형태로 구분될 것입니다. 즉 '지성'과 '감성'입니다. 이 두 가지 특성 속에도 다양한 분기들(ramifications)이 있을 것입니다. 이런 다양성은 주의 일을 하게 하기 위한 것입니다. 세상에도 다양한 사람이 있고 다양한 직업이 있듯이 주의 일에도 다양한 역할이 있기 때문에 그에 맞는 다양한 특성이 주어지는 것입니다. 그러므로 단 하나로 인격을 규정해서는 안 되는 것입니다.

모든 사람이 겸손만 해서는 거칠고 힘든 일을 할 수 없을 것입니다. 우레의 아들과 같은 저돌적인 사람도 있어야 합니다. 이를 긍정적으로 표현하면 추진력이 강한 것입니다. 물론 일만 벌리고 마무리를 못하는 단점이 있습니다. 그 부분은 마무리를 잘 하는 사람이 감당하면 될 것입니다. 그래서 서로 협력해야 할 필요가 있는 것입니다. 지성적인 사람은 감성에 약할 수밖에 없기 때문에 교사는 될 수 있지만 예언자는 되기 어렵습니다. 교사는 원리 원칙을 중요하게 여기고 교리와 체제를 공고하게 합니다. 그러나 이는 수구적이고 화석화할 위험이 있는 것입니다. 그래서 예언자가 이런 부분에 대해서 현실적이고 가변적인 적응력을 보여주게 됩니다. 이론과 실제는 한 영역에서 해결될 수 없는 부분이 많습니다. 그래서 교사와 예언자의 공조가 필요한 것입니다. 이 두 영역은 영적 경험에서 크게 차이가 납니다. 지적 경험 즉 말씀을 공부하는 과정에서 겪게 되는 감동으로 인해서 더욱 말씀을 사모하게 되며, 영적 경험 즉 은사의 체험을 통해서 더욱 신령한 것에 대한 동경심이 생기게 되는 것입니다. 이런 경험은 어떤 부분을 먼저 했느냐에 따라서 영적 성향이 지성이냐 감성이냐 갈리게 되는 것입니다.

우선 경험한 것이 나중에 경험한 것을 능가하기 때문에 거듭나는 시기에 겪게 되는 경험이 그 사람이 장차 기여하게 될 분야를 결정하게 되는 것입니다. 이는 자신에게 주어지는 직임이 어떠한 것이냐에 따라서 성령께서 인도하여 경험케 하는 것으로 이해할 수 있습니다. 물론 예외적인 사항은 어디에나 있습니다. 지성인 사람이 후에 감성으로 바뀔 수 있고, 그 반대도 가능한 것입니다. 그러나 대체로 처음 경험한 특성에 따라서 자신의 영성이 고정되는 것이 일반적이라고 할 것입니다.

타고난 성격과 영적 성향이 두드러지게 대조적이라면 그 사람은 심한 갈등을 오래 겪게 될 것이므로 자신의 성격과 비슷한 영적 지도자를 만나는 것이 유익할 것입니다. 그러나 이런 일은 자기 마음대로 되는 것이 아니므로 어려움이 있는 것입니다. 대체로 믿음이 없는 사람은 이런 부분에 대한 지식이 전무하기 때문에 선택의 여지가 없는 것입니다. 그래서 이런 일은 거의 숙명적이라고 생각할 수 있습니다.

영적 성향에 대한 갈등이 일어난다면 이를 교정할 수 있습니다. 그렇게 하기 위해서는 자신의 영적 성향과 맞는 지도자를 만나는 것이 유익합니다. 영적 갈등이 생기지 않는 지도자를 만나서 새로운 영적 유대를 형성하게 되면 보다 즐겁게 영적인 일을 할 수 있을 것입니다. 기질에 맞지 않는 일을 하려고 하면 우선 힘이 들고 영적 진보도 더디고 따라서 열매를 맺는 일도 어렵게 되는 것입니다.

자신의 영적 성향을 전혀 고려하지 않고 지리적으로 가깝다는 이유로, 또는 한 교회를 계속 섬겨야 한다는 고정 관념 때문에 계속 갈등하면서 신앙생활을 하는 것은 서로에게 유익이 될 수 없을 것입니다. 하기 싫은 일이나 동기 유발이 되지 않는 분위기에 계속 머물게 되면 영적 탈진이 쉽게 되고, 습관적으로 또는 의무감으로 일을 하게 되기 때문에 즐거움이 사라집니다. 오늘날은 '웰빙 시대'가 아닙니까? 기왕에 다홍치마입니다. 즐거운 마음으로 주를 섬기는 것이 얼마나 행복한 일이겠습니까?

영적 즐거움이 없다면 지도자와 강한 영적 유대가 형성되지 않았거나 자신의 기질이 그 영역에 맞지 않기 때문일 것입니다. 그렇다면 어떻게 해야 할 것인지를 심각하게 고민해야 할 것입니다. 영적 충돌만 일으키는 사람은 그 집단에서 떠나야 합니다. 그렇지 않으면 모두에게 피해를 주게 되는 것입니다. 사사건건 어떤 일에 딴죽을 걸고 나오는 사람은 정신적으로도 문제가 있겠지만 그 보다는 자신이 해야 할 일이 무엇인지를 모르거나 그 분위기에 어울리지 못하기 때문일 것입니다. 자신이 어떤 영적 특성을 지니고 있는지를 제대로 안다면 그런 분위기를 찾아야 할 것입니다. 자신이 서야 할 영역을 제대로 알지 못한다면 흥미가 없어지게 되고 그런 상황에서 성격으로도 깐깐한 사람은 딴죽을 건 훼방꾼이 될 가능성이 높다고 볼 수 있습니다. 애정과 미움은 같은 감정에서 나오는 것이 아닙니까? 관심 받고 싶어서 딴죽을 건 행위를 하는 것입니다. 그러지 말고 자신이 즐겁게 할 수 있는 영역을 찾아내는 것이 더 나은 선택이 될 것입니다.

그리스도의 비밀은 어떻게 알아갑니까? 그리스도의 비밀은 영적 경험으로 알게 되는 것입니다. 왜냐하면 그리스도는 살아 있는 생명이기 때문입니다. 고로 이론으로 알 수 없는 것이 그리스도의 비밀입니다. 우리가 살아가는 일 가운데에는 겉으로 보는 것과 경험해 보는 것 사이에는 엄청난 차이가 있는 경우가 많습니다. 피상적으로 볼 때는 알 수 없었던 일들을 직접 겪으면서 알게 되는 경우 우리는 당황스러워하게 됩니다. 이런 일이 영의 일에서는 더욱 더 심각합니다. 영의 일에서 직접 경험해보지 않고 이론으로만 아는 것은 무척 위험할 수 있을 뿐만 아니라 오해로 인해서 그 길로 가는 것을 두려워하게 됩니다.

대표적인 예가 바울일 것입니다. 그는 바리세인 중에서도 열성적인 사람이었기 때문에 당시 갈릴리 일대에서 일어나는 놀라운 사건의 현장에 그는 한 번도 발을 들여놓지 않았습니다. 그는 그토록 첨예한 문제를 일으키면서 3년간이나 유대 사회를 시끄럽게 달구었던 예수라는 인물에 관해서 관심이 없었습니다.

그가 예수에 관한 소문을 듣지 못했을 것이라고 가정하는 것은 무척 어렵습니다. 예수의 문제는 당시 대제사장까지 알고 있었던 심각한 종교 문제였기 때문에 장차 대제사장을 꿈꾸던 야심 많은 젊은 랍비인 사울이 이 문제에 관해서 전혀 들어보지 못했다고 가정하는 것은 무리임에 분명합니다. 그런 사울이 예수와의 만남이 전혀 없었던 것은 그의 종교적 가치관 때문이었을 것입니다.

유대의 지식인 중 한 사람이었던 나다나엘은 사람들이 예수께 관심을 두고 그에게 몰려갔지만 그는 나무 그늘에서 쉴망정 관심이 없었습니다. 예수의 문제는 제사장은 물론이거니와 대부분의 랍비들에게는 한갓 풋내기의 헤프닝일 뿐이었습니다. 나다나엘은 그의 친구 빌립이 예수를 만나볼 것을 권했을 때, "나사렛에서 무슨 선한 것이 날 수 있겠느냐?"라고 일축해버렸습니다.

여기서 선한 것이라고 표현한 것을 현대적인 의미로 풀어본다면, "나사렛에서 무슨 쓸만한 인물이 나오겠는가?"라는 조소적인 표현입니다. 이런 말을 하는 것으로 보아 나다나엘은 성경에 박식한 사람이었음에 분명합니다. 성경을 정통적인 방식으로 배운 그에게 있어서 지금 일어나고 있는 예수에 대한 열풍은 별 의미가 없었던 것입니다. 그는 예수를 경험하지 못하고 단순히 이론적으로만 이해한 사람입니다.

메시야에 관해서 박식한 이들 유대 랍비들의 반응은 이들처럼 냉소적일 수밖에 없었습니다. 특히 청년 랍비인 사울에게 있어서 예수가 행하는 갖가지 이적 역시 관심을 끌 수 없었습니다. 율법의 수호자가 될 사울에게 있어서 기사와 이적은 한낱 헤프닝일 뿐 본질적인 것이 될 수 없다는 굳은 신념을 가지고 있었을 것입니다. 기사와 이적은 율법을 생명처럼 여기는 랍비들에게 있어서 관심을 둘 사안이 아니었을 뿐만 아니라 학식이 없는 일반적인 유대인들을 그런 유혹에서 분리시켜 안전하게 율법 안에 거하도록 보호해야 할 의무도 있었습니다. 그래서 그는 뒤늦게 예수의 추종자들을 잡아들이는 일에 뛰어들었습니다.

우리는 경험 없이 예수를 이해한다는 것이 이처럼 원천적으로 무언가를 잃고 있다는 사실을 이해해야 합니다. 청년 사울이 예수를 바로 이해할 수 있었던 것은 성경을 곰곰이 묵상하면서 깨달은 것이 아니었습니다. 그가 예수를 알게 된 것은 그의 삶 전체를 통해서 그토록 부정했던 신비한 경험을 통해서였습니다. 이 경험은 독자적인 것이었습니다. 함께 동행을 했던 다른 일행들은 전혀 경험하지 못한 것입니다. 그 일로 인해서 그는 외톨이가 되었습니다. 철저한 율법주의자였던 사울이 한 순간의 강력한 환상이라는 모호한 경험을 통해서 그렇게 쉽게 자신의 가치관을 바꿀 수 있었겠습니까?

그는 한 번도 실제적인 육신의 예수를 만난 적이 없습니다. 먼 발치에서라도 본 적이 없을 정도로 철저하게 관심이 없었던 사람입니다. 조금이라도 관심이 있었던 사람이라면 신비한 경험을 통해서 예수에게 관심을 가지게 되었을 것입니다. 그러나 그는 그런 사람이 아니었습니다. 그는 자신을 바리세인 중에 바리세인이라고 표현한 것으로 볼 때 그렇습니다. 그런 그가 놀라운 환상을 볼 때 그의 입에서 나온 말은 곧 이 말이었습니다. "주여 누구시니이까?" 사울이 자신에게 들려오는 음성 "사울아 네가 어찌하여 나를 박해하느냐?"라는 질문에 그는 '주'라고 응답했습니다. 그는 단순히 누구냐고 물을 수도 있었을 것입니다. 그러나 이 황급하고 놀라운 현장에서 '주여!'라는 호칭을 사용했습니다. 이런 호칭을 그가 사용한 것은 그의 자의적인 의식에 의한 것으로 볼 수 없을 것입니다. 아마도 강력한 성령의 감동으로 그런 질문을 했을 것입니다. 저의 개인적인 경험으로도 강력한 성령의 감동 안에서는 자의적인 표현이 불가능하다는 사실을 알고 있습니다.

우리에게 있어서 영적 경험은 그 형식이야 어떠하든지 성령의 감동에 의해서 일어나는 것입니다. 그리고 그 낯선 경험을 통해서 우리는 전혀 새로운 차원으로 들어가게 되는 것입니다. 제가 낯설다는 표현을 사용하는 것은 성령의 경험은 우리의 인식이나 삶의 경험을 바탕으로 하는 것이 아니기 때문입니다. 그렇기 때문에 이런 경험이 전무한 사람들에게 있어서 이 부분은 신비일 수밖에 없고 더불어 이해할 수 없는 것입니다. 그렇기 때문에 그들은 이 낯선 경험을 무시하거나 가치 없는 것으로 취급할 수밖에 없습니다. 청년 랍비 사울처럼 말입니다.

사울은 자신이 다메섹에서 벌건 대낮에 경험한 이 독자적인 경험을 그 후 수도 없이 되새기면서 신학적인 이해를 찾게 되었습니다. 단 한 번의 놀라운 경험은 그로 하여금 예수에 관한 가치관을 송두리째 바꾸게 만들었습니다. 그런 변화를 가져온 것은 그의 열성적인 탐구심이 한 몫을 했을 것이 분명합니다. 그는 그 누구와도 상의하지 않고 홀로 아라비아로 가서 깊은 묵상에 들어갔습니다. 그의 삶의 획기적인 변화를 가져올 이 놀라운 경험의 진정한 의미를 찾기 위한 고독한 여정을 통해서 그는 그리스도의 놀라운 비밀을 발견하게 되었고, 스스로 사도라고 부를 정도로 그리스도의 본질을 발견한 것입니다.

우리의 영적 경험은 단순한 의미로는 영적 삶을 더욱 풍성하게 하는 하나의 계기가 되거나 이벤트가 될 수 있습니다. 그러나 이런 차원을 넘어서 그 의미를 깊이 묵상해나간다면 우리는 그 경험을 통해서 그리스도의 놀라운 비밀들에 참여하게 되는 계기가 됩니다. 바울은 "그리스도의 비밀"이라는 표현을 즐겨 사용한 사람입니다(엡 3:4, 골 4:3, 고전 4:1 등). 전에 전혀 알지 못했던 사실들을 영적 경험을 통해서 깨닫게 되었다면 우리는 그리스도의 비밀에 참여한 사람이 된 것입니다.

어떤 이들은 말씀을 읽으면 그리스도의 비밀을 깨닫게 되는데 굳이 경험을 강조할 필요가 있느냐고 반문하기도 합니다. 이런 사람들은 하나만 알고 둘은 미처 모르는 것입니다. 사람마다 다 자기 같지 않습니다. 성경을 백날 읽어도 도무지 모슨 말을 하는지 전혀 깨닫지 못하는 사람들이 얼마나 많은지 알아야 합니다. 성경 백번 읽는 것보다 한 번의 영적 경험으로 더욱 더 주님께 가까이 다가가고 주님을 잘 이해하는 사람들이 있습니다.

바울은 그 후로 많은 영적 경험을 했습니다. 위험한 고비고비마다 천사들이 나타나 계시해주셨고 위로했습니다. 감옥에 갇혔을 때는 천사가 옥문을 열어주기도 했습니다. 그는 마음 속 깊은 곳에서 울려나오는 성령의 음성을 들을 줄 안 사람이었습니다. 성경에 박식했던 그에게 굳이 그런 경험이나 천사의 도움이 필요하겠습니까? 그러나 성령은 그에게 신비한 방식으로 인도했습니다. 그가 말씀이 부족해서가 아닙니다.

하나님은 지금도 경건한 성도를 인도하실 때 말씀과 경험이라는 두 가지 방식으로 인도하십니다. 때로는 익숙한 말씀으로 때로는 전혀 낯선 영적 경험으로 인도하시는 것입니다. 그렇기에 우리는 때로는 혼란스러워하기도 하고 당혹스럽기도 합니다. 이것은 우리가 겪어야 할 몫입니다. 두려움 때문에 하나님께로 나가는 신비한 길을 포기해서도 안 될 것이며, 무시해서도 안 될 것입니다.

25장 영적 감각이 예민해지는 비결

(고전 2:13)"우리가 이것을 말하거니와 사람의 지혜가 가르
친 말로 아니하고 오직 성령께서 가르치신 것으로 하니 영적인
일은 영적인 것으로 분별하느니라"

예수님을 영접한 사람은 그 순간부터 영적인 사람이 됩니다.
이는 어둠의 권세 안에 눌려 죽어있던 자신의 영이 예수님의 능
력으로 살아남을 의미합니다. 그러므로 그 순간부터 영은 행동
을 시작합니다. 영이 살아 행동하는 영적인 사람이 되었기 때문
에 자신의 삶에 다양한 영의 작용들이 나타나기 시작하는 것입
니다. 이러한 영의 움직임에 대한 지식이 없으면 그 영을 올바르
게 통제하기가 불가능합니다. 영은 성장하고 성숙해야 하는 생
명체입니다. 그렇기 때문에 때로는 보호되고 양육되어야 하는
것입니다.

미성숙한 그리스도인의 영을 침해하는 악한 영이 있습니다.
이 영의 공격에 대해 자신이 적절히 대응하지 못하면 영은 심한
상처를 받게 되고 그 힘이 약해지게 됩니다. 이렇게 되면 자신의
삶이 심각한 불균형을 초래하게 되는 것입니다. 미성숙한 영이
강한 영으로 성장하기 위해서는 반드시 영성훈련이 되어야 합니
다. 그렇기 때문에 처음 예수님을 영접한 사람에게 있어서 영적
교육은 매우 중요합니다. 영의 실체를 이해하고 영의 성장을 위

해 자신이 어떤 노력을 해야 하는지를 알아야 하는 것입니다.

대부분의 교회는 이러한 지식이 없기 때문에 초신자들에 대한 영적 교육을 제대로 하지 못해서 많은 사람들이 영적 침해를 입으면서도 그것을 심리적이거나 기질적이거나 환경적인 것으로만 생각하고 적절한 대응을 하지 못하고 있는 것입니다. 신앙생활을 하면서도 확신이 없거나 세속적인 삶의 형태를 벗어나지 못하는 사람들은 그들의 영이 심각할 정도로 훼손을 입고 있다는 증거입니다. 다시 말하면 영의 중병을 앓고 있는 것입니다. 그런데 이 사실을 누구도 가르쳐주지 않기 때문에 인식하지 못하고 있는 것입니다.

죽을병이 들어있는데도 그 사실을 모르고 생활하는 사람들이 얼마나 많습니까? 이처럼 영혼의 깊은 병이 있음에도 불구하고 자신은 전혀 모릅니다. 신앙생활에 즐거움과 환희가 없다면 이는 자신의 영이 병들어 있는 것입니다. 치유센터와 기도원, 부흥회에서 간신히 은혜를 회복했는데 며칠이 못가서 다시 예전처럼 시큰둥해진다면 이는 자신의 영을 제대로 돌보지 못해서 그런 것이지요. 우리의 영은 끊임없이 돌보고 성장시켜야 합니다. 그런데 이 세상에는 영의 성장을 방해하는 악한 요소들이 너무 많습니다.

영의 성장을 방해하는 악한 영들의 방해는 5감을 통하여 침투합니다. 시각, 청각, 미각, 후각, 촉각이라는 접촉점을 통해서 침투하게 되는 것입니다. 여기서는 시각에 대해서만 다루기로 합니다. 보는 것으로 인하여 받는 해는 이루 헤아릴 수 없이 많습니다. 거듭난 그리스도인은 시각의 대상이 오직 예수님 한분으로 고정되어야 할 필요가 있습니다.

보는 대상이 무엇이냐에 따라 그 영이 영향을 받고 그렇게 기능하게 됩니다. 이제까지는 세상을 보았기 때문에 세상의 영향을 무조건 받았습니다. 그러나 예수를 바라봄으로써 예수님의 영향을 전적으로 받게 되는 것입니다. 깊은 영의기도를 통하여 자신의 내면에 계신 예수님을 보는 훈련을 해야 합니다. 친구의 얼굴을 보면서도 예수님의 얼굴을 볼 수 있어야 합니다.

그러면 그 친구의 얼굴에서 예수님과 동일한 부분과 그렇지 못한 부분을 가려낼 수 있게 됩니다. 모든 사물을 볼 때마다 예수님과 대비하여 보는 습관을 길러야 합니다. 그래야만 마귀의 함정에 빠지지 않게 되는 것입니다. 자주 보게 되는 사물로부터 우리는 심각할 정도로 영적인 영향을 받게 됩니다. 어린(초등) 학생들이 컴퓨터에서 음란물을 보는 것은 정말로 큰 영적인 치명상이 될 수가 있습니다. 저는 이런 음란물을 보고 밤에 가위눌림을 당하다가 정신적이고 영적인 문제가 발생하여 정상적인 생활을 못하는 아이들을 치유한 체험이 있습니다. 눈으로 보는 것의 영적 영향은 파장을 가지고 있습니다. 우리 안에 형성된 그리스도의 파장과 조화되지 못하는 파장은 우리의 영이 거부하게 됩니다.

이 부조화된 파장으로 인하여 생기는 반응은 불쾌함이나, 두려움이나, 거부감 등으로 전달되게 됩니다. 이러한 반응에 예민하게 반응하지 못하면 영은 점차로 그 반응하는 힘을 잃게 됩니다. 죄를 거듭 저지름으로 인하여 양심이 무디어지는 것과 같은 이치입니다. 부조화로 인하여 생기는 영의 반응을 단순한 심리적인 것으로 잘못 알고 있기 때문에 올바른 대응을 하지 못하는 것입니다.

TV의 드라마를 시청하면서 거북한 느낌을 느끼게 된다면 즉시 그 시청을 중단해야 합니다. 이는 그 장면이 주님의 형상과 어긋나는 것이기 때문입니다. 등장하는 인물에게서 심한 거부감을 느끼게 되면 역시 시청을 중단해야 하는 것입니다. 그 인물의 배역이 비 성경적인 역할을 하고 있기 때문인 것입니다. 사물을 보되 그리스도의 형상과 대비하는 습관을 기릅시다.

예수님을 처음 영접하는 사람 즉 영이 방금 생명을 얻어 활동하기 시작하는 사람은 세상적인 것이 싫어집니다. 오직 예수님만 생각나고 예수님만 있으면 그 이상 아무것도 필요하지 않게 됩니다. 이 시기가 영이 보호 속에서 성장하여 힘을 얻는 시기이기 때문에 그러한 현상이 나타나는 것입니다.

영이 어느 정도 힘을 얻어서 마귀의 영향에서 자신을 보호할 수 있는 힘을 얻을 때까지 철저한 보호가 필요한 것입니다. 이는 영의 인쿠베이터 시기인 것입니다. 마귀의 영향에서 자신을 보호할 수 있는 영성의 수준은 사람에 따라 그 시기의 길이는 다소 차이가 있겠지만 대체로 3년 정도 영성훈련하면 가능합니다. 이

기간에 영적인 힘을 얻어 스스로 독립하여야 하는 것입니다. 이 기간 동안에 우리는 수많은 영적인 현상들을 경험하게 됩니다. 많은 영적 현상들에 대한 전문적인 지식이 있어야 올바른 대응을 하게 되며 영이 성장하고 강한 힘을 얻게 됩니다.

이 시기에 속한 사람들은 세상적인 사람들을 피하고 경건한 사람들과 교제를 많이 가져야 합니다. 아직 세상의 영을 이길 힘이 없기 때문인 것입니다. 힘이 약한 사람이 강한 자와 싸운다면 필연적으로 손상을 입게 되는 것처럼, 이 시기에 영의 손상을 입게 되면 성장에 큰 방해가 되는 것입니다. 사람들을 만나는 것도 가려야 하고 보는 것도 가려 보아야 합니다. 아직 힘이 없기 때문입니다.

책도 경건서적을 읽고 TV시청도 가려서 해야 합니다. 드라마는 갈등을 주된 내용으로 하고 있기 때문에 매우 해롭습니다. 화면의 뒤에 숨겨진 불순한 의도를 자신이 제대로 느끼지 못하기 때문에 보면서도 반응하지 못하는 것입니다. 영이 힘을 얻으면 그러한 드라마를 볼 때 몹시 불쾌해지고 보기 싫어집니다. 거듭나기 전에는 그토록 좋아하던 드라마가 꼴보기도 싫어집니다. 왜 싫어지는 걸까요? 그 내용이 비 성경적이기 때문이지요. 영은 이를 알지만 자신은 모르는 것입니다.

영이 우리 몸에 보내오는 신호에 올바르게 반응할 때 우리의 영은 힘을 얻게 되며, 성장하게 되어 사람들에게 영향을 끼치기 시작하게 됩니다. 좋지 못한 것을 즐겨 보던 사람들이 자신과 교제를 나누면서 차츰 그런 것들을 보기 싫어하게 됩니다. 보는 눈이 바뀌고 추구하는 것이 달라지는 등의 변화를 가져오게 됩니다. 자신으로 인하여 사람들이 영향을 받아 변화되기 시작합니다. 이것이 영의 능력입니다. 자신의 시각이 철저히 변화되고 통제되어 힘을 얻게 됨으로써 다른 사람의 시각에 영향을 주고 변화시키는 것입니다. 이제까지는 다른 사람들에게 영향을 받기만 하던 자신이 이제는 영향을 주는 사람으로 바뀌는 것입니다.

성도는 영적인 존재입니다. 영적 세계가 열려야 합니다. 영적 세계는 육의 눈으로 보이지 않는 세계입니다. 따라서 말씀과 성령으로 영안이 열려야 합니다. 부단한 말씀 묵상과 깊은 기도로 영적 감각이 예민해지도록 지속적인 깊은 영의기도 훈련이 필요합니다. 그리고 주기적인 영적진단이 필요합니다. 우리가 드리는 예배가 성령으로 충만한 예배가 된다면 금상첨화가 될 것입니다. 예배를 드리면서 자신의 영적 상태를 진단 받을 수 있기 때문입니다.

이것이 안 된다면 별도의 시간에 영적진단을 받아야 합니다. 우리 교회는 매주 토요일 날 집중치유 프로그램이 있습니다. 2시간 30분 동안 성령의 임재가운데 기도하며 진단하고 치유하는 시간입니다. 아주 많은 분들이 자신을 진단하고 치유 받고 성령 충만을 받고 있습니다.

26장 건강과 신령한 영성은 비례한다.

(고전 2:10)"오직 하나님이 성령으로 이것을 우리에게 보이
셨으니 성령은 모든 것 곧 하나님의 깊은 것까지도 통달하시느
니라"

영성만 강하면 되는 것이 아닙니다. 건강과 영성이 같아야 합
니다. 건강과 영성은 비례한다는 말입니다. 건강하지 못하면 영
성도 건강하지 못합니다. 일부 성도들이 영의 문제는 육의 문
제와는 별개로 보는 견해가 있습니다. 영을 강하게 하기 위해서
는 육을 억제해야 한다고 생각합니다. 이런 사람들은 영을 강하
게 하기 위해서 육의 요구를 억제하고 절제된 생활을 합니다. 영
지주의나 불교적 영성을 추구하는 사람들이 그런 태도를 취합니
다. 그러나 기독교의 영성은 영과 육의 긴밀한 조화를 추구합니
다.

주님은 육으로 계실 때 육성으로 하는 말이 곧 영임을 우리에
게 일깨워주셨습니다. 우리의 영은 육을 떠나서는 이 세상에 존
재할 수 없습니다. 세상에 존재하는 동안 필수적으로 육을 입어
야 하는 것입니다. 영과 육의 관계는 상호 보완적이며 필요한 존
재입니다. 따라서 영은 육의 조건에 많은 영향을 받습니다. 육이
범죄 함으로써 영은 심하게 위축되며, 육이 쇠잔하면 영은 그 힘
을 잃게 됩니다. 강한 영적 힘을 얻기 위해서는 많은 기도를 해

야 한다고 생각하는 사람들이 많습니다. 물론 틀린 말은 아닙니다. 그렇다고 올바른 말도 아닙니다.

영적 힘이 기도의 분량에 있는 것은 아닙니다. 영적 힘이 강하면 많은 기도를 할 수 있습니다. 오랜 기도와 끈질긴 기도는 영적 힘이 없으면 불가능한 일입니다. 그러나 기도의 양에 의하여 영력이 강해지는 것은 아닙니다. 하나님은 우리의 기도를 통해서 영적 힘을 공급합니다.

그러나 기도만이 유일한 통로가 되는 것은 아닙니다. 하나님이 우리에게 힘을 공급하는 수단은 여러 가지가 있습니다. 기도, 말씀의 실천, 예배, 찬양, 봉사, 헌신, 성경공부, 호흡, 그리고 체력단련 등입니다. 그중에서 체력 단련은 우리가 그동안 간과해온 내용입니다. 체력과 영력은 비례합니다. 허약한 체력으로는 강한 영력을 유지할 수 없습니다.

1시간 집회를 인도하고 지치는 사람과 10시간 인도해도 힘이 남아도는 사람과의 영력은 크게 차이가 납니다. 영력이 강하게 나타나는 집회에서는 회중이 힘을 얻습니다. 그러나 무기력한 집회에서는 사람들이 지루해하고 답답해합니다. 이런 집회에는 조는 사람이 많습니다. 회중이 존다고 강사가 야단을 치는 경우를 봅니다. 조는 회중이 문제입니까, 졸도록 만든 강사가 문제입니까?

영적 권능이 약하면 마귀가 판을 칩니다. 마귀가 집회를 온통 휘젓고 다닙니다. 어떤 귀신들린 사람이 있었습니다. 교회의 목사님과 몇 명의 성도가 축사를 위한 예배를 시작했습니다. 그 목사님은 축사를 해 본 경험이 없는 분이었습니다. 이론적으로 알고 있고 또 목사는 하나님의 종이므로 귀신을 능히 쫓을 수 있을 것으로 믿고 예배를 시작했습니다. 그런데 예배가 처음부터 곤경에 빠지게 되었습니다.

귀신들린 사람이 처음에는 가만히 앉아 고분고분하더니 갑자기 자리에서 일어나 방안 한 가운데로 나와서 성도들이 자기 앞에 놓아둔 성경과 찬송가책을 발로 걷어차고 조롱하면서 야단을 피웠습니다. 당황한 성도들이 그를 잡으려고 하였지만 강한 힘에 오히려 쓰러지고 말았습니다. 이날 예배는 그것으로 끝났고 목사님과 성도들은 그 귀신들린 사람에게 크게 봉변을 당하고 물러나고 말았습니다.

영력은 체력을 바탕으로 하는 예로써 심한 병에 걸린 사람을 위해서 중보 기도하는 경우 심한 체력의 소모를 가져옵니다. 1시간 기도에 3킬로그램 이상 체중이 빠집니다. 기도를 하고 나면 체력이 심하게 빠져나가 지칩니다. 영력과 체력이 동시에 소진되는 것입니다. 특히 악령과 싸우는 영적 전투에 임하면 급격히 체력이 소진되는 것을 느낍니다. 그러므로 평상시에 체력을 관리해야 합니다. 영적 전투가 물리적인 힘을 써서 하는 것은 아닙니다.

일부 무식한 사역자들이 환자의 눈을 심하게 눌러 실명하게 하기도 하고, 환자의 몸에 올라가 심하게 눌러 갈비뼈를 상하게 하는 경우가 있습니다. 이는 영적 힘이 모자라는 사람이 체력으로 제압하려는 어리석은 생각 때문에 발생하는 불행한 일입니다.

영력은 체력을 바탕으로 하여 그 속에서 우러나오는 보이지 않는 힘(에너지)입니다. 영력의 바탕이 되는 체력을 강하게 기르는 것은 사역자의 필수적인 일과입니다. 나는 개인적으로 일주일에 6회 정도 걷는 훈련을 합니다. 강한 체력을 유지하여야만 강한 영력을 소화할 수 있습니다. 물론 영적 힘의 분량은 주님이 주십니다. 체력이 아무리 강하다도 해도 주님이 영력을 주시지 않으면 영력을 발휘할 수 없습니다. 주님이 주신 영력을 100% 발휘할 수 있느냐 없느냐는 체력에 달려 있습니다. 저는 건강관리에 관심이 많습니다. 건강해야 영성도 깊어지고 영력도 강해지기 때문입니다. 한편으로는 제가 지금까지 터득한 깊은 영적인 체험을 오래 사용해야 하기 때문입니다.

적당한 운동을 계속함으로써 건강이 유지되고 체력이 향상 되면 주님이 주신 영적 능력을 효율적으로 사용할 수 있는 것입니다. 그러므로 운동은 사역자에게는 더욱 필수과목입니다. 운동하지 않고 좋은 사역을 하겠다는 생각은 버리십시오. 지금의 사역보다 더욱 능력 있는 사역을 원한다면 지금 당장 운동을 시작하여 체력을 향상시키기 바랍니다.

건강해진만큼 영적 능력도 크게 나타날 것입니다. 영적 능력은 우리가 추구해야 할 대상은 아닙니다. 그것은 마치 물을 건너기 위해 설치한 다리와 같고 살기 위해서 만들어놓은 집과 같습니다. 영적 능력은 주님을 나타내는 수단이지 우리가 추구할 궁극적인 목표는 아닙니다. 그러나 우리가 이 세상에 사는 동안에 보다 아름답고 좋을 집에서 살고 싶은 소망이 누구에게나 있듯이 주님을 나타내는 방법이 보다 능력 있게 나타난다면 아름답지 않겠습니까? 이런 점에서 우리는 강한 능력을 소유해야 할 것입니다.

특히 우리의 원수 마귀는 강한 힘을 소유하고 있습니다. 이 마귀와 싸워 이기기 위해서 우리는 주님으로부터 강한 능력을 받아야 하겠습니다. 귀신을 쫓다보면 안타까울 때가 많습니다. 강한 귀신을 만나 영적 싸움을 시작합니다. 영적 싸움은 파워게임입니다. 내가 힘이 강하면 귀신은 물러나고 내가 힘이 약하면 귀신은 절대로 물러나지 않습니다. 나에게 주어진 하나님의 능력의 한계 안에서 귀신을 쫓을 수 있는 것입니다. 그런데 그 파워게임에서 내 힘이 모자라는 것을 느낄 때가 있습니다.

그 힘의 차이가 처음부터 많이 난다면 문제는 다르겠습니다만 미세한 차이로 내 힘이 귀신의 힘을 이겨내지 못하는 경우 안간힘을 다 쏟아 이제 1~2분만 버티면 귀신을 쫓아낼 수 있을 것 같은데 그 힘이 모자라 귀신을 내어 쫓지 못하는 경우가 있습니다. 이럴 때는 후회가 막심해집니다.

귀신들린 사람과 그 가족에게는 이 문제가 인생 전체에 걸친 절박한 문제입니다. 죽느냐 사느냐의 절박함이란 이루 말할 수 없습니다. 이처럼 절실한 문제 앞에서 단 1~2분의 시간을 지탱할 힘이 없어 결국 귀신을 쫓지 못하는 결과를 가져올 때 그 참담함이란 이루 형언하기 힘듭니다.

허리가 쑤시고 머리가 혼미해지고 팔에 힘이 없고 사지가 쑤시는 고통과 온몸의 힘이 다 빠져나가 탈진하는 것과 같은 힘겨움이 몰려옵니다. 여기서 포기해서는 절대로 안 되지만 이는 마음 뿐 몸이 따라주지 않아 결국 포기하게 되고 맙니다.

마라톤 선수가 자신 보다 불고 1미터 정도 앞선 선수를 추월하지 못하고 계속 그 뒤에서만 달리다가 끝내 지고 마는 것을 보는 경우가 있습니다. 약간의 차이는 마라톤에서는 결코 따라잡을 수 없는 절대적 힘이 우위가 되는 것입니다. 이처럼 영적 전투에서도 마찬가지입니다.

나는 마라톤을 하면서 수없이 쉬고 싶은 유혹을 받습니다. 그러나 이럴 때마다 귀신들린 사람들을 생각합니다. 제가 실패한 경험들을 떠올리면서 이를 악물고 달립니다. 그렇게 달리면 목표에 이릅니다. 숨이 턱에 차고 심장이 멎을 것 같던 힘든 고비를 넘기면 호흡도 편안해지고 기분도 상쾌해지면서 얼마든지 달리게 됩니다.

이제 귀신을 내어 쫓는 일에 있어서 체력으로 인하여 포기하는 일은 결코 없기를 나는 바라면서 달립니다. 포기하는 것은 그 가정의 고통을 지속시키는 불행한 일입니다. 끈질긴 기도와 영적 인내의 싸움을 위해서 우리는 운동을 해야 합니다. 특별히 걷는 유산소 운동을 권합니다.

그리고 영성이 깊어지려면 말씀 묵상과 깊은 영의기도도 해야 합니다. 이것으로 다되는 것이 아닙니다. 체력이 따라 주어야 사역을 합니다. 사역자는 엄연하게 육을 입고 사역을 합니다. 육이 있기 때문에 체력이 따라 주어야 한다는 것입니다. 제가 잘 아는 집사님이 저에게 이렇게 말하는 것입니다. 목사님 맞습니다.

영성과 체력이 같이 가야 합니다. 자신이 잘 아는 목사님이 영적인 사역을 하시는데 성도를 안수로 집중치유를 하고 나면 체력이 고갈되어 병원에 가서 링거를 맞는 다는 것입니다. 이분은 체력을 길러야 합니다. 체력이 따라주지 않으면 사역을 줄여야 합니다. 지금 당장은 젊어서 문제가 없는 것 같아 보이지만 나이가 들면 여러 가지 영육의 문제로 고통을 당합니다. 다시 한 번 강조합니다. 체력과 영성은 같이 가야 합니다.

우리는 건강을 위해 달리면서 운동하는 것이 아닙니다. 기록을 위해서 달리는 육상선수도 아닙니다. 우리는 하나님의 나라와 모든 성도들의 행복과 자신의 행복과 강건한 영성을 위해서 달리는 경주자가 되어야 합니다. 그러기 위해서 부단하게 자기 영육의 관리를 해야 합니다. 내 몸은 내 몸이 아니라, 하나님의 성전이기 때문에 더욱이 관리를 잘해야 합니다. 그래야 하나님에게 잘했다 칭찬을 받게 될 것입니다. 영성과 건강은 같이 가야 합니다. 자신의 영성관리 못지않게 건강관리에 힘써야 합니다.

27장 영성과 은사의 속성은 같지 않다.

(고전 12:4)"은사는 여러 가지나 성령은 같고"

한마디로 은사가 있다고 영성이 깊은 성도가 아니라는 것입니다. 우리가 영적 경험을 하는 것 가운데는 신령한 것과 일상적인 것이 있습니다. 신령한 것을 더 영적이라고 생각하고 일상적인 것은 덜 영적이라고 여기는 것은 문제가 있습니다. 꿈과 환상과 예언 등과 같은 경험을 영적이라고 생각하고 환경에서 경험하는 것은 영적이 아니라는 생각은 고쳐야 합니다. 그리스도 안에서 모든 것은 영적이라고 볼 수 있어야 합니다.

히브리서는 대제사장이신 예수에 대해서 설명하고 있습니다. 멜기세덱이라는 인물을 들어서 설명하고 있지만, 이 인물에 대해서 사람들이 쉽게 이해하기 어려운 부분이 있음을 일깨워주고 있습니다. 이 베일에 싸여있는 멜기세덱을 이해하기 위해서는 더 많은 공부가 필요합니다. 그 공부란 지식으로 배우는 것이 아니라 경험으로 배워야 한다는 점을 강조하고 있습니다.

경험을 통해서 그리스도가 대제사장이 된다는 사실을 인식하는 것이 중요하다는 사실입니다. 대제사장으로서의 그리스도를 이해하지 못하는 까닭은 "의의 말씀"을 경험하지 못했기 때문인데, 이를 경험하기 위해서는 지각을 사용하는 연단을 거쳐야 하는 것입니다. 연단이란 이론적으로 긍정하는 것이 아니라, 불편한 삶을 통해서 깨닫게 되는 것을 의미합니다. 이것이 사실상 중요한 영적 경험이라고 할 것입니다.

영적 경험에 대해서 신묘한 것만을 추구하거나 그런 것만을 영적 경험이라고 알고 있는 사람들이 있는데 그들이 경험하는 영적 경험은 오히려 교만을 만들어낼 뿐 인격을 성숙시키지 못한다고 비판하는 사람들이 있기도 합니다. 고린도 교인들의 예를 보면 이런 지적이 당연한 것입니다. 그러나 모든 영적 경험이 다 불필요한 것이며, 교만에 빠지게 하는 것이거나 아직 영적으로 성숙하지 못했기 때문에 육신의 감각을 통해서 믿음을 얻도록 경험하게 하는 것이라고 주장하는 것은 올바르지 못하다 할 것입니다.

신령한 경험을 비롯해서 은사의 경험은 영적으로 성숙하지 못하고 육신에 속해 있기 때문에 주어지는 것만이 아닙니다. 신령한 영적 경험과 은사는 영적 성숙과는 사실 별로 연관이 없습니다. 경험 자체가 인격을 성숙시키는 능력이 있는 것이 아닙니다. 이는 성경공부를 많이 했다고 해서 인격이 저절로 성숙되는 것이 아닌 것과 같다고 할 것입니다. 인격의 성숙은 그리스도와 동행하는 것이며, 그 과정은 주로 갈등과 고통으로 이루어져 있기 때문에 자신을 깊이 돌아보지 않을 수 없게 되는 것입니다.

영적 경험이나 성경공부는 다 같은 차원의 과정으로 이해해야 합니다. 어느 쪽이 특별히 더 안전하거나 유익하거나 그리스도를 이해하고 배우는데 더 중요하다고 할 수 없습니다. 영적 경험을 많이 한 사람이 교만해져서 교회에 문제를 일으키는 것이나, 성경공부를 많이 해서 문제를 일으키는 것이나 다 같습니다. 영적 경험이 많다고 자랑하고 그것만이 최고라고 주장하는 쪽이나, 성경지식이 많음을 자랑하고 학위를 드러내면서 지식만이 최고라고 주장하는 쪽 모두가 교만하기는 마찬가지입니다.

고린도교회의 영적 엘리트들이 자신들은 특별한 존재라고 우쭐대듯이 성경공부를 많이 해서 학위가 높은 사람 역시 우쭐댑니다. 오늘날 영적 엘리트들보다 지적 엘리트들이 더 많고 그들의 문제가 더 심각합니다. 영적 지식이든 학문적 지식이든 경험을 통과하지 않으면 자신의 인격을 성숙시켜 그리스도를 닮는 삶에 기여하지 못합니다. 바울은 고린도 교인들에게 자신이 겪은 경험을 소개함으로써 의의 말씀을 경험하는 바에 대해서 설명하고 있습니다. 그는 다음과 같이 자신이 겪은 경험에 대해서 설명했습니다.

"모든 일에 하나님의 일꾼으로 자천하여 많이 견디는 것과 환난과 궁핍과 고난과 매 맞음과 갇힘과 난동과 수고로움과 자지 못함과 먹지 못함 가운데서도 깨끗함과 지식과 오래 참음과 자비함과 성령의 감화와 거짓이 없는 사랑과 진리의 말씀과 하나님의 능력으로 의의 무기를 좌우에 가지고 영광과 욕됨으로 그러했으며 악한 이름과 아름다운 이름으로 그러했느니라"(고후 6:4~8)

이런 자신이 겪은 경험은 고린도 영적 엘리트들이 자랑하는 것과는 전혀 다른 차원이었습니다. 그는 이런 연약한 부분을 자랑했습니다. 그가 자랑할 수 있었던 영적 경험은 삼층천에 올라가 말로 다 표현할 수 없는 말씀을 주님으로부터 직접 들은 것이었습니다. 그러나 이런 영적 경험은 고린도 엘리트들에게는 오히려 역효과를 가져올 것이 확실하기 때문에 이에 대해서 언급을 피했습니다.

영적 경험이든 하나님의 말씀을 아는 지식이든 모두 두 가지 차원을 포함하고 있습니다. 하나는 개인적 영성을 함양하기 위한 것, 즉 자신의 유익을 위해서 주어지는 것과 공동체의 유익을 위한 것, 즉 타인을 가르치고 인도하기 위한 것이 있습니다. 이 두 가지 측면은 서로 혼동해서는 안 되는 것이기에 분별이 필요합니다. 그러나 안타깝게도 이를 제대로 분별하기까지는 많은 지도가 필요하다는 사실을 충분히 깨닫지 못합니다.

지식을 중요하게 생각하는 사람은 영적 경험이 위험하며, 인격 발달에 유익하지 못하다고 폄하합니다. 문제를 일으키는 사람들 가운데 기도를 많이 한다는 사람들이나 신묘한 영적 경험이나 능력을 가진 사람들이 많이 있기 때문입니다. 그래서 은사를 포함해서 신령한 영적 경험에 대해서 부정적으로 봅니다. 은사를 육체의 경험이며, 영혼의 영성이 아닌 육체의 영성이라고 보는 시각은 올바르지 못합니다. 이런 생각을 하는 사람들은 바울처럼 깊은 영적 경험을 하였음에도 불구하고 소리 없이 드러나지 않게 헌신하는 사람들을 만나보지 못했기 때문입니다.

영적 경험만을 주장하는 사람은 말씀의 깊이가 없거나 부족하다고 생각합니다. 그러나 이냐시오, 아벨라의 테레사, 십자가 요한, 조나단 에드워즈, 찰스 스펄전, 워치만 니, 케니스 헤긴, 존 윔버, 빌 하몬, 폴 케인 등 셀 수 없이 많은 영성가들이 어떠한 영적 경험들을 가지고 있는지를 이해해야 합니다. 주님과의 깊은 영적 교제 속에서 그들은 신령한 만남을 경험했으며, 주님이 주시는 지혜로 새로운 영적 지평을 확장시킨 사람들입니다.

말씀과 영적 능력을 골고루 갖춘 탁월한 영성가들로 인해서 우리는 더 깊은 은혜의 자리로 나갈 수 있게 되었습니다. 영적 경험은 육신적이기 때문에 그리고 아직 영혼의 눈을 뜨지 못했기에 어쩔 수 없이 주어진다고 섣불리 판단할 수 없습니다. 영적 성숙이 깊어갈수록 더 깊은 영적 경험들이 주어집니다. 더 깊은 지식과 지혜가 주어지며 더 높은 차원의 그리스도를 경험하게 됩니다. 이런 영적 경험들이 일반적인 사람들에게 주어지지 않는 까닭은 히브리서 기자가 언급했듯이 "듣는 것이 둔하기 때문"입니다.

영적 경험은 그 자체로는 영적 성숙을 자동적으로 가져오게 하는 것이 아닙니다. 성경공부가 그러하듯이 말입니다. 영적 지식과 경험은 영적 성숙과는 무관하게 주어지는 것입니다. 오랜 신앙생활을 했다고 해서 그리스도의 인격을 닮는 것이 아니듯이 영적 경험과 지식은 그것을 바탕으로 그리스도를 알아가고자 하는 자신의 피나는 노력이 있을 때 가능한 것입니다. 그것은 바울이 언급한대로 온갖 고난과 역경과 좌절 속에서 끊임없이 주님 앞에서 자신의 존재에 대한 질문을 던질 줄 알아야만 가능한 것입니다. 이를 주님은 자신이 져야 할 십자가라고 가르쳤습니다.

영적 능력이 많은 사람이 타락하고 교만해지는 것을 보고 은사는 유익하지 못하며 육신에 속한 증거라고 단정하는 것은 엄청난 손해를 스스로 자초하는 것이 됩니다. 지도적 위치에 있는 목회자가 타락하였다고 해서 목회는 할 것이 못되니 목회자 되지 말라고 주장한다면 이는 어처구니없는 무지함이 아닙니까? 지식이나 영적 능력이나 다 같이 도구적인 면이 있습니다. 그것을 잘 사용하는 사람이 있고 잘 못 사용하는 사람이 있습니다. 그 자체는 선악의 잣대가 될 수 없습니다.

바울은 로마로 잡혀 갈 때 지중해 한 가운데서 광풍을 만났습니다. 그 때 주님이 배 고물에 환상으로 나타나셨습니다. 그리고 그에게 말씀을 주셨습니다. 왜 주님은 바울에게 환상이라는 신비한 방식으로 나타났을까요? 그가 아직도 육신에 속해서 내면의 영적 소리를 듣지 못하는 사람이기 때문일까요? 그렇지 않습니다. 바울에게 성령의 감동으로 얼마든지 자각할 수 있게 할 수 있음에도 불구하고 주님은 환상이라는 신묘한 방법을 사용했습니다. 이미 영적으로 깊이 성숙한 바울에게 초보적인 수준으로 다가오셨습니다.

주님은 성숙한 그리스도인이든 초보 그리스도인이든 상관없이 육신을 사용하십니다. 우리의 육신은 하나님이 쓰시는 의의 병기이기 때문입니다. 육신을 통해서 우리는 하나님을 발견하고 알아가게 되고 그 육신으로 주님을 섬깁니다. 육체의 현상이라고 해서 그것이 육에 속했다는 증거는 없습니다. 은사의 경험을 단순히 육체의 경험으로만 취급하는 것은 바람직하지 못합니다. 은사는 영적 성숙과는 무관하며 이를 영적 성숙과 연관 지어 생각하면 문제가 생깁니다. 은사는 주님의 지체를 섬기기 위한 도구일 뿐입니다. 하나님은 은사가 있는 성도보다, 영성이 깊은 성도를 사용하십니다. 그러므로 말씀의 묵상과 깊은 영의기도를 통하여 영성을 깊게 하시기를 바랍니다.

28장 영육의 균형이 영성을 깊게 한다.

(롬 8:6)"육신의 생각은 사망이요 영의 생각은 생명과 평안 이니라"

영은 육신의 지배를 받고 육신은 영의 지배를 받습니다. 이 둘은 서로 영향을 주고받는 관계 속에 있기 때문에 균형을 유지하는 일이 중요합니다. 영육의 균형은 쉬운 일이 아닙니다. 정신을 차리지 않으면 어느 쪽으로든지 기울게 되어있습니다. 영육이 균형을 제대로 유지하지 못하면 부작용이 나타나게 됩니다. 어느 한 쪽이 강하면 독주가 생깁니다. 이것은 자연적 이치입니다. 영은 하나님의 신호를 받아들이고 영적 현상을 소화시키는 체계입니다. 영이 강건하면 그만큼 많은 영적 현상과 접하게 되는데 하나님의 영뿐만 아니라 악령과도 접촉하게 되는 것입니다. 영의 힘이 강하면 그에 해당하는 영적 현상들이 강하게 나타나게 됩니다. 이것은 수로가 크면 많은 양의 물이 흐르듯이 우리의 의지와는 상관없고 믿음과도 상관없으며, 신앙의 성숙과도 상관없는 영의 법칙에 따라 그렇게 되는 것입니다.

육이 강건해지면 육적인 일에 기울어지게 되고 사고체계가 세속적으로 변하게 되며, 육체적 요구에 따라 행동하게 되고 그것을 즐기게 됩니다. 육은 이성의 지배를 받게 됩니다. 즉 생각의 지배를 받는 것인데 육이 영보다 강하면 자신의 생각이 모든 것을 지배하고 그에 따라서 행동하게 됩니다. 육은 몸을 지배하기 때문에 몸을 움직이는 일을 하게 됩니다. 육이 강해지면 행동이 거칠어지고 영의 도움이 없이 육신적 안목에 따라 행동하게 되는 것입니다. 육과 영은 우리의 생각을 지배하지만 우리는 오랫동안 사고체계가 육에 익숙해져 있었기 때문에 영의 지배를 제대로 따르지 못하는 약점을 지니고 있는 것입니다.

육의 지배에 익숙한 사고체계가 영의 지시를 따르기 위해서는 많은 노력이 필요합니다. 영의 지배를 따르는 체계로 변환되기까지 여러 가지 어려움이 있습니다. 그런데 이런 체계를 온전히 이루는 훈련이 없이 영이 육을 능가하게 되면 우리의 사고체계는 그 영의 지시를 받아들이지 못하고 여전히 육의 지배를 따르려고 하게 됩니다. 그러나 육이 영 보다 약하기 때문에 생각을 제대로 통제하지 못합니다. 그래서 많은 문제를 일으키는 것입니다. 쉽게 말하자면 기도와 성경읽기 등의 영적인 일에만 전념하여 영을 강하게 만들면 영적인 일에는 탁월해지지만 육은 약해져서 현실적 사고체계에 문제가 생겨 행동이 위축됩니다.

영적인 일에만 관심을 가지고 세속적인 일을 거부하는 사람은 행동 없는 경건에 빠지게 되는데 그것은 영에 편중되어 육적 체계를 무너뜨렸기 때문입니다. 우리의 행동은 사고체계의 지배를 받기 때문에 반드시 이성적 분석이 제대로 되어야 올바른 행동으로 이어질 수 있는 것입니다. 그런데 이런 것을 무시하고 오직 영의 일에만 관심을 가지고 살아가게 되면, 영적으로 많은 것을 깨달아도 그것이 행동으로 이어지지 못하는 것입니다. 영적으로 알고 있고 행동해야 한다는 사실도 알면서도 육의 균형이 깨어졌기 때문에 그 영의 자각을 육이 받아들일 수 있는 힘이 충분하지 못해서 제대로 행동으로 이어지지 못하는 것입니다.

영성 훈련은 영과 육이 서로 균형을 유지하는 법을 익히는 훈련입니다. 이제까지 육의 지배를 받은 사고체계를 영의 자각에 맞추어 행동할 수 있는 법을 배우는 것입니다. 영적 자각은 반드시 우리의 이성에 전달되어야 하고 그곳에서 적절한 분석을 거쳐 행동으로 이어져야만 합니다. 행동이 없는 영적 깨달음은 영지주의와 같은 오류를 낳게 만듭니다. 특별히 영적인 현상에 대한 연구를 위해서 자신을 그 일에 헌신하는 수도사의 경우는 다르지만, 일반적인 평범한 그리스도인에게 있어서 영과 육의 균형은 중요한 일입니다. 영의 현상들이 지성의 동의를 얻지 못하면 그것은 행동으로 이어질 수 없습니다. 행동이 없는 영적 현상은 신비에 머물 뿐이며, 이런 일은 결코 바람직하지 못합니다. 영적 현상에 대한 의미를 파악하고 그에 따라 행동하기 위해서는 영적 지식을 배우는 것이 필수적입니다. 자의적으로 해석하는 일은 독단에 빠질 위험이 있으며 공동체를 위험하게 할 수도 있는 것입니다.

영이 강해지고 육이 그만큼 따라주지 못하면 영의 현상에 매이는 결과를 낳게 됩니다. 갈수록 더 강한 것을 추구하게 되며, 행동이 없는 영적 경험은 자신에게 갈등도 없고 부담도 없습니다. 우리는 영적 현상을 이해하고 삶에 적용하는 행위가 있을 때 갈등하고 깊이 생각하게 됩니다. 모든 영적 현상은 반드시 식별되어야 하는 것이 원칙이지만, 행위로 이어지지 않는 것은 이런 식별을 필요로 하지 않게 됩니다. 그렇게 되면 이성적 사고체계의 통제를 벗어나게 되고 이런 상태로 오래 가면 식별할 수 있는 능력이 사라지기 때문에 마귀의 올무에 걸리게 되는 것입니다. 이단에 빠지는 사람들의 대부분이 이런 과정을 소홀히 하였기 때문이지요. 일방적인 영적 현상에 매달려 분별력을 잃게 되면 영에 얽매이게 되며, 더욱더 강한 영적 요구를 채우기 위해서 빈번히 금식하고 철야하면서 기도에만 매달리게 되는 것입니다. 이런 일들은 명상이나 신비술에 탐닉하여 황홀경을 추구하는 기수련이나 초월명상을 하는 사람들에게 나타나는 현상입니다.

이와 반대로 육에 치우친 사람은 영적인 일에 별로 관심을 보이지 않습니다. 영적인 일도 지적인 관점에서만 보려고 하고 현상들에 대해서는 일체를 거부하게 됩니다. 영적 현상을 통해서 영의 일을 하려고 하지 않고 육적인 지식체계로만 하려고 합니다. 모든 사람들은 태어나면서부터 영의 사람이 아니라, 육의 사람이기 때문에 육으로부터 시작하는 것입니다. 그것이 거듭남이라는 영적 변화를 통해서 비로소 영적 삶을 시작하는 것입니다. 그러나 여전히 육적으로 치우쳐 있기 때문에 영의 일을 소홀히 할 수밖에 없고 영을 개발하려는 노력을 하기 보다는 익숙해져 있는 육의 관례를 따라 행동하기를 좋아합니다. 따라서 영과 육은 균형을 이루지 못하고 여전히 육의 지배를 따라 신앙생활을 하게 되는 것입니다. 대다수가 이런 삶을 살고 있기 때문에 이것이 당연한 것으로 여깁니다. 니고데모가 예수님을 만났을 때 이 점에 대한 지적을 받았습니다. 우리는 영과 육이 균형을 이루어야 한다는 사실을 잘 모르기 때문에 육적인 삶이 곧 영적인 삶이라고 생각합니다. 그리스도를 주로 고백하면 다 되는 것으로 여기게 됩니다. 그러나 그것이 전부가 아닙니다. 우리에게는 하나님의 뜻을 이 땅에서 이루어야 하는 책임이 있는 것이고 그러려면 영과 육의 균형은 필수입니다.

육의 삶 속에 있으면서도 영의 삶으로 착각하고 있기 때문에 변화를 구하지 않는 것이지요. 성령을 받았다고 말로는 하지만 도대체 그 성령이 자신의 삶 속에서 어떤 일을 하고 계시는지도 모릅니다. 그저 '믿습니다'라고 고백할 뿐 그 증거를 얻어내지 못하는 것입니다. 산모가 임신하면 그 증상이 나타나듯이 성령이 우리 안에 거하면 그 열매가 반드시 나타나는 것이지요. 그리고 성령의 인도하심에 따라 의식적인 삶을 살게 되는 것입니다. 그러나 육이 강한 사람은 자신의 이성적인 판단만 있을 뿐입니다. 그래서 배우는 일에 더욱 열중하고 의식을 개발하는 일에만 관심을 가집니다. 성령 안에서 행하는 것이 무엇을 의미하는지를 잘 알지 못합니다. 그만큼 영이 약해져 있기 때문에 자신에게서 영의 현상이 잘 나타나지 못하는 것입니다. 그래서 그런 것이 당연한 것처럼 여기고 그렇게 배우고 가르칩니다.

이것은 견고한 종교체계를 만들며, 슐라이어마허가 지적한 대로 이런 믿음은 '사변적 믿음'에 지나지 않는 것입니다. 이것은 성령으로 고백하는 믿음과는 다른 것이며, 이지적이고 인습적인 믿음으로써 강요된 고백이라고 말합니다. 이것은 중세의 유럽에서 오로지 기독교만이 강요되었던 시대의 산물이며, 오늘날에도 정치체계에 의해서 이런 믿음의 형태가 나타나는 나라들이 있습니다. 특히 중동의 모슬렘에서는 절대적이며, 이스라엘의 유대교가 그 대표적인 예입니다. 부모로 인해서 신앙생활을 하는 모태 신앙의 경우도 이와 같은 강요된 믿음의 형태를 보이는 것입니다. 이런 믿음은 이후에 성령 체험을 이끌어낼 수 있다는 점에서 의미가 있습니다. 거듭나지 못한 채로 신앙생활을 계속하는 사람에게 있어서 육적 형태의 신앙은 견고한 이성적 종교체계를 만들어내는 것입니다.

영육의 균형을 이루지 못하는 대부분의 사람들은 육의 지배를 받습니다. 이것은 이성적 판단에 매이는 삶을 산다는 것입니다. 이것은 겉보기로는 매우 바람직한 것 같습니다. 모두가 그렇게 살아가고 있는 세상이기 때문입니다. 하나님을 모르는 이방인들은 지성과 이성에 의존해서 살아갑니다. 이런 삶을 본받아 살아가고 있는 육적인 그리스도인들은 갈등을 경험하지 못합니다. 신앙생활은 육적 삶의 연장 그 이상도 이하도 아닙니다. 다소 경건한 정신수양이나 마음의 위로를 받기 위한 쉼터로 인식하는 신앙의 틀을 벗어나지 못하는 까닭이 육에 치우쳐 영육의 균형을 만들어내지 못했기 때문이며, 균형을 이루지 못한 지도자의 가르침 때문에 그 속에서 벗어날 도전을 받지 못합니다. 니고데모와 같은 지도자들이 너무 많은 것이지요.

영에 치우치는 것 못지않게 육에 치우치는 것은 위험합니다. 다수가 그런 위험 속에 있다고 해서 위험한 것이 위험하지 않게 되는 것은 절대로 아닙니다. 영에 치우치는 사람이 1이면, 육에 치우치는 사람이 10입니다. 절대적으로 육에 치우치는 사람이 많기 때문에 육에서 벗어나 영의 균형을 이루려고 노력하는 사람이 소수인 것입니다. 거듭남은 영의 움직임의 시작입니다. 물과 성령으로 거듭난 후에 우리가 해야 할 일이 너무도 많습니다. 이런 것들은 배워야 합니다. 배우지 않으면 절대로 영의 바른 성장은 있을 수 없습니다. 영의 길에는 위험한 함정들이 무수히 많습니다. 마귀가 파 놓은 덫에 걸리지 않으려면 배워야 합니다.

영의 일을 사모하는 사람은 육의 일을 무시해서는 안 되며, 육의 일을 하는 사람은 영의 일을 사모해야 합니다. 자신에게 부족한 것이 무엇인지를 살피고 그에 대해서 관심을 가지고 배우고 익혀야 합니다. 영육의 균형은 늘 살펴보아야 하는 중요한 과제입니다. 서서히 한 쪽으로 기울어지면서 자신도 모르는 사이에 치우쳐 버리면 균형을 되찾는 데는 많은 시간과 희생이 필요합니다. 굳어져 버리면 좀처럼 되돌리기 어려워집니다. 모든 일을 규모 있게 행하라는 말씀에 주의해야 합니다.

성도는 영과 육이 균형이 잡히도록 관심을 갖아야 합니다. 육체가 허약하고 질병이 있으면 영적인 생활을 제대로 할 수 없는 것은 당연한 것입니다. 육체가 허약함으로 악한 영의 역사가 강하게 나타나는데 이 상태를 치유하지 않고 지나치면 완전하게 인격을 장악하게 되기도 합니다. 고로 영육의 균형이 잡힌 영성이 되어야 합니다.

충만한 교회에서는 하나님의 군사를 양성하기 위하여 매주 집회를 하고 있습니다. 매주 화수목요일 11시부터 16시 30분까지 성령능력 기적치유 집회를 매주 다른 과목을 가지고 진행하고 있습니다. 이때는 홈페이지에 공지합니다. 홈페이지에 회원으로 가입하시면 메일로 통보 받을 수 있습니다. 매주 목요일 밤에는 성령의 불세례를 체험하는 집회가 19시 30분부터 22시까지 있습니다. 매주 토요일은 개별집중치유가 1차 10:00-12:30/2차 13:30-16:00까지 예약된 분에 한하여 사역하고 있습니다. 지방에 살고 계셔서 집회에 참석하지 못하는 분들을 위하여 집회 실황녹음 테이프와 CD, 교재가 준비되어 있습니다. 상세한 것은 홈페이지 www.ka0675.com 을 활용하시기를 바랍니다.

29장 홀로 있기 훈련은 영성을 깊게 한다.

(롬 8:6)"육신의 생각은 사망이요 영의 생각은 생명과 평안
이니라"

사람은 사회적인 성향을 가지고 있기 때문에 본능적으로 혼자
있기를 원하지 않습니다. 그러나 성숙한 그리스도인이 되기 위
해서는 반드시 이 과정을 거쳐야 합니다. 홀로 있기는 광야 학교
의 따돌림이나 배척의 학교에서 우리의 인격을 다듬고 주의 음
성을 듣기 위해서 필수적으로 거치는 과정입니다. 사역의 질과
폭이 클수록 긴 세월 동안 격리됩니다. 바울은 14년간의 아라비
아 훈련으로 인해서 예루살렘은 물론이거니와 고향 다소에서도
잊혀진 사람이 되었습니다.

다메섹에서의 극적인 변화를 경험한 뒤에 이 소문으로 인해
서 사람들의 관심을 사게 되었고 그는 예루살렘 교회에서 간증
을 하였으며, 사람들은 호기심으로 몰려와서 바울을 보았습니
다. 그러나 이 일은 곧 시들해지고 그는 사람들의 기억에서 서서
히 잊혀져 갔습니다. 오늘날에도 역시 이와 같이 잠깐 반짝하다
가 우리의 시야에서 사라지는 스타들이 많지요. 계속 사람들에
게 영향을 줄 수 있는 내용을 보여주지 못하면 사람들은 그들을
더 이상 필요로 하지 않고 외면하게 됩니다. 처음 능력을 받아서
사람들에게 관심을 사던 사역자가 그 능력이 신통하지 않자 사

람들은 그를 더 이상 찾지 않게 됩니다. 그렇게 되면 그는 사람들의 기억에서 사라지게 되는 것이지요. 대부분의 사역자는 처음 능력을 받으면 2~3년간의 시험기간이 주어집니다. 이 기간은 사역자가 주어진 능력을 가지고 사역을 계속할 수 있기 위해서 능력을 인식하고 하나님의 뜻을 구별하는 기간입니다. 예외적으로 '복음 전하는 자'로 부르심을 받은 사람은 그 사람이 자신의 역할을 이해하든지 못하든지 상관없이 강력한 능력으로 역사합니다.

인격이나 영적 성숙과는 상관없이 능력이 주어집니다. 그러나 이런 사람들은 2~3년의 기간 동안 자신에게 주어진 능력이 어떤 의미로 주어진 것이며, 이 능력을 통해서 하나님에게 어떻게 헌신해야 하는지를 파악하여야 하며, 영적으로 성숙하고 인격이 다듬어져서 온전한 사역자로 서가야 합니다. 이런 노력이 없으면 그는 그 능력의 자리에서 유보되며, 심한 경우 취소되기도 합니다.

하나님은 부르심에 후회가 없는 분이십니다. 우리의 연약함과 부족함을 알고 불러내셨고 부르심을 받은 사람에게 그에 합당한 훈련을 시키는 것이지요. 그 훈련의 한 과정으로서 홀로 있기가 있는 것입니다. 홀로 있기 과정에 들어가는 사람은 그의 능력이 점차로 소멸되는 것을 느낍니다. 능력이 점차로 약화됨에 따라 예비 사역자는 심각한 고민을 하게 됩니다. 자신의 죄 때문인지, 불순종한 것이 있지나 않은지 등을 살펴봅니다. 그리고 회개도 하고 부르짖어 능력이 다시 충만해지기를 간구합니다.

받은 능력이 소멸되는 것이 당사자에게는 얼마나 큰 충격인지 모릅니다. 없을 때는 아무렇지도 않지만 있다가 없어지면 마치 하나님으로부터 버려진 것 같은 느낌을 받습니다. 그런데 그 능력이 전혀 없어진 것이 아니라, 상당히 약해진 것을 느낍니다. 전 같으면 충분히 처리할 수 있었던 문제인데 제대로 되지 않습니다. 능력이 사라진 것인가 하고 의심하고 있는데 간혹 강력한 능력이 나타납니다. 그래서 혼란스러워집니다. 사라진 것도 아니고 나타나는 것도 아닌 어정쩡한 상태가 계속되면서 차츰 사람들의 관심에서 멀어지게 됩니다. 더 이상 자신을 필요로 하지 않는 것이지요. 물론 자신에게 아직도 능력이 있는데 말입니다.

이렇게 잊혀지는 과정이 홀로 있기의 훈련입니다. 홀로 있게 되면 우리는 하나님을 심각하게 생각하게 되고 자신의 사역을 깊이 있게 돌아보게 되며, 능력이 도대체 무엇인가 라는 철학적인 질문을 하게 됩니다. 이런 질문을 통해서 자신에게 주어진 능력의 의미를 깨닫게 되지요. 이 과정에서 영성 있는 지도자를 만나거나 경건한 서적을 통해서 사역의 의미를 알게 되고 지도도 받게 되는 것입니다. 이런 교육 과정을 교회가 제도적으로 구성하여 능력을 받은 사람이 혼란을 겪지 않고 훌륭한 전문 교육을 받을 수 있도록 해야 하는데, 우리 현실은 아직 이 부분에 대한 이해가 부족하여 받은 사람이 알아서 하라는 식입니다. 그리고 그들이 잘못하면 핀잔을 주고 비판하며 능력을 싸잡아 폄하합니다.

홀로 있기 과정에서 우리는 하나님의 친밀함을 경험하게 됩니다. 사실 이 과정은 우리가 하나님의 음성을 듣는 귀한 시간입니다. 오로지 하나님 한 분만 간절히 바라보기란 쉬운 일이 아닙니다. 전문 사역자가 되면 사역에 빠져 하나님을 제대로 바라볼 여유가 없이 바쁩니다. 무엇 때문인지도 모르고 그저 바쁩니다. 일이 우리와 하나님 사이를 갈라놓습니다. 예수님은 바쁘신 사역 가운데에도 홀로 한적한 곳에서 오래 머무시면서 하나님과 친밀한 관계를 유지했습니다. 홀로 있기는 이런 친밀함이 얼마나 소중한 것인지를 발견하는 과정이기도 합니다.

하나님의 계시와 환상은 주로 홀로 있을 때 주어지기 때문에 사역자는 홀로 있기에 익숙해야 합니다. 주님도 제자들과 함께 산에 올라 기도하였지만 제자들과는 어느 정도 거리를 두고 홀로 있었습니다. 그러나 이런 홀로 있기를 이해하지 못한 제자들은 산에 올라가서도 뭉쳐있었지요. 영적으로 성숙하지 못한 사역자들은 홀로 있지 못합니다. 기도회에 와서도 삼삼오오 뭉쳐서 잡담을 합니다. 경건한 은혜의 이야기 보다는 세속적인 대화가 많습니다.

홀로 있기를 통해서 말씀을 깊이 묵상하고 자신에게 주어진 소명을 다시 새기는 기간이 되어야 합니다. 홀로 있기를 위해서 잠시 능력이 소강상태에 빠진 것을 하나님이 능력을 거둔 것으로 오해하고 사역을 접는 사람들이 간혹 있습니다. 많은 목회자들 가운데 능력을 받은 것이 계기가 되어 신학을 하고 목회자가 된 사람들이 있습니다. 이런 사람들은 대부분 자신에게 주어진 능력은 자신을 목회자로 세우기 위해서 잠시 주신 은혜일뿐이라고 여깁니다. 소명을 인식하고 그 길로 들어섰기 때문에 이제 더 이상 능력이 필요 없어서 하나님이 거두신 것이라고 말합니다. 그러나 이 말은 절대로 올바른 것이 아닙니다. 이런 말은 성경의 어느 곳에서도 구체적으로 지지하는 부분이 없습니다. 오히려 우리는 권능이 임하면 능력을 받아서 땅 끝까지 복음을 전하게 되지요.

목회자가 되어도 받은 능력이 소멸되지 않고 오히려 더 강하게 역사하는 분들이 많지 않습니까? 목회자가 된 이후에 능력을 받아 능력사역을 하는 분들도 많습니다. 이런 말은 자신의 불찰과 무지를 변명하는 것에 지나지 않습니다. 하나님은 주신 능력을 좀처럼 거두시는 일이 없습니다. 거듭 실수를 하는데도 좀처럼 거두어들이지 않습니다. 이것은 7번씩 70번이라도 용서하시고 오래 참으시는 하나님의 본성 때문입니다. 사람들이 모두 잘못 됐다고 비난해도 능력은 여전히 나타납니다. 그 사역자에 대해서 하나님은 길이 참으시면서 그가 온전한 사역자로 거듭나기를 기다리고 계시는 것입니다.

2~3년 내에 서서히 능력이 약화하는 것은 그 예비 사역자의 인격을 다루시고 주님의 온전한 능력 사역자로 세워지게 하시는 주님의 훈련으로 들어가는 과정임을 인식하여야 합니다. 이 과

정을 올바르게 통과하면 인격이 온전해지고 성숙된 사역자로 세워질 것입니다. 홀로 있는 동안 주의 음성을 들으십시오. 바울은 이런 기간을 통해서 다듬어져 위대한 사도가 된 것입니다. 우리도 이런 과정을 거쳐 온전한 사역자가 되어야 할 것입니다.

하나님은 반드시 하나님과 친밀한 사역자를 만들기 위해서 어려움에 봉착하여 하나님에게 기도하며 자신을 성찰하는 홀로 있는 기간을 허락하십니다. 그러므로 우리는 분별력이 있어야 합니다. 분별력에는 하나님의 의도를 파악하는 능력도 포함이 됩니다. 나에게 왜 이렇게 어려움이 찾아오는가? 바르게 알고 대처할 줄 아는 성숙한 성도가 되어야 합니다. 그러므로 문제에 봉착하거든 신령하다는 사람을 찾아가서 해결하려고 하지 말고 홀로 앉아서 하나님에게 물어보아 답을 찾아 해결하는 습관이 되어야 좀 더 빨리 하나님이 원하시는 수준에 도달할 수가 있습니다. 자신 안에 임재하신 성령님에게 물어서 문제를 해결하는 습관을 들여야 합니다.

30장 영적 신호를 알아차리는 깊은영성

(롬 8:6)"육신의 생각은 사망이요 영의 생각은 생명과 평안
이니라"

사람은 영적인 존재이기 때문에 자신에게 다른 영이 침입을
하면 자신에게 신호를 보냅니다. 그런데 그 신호를 알아차리지
못하고 지내다가 고통을 당하는 경우가 많습니다. 영적 신호에
대한 지식과 경험이 없기 때문입니다. 제가 지난 세월 성령치유
사역을 하다가 보니 성도들이 어느 영적인 신호를 받고 목회자
에게 상담을 하면 무시하라고 하는 경우가 있습니다. 꿈을 이상
하게 꾸었다든지 몸에 이상 현상이 일어날 때 목회자에게 질문
하면 무시하라고 한다는 것입니다. 영적신호에 대한 지식과 체
험이 없기 때문입니다. 성도는 목회자가 하는 말을 철석같이 믿
고 무시하고 지내다가 문제가 밖으로 터진 다음에 해결을 하려
고 이리 뛰고 저리 뛰는 것입니다. 그러나 시기를 노친고로 쉽사
리 해결이 되지를 않습니다.

제일 많은 경우가 영적인 현상입니다. 나쁜 영이 침입을 하면
가슴이 답답하고 토하기도 하고 정신이 혼미해지기도 합니다.
이를 바르게 알고 치유하면 쉽게 해결할 수가 있습니다. 시간이
경과되면 집을 짓게 됨으로 쉽사리 치유가 되지를 않습니다. 다
른 경우는 가슴이 답답하고 갈급한 경우입니다. 이는 성령께서

영의 통로를 뚫으라고 알리는 신호입니다. 빨리 성령이 역사하는 장소에 가서 성령을 체험하며 영의 통로를 뚫으면 점점 해소가 됩니다. 그런데 문제는 목회자들의 인식입니다. 자기 교회가 아닌 다른 곳에 가면 잘못된다는 것입니다. 그래서 자기 교회에서 기도하라고 합니다. 기도가 처방입니다. 그러나 그렇게 쉽게 해결이 되지 않습니다. 성도만 고생하는 것입니다. 잠간이면 해결이 될 것을 몇 년을 기도해도 증상은 점점 심해집니다. 그러나가 결국 다른 곳에 가서 해결을 합니다. 우리는 이런 영적신호를 알아차리는 영성이 되어야 합니다.

우리 몸은 어떤 영양소가 부족하면 그 영양소를 지닌 식품을 먹고 싶은 충동을 강하게 느낍니다. 갑자기 신 것이 먹고 싶다든가, 매운 것이 먹고 싶다든가 합니다. 반대로 영양이 과잉되면 그 식품이 먹고 싶어지지 않지요. 이것은 우리 몸이 지닌 본능적인 자기 관리의 능력이지요. 이런 몸의 능력이 정상적으로 작동하기 위해서는 항상 건강을 유지해야 하고 적당한 음식 섭취로 비만하지 말아야 합니다. 너무 과욕으로 먹기를 탐내면 그 기능이 둔해져서 몸이 무엇이 부족하고 과다한지를 파악하지 못해서 신호를 보낼 수 없게 됩니다.

우리는 경험이 부족하면 몸이 보내는 신호를 제때에 알아차리지 못하는 경우가 있지요. 출산 경험이 없는 젊은 여성은 임신을 해도 상당한 기간 동안 전혀 눈치를 채지 못하는 경우가 많습니다. 요즈음은 주기적으로 병원에 가서 검진하여 파악하지만 불과 2~30년 전만 해도 그렇지 못했습니다. 그래서 출산 경험이 많은 할머니들은 새댁의 걸음걸이나 피부색만 보아도 알아차렸습니다. 경험이 많은 분들은 성별도 알아내곤 했지요. 자신의 몸에 새 생명이 태어나고 있는데도 전혀 알아차리지 못하는 데 경험이 많은 할머니들은 금방 알아냅니다.

이것은 경험이 많기 때문이지요. 영적인 변화 역시 그렇습니다. 우리 몸은 변화에 따라서 겉으로 증상을 나타내듯이 영적 변화 역시 표면으로 그 증상이 나타납니다. 하나님으로부터 능력을 받았을 경우 반드시 그 증상이 나타나게 되어있습니다. 그런데 경험이 없는 사람은 상당기간 동안 전혀 낌새도 느끼지 못하는 경우가 많습니다. 그런 부분에 경험과 지식이 없기 때문이지요. 자신의 영 안에 어떤 다른 영이 들어오면 반드시 영적 충돌이 일어나게 됩니다. 특히 악한 영이 들어오는 경우 그 증상은 심각합니다. 그럼에도 불구하고 전혀 깨닫지 못하지요. 선천적으로 감각이 둔한 사람이 있습니다. 둔감한 사람은 가르쳐 주어도 알아차리지 못하지요.

성령을 받으면 그에 따른 여러 가지 증상들이 나타나고, 그 이후에 성령이 우리 몸에서 얼마나 활발하게 역사하는가에 따라서 증상들이 날마다 변하게 되는 것입니다. 충만한지, 위축되고 제한되었는지를 몸이 먼저 알아차리고 우리에게 신호를 보내오는 것입니다. 또한 성령의 은사와 능력과 권능들이 우리 몸에 얼마나 부어져 있는지를 알아차리게 하기 위해서 몸에 신호를 끊임없이 보내옵니다. 그런데 우리는 이런 신호를 알지 못합니다. 그러므로 제 때에 적당한 대응을 하지 못하는 것이지요.

그 단서를 잡는 부지런함에 대해서 다시 언급하고자 하는 것입니다. 하나님이 자신을 능력 사역자로 세울 뜻이 없으므로 능력 은사는 받지 못했다고 해도 우리에게는 그와 비슷한 권능은 받고 있는 것입니다. 은사는 직임이 되어 그 일에 헌신하도록 부른 사람에게 주어지지만 권능은 하나님의 영광을 위해서 하나님이 필요로 하는 순간에 사용되어질 수 있도록 우리에게 보편적으로 주어진 것입니다. 그러므로 우리는 항상 준비를 해야 합니다. 언제라도 주님이 쓰시겠다고 하면 자신을 의의 병기로 내어 드릴 준비가 되어 있어야 하는 것이지요. 이런 의미로 볼 때 평범한 그리스도인들이 능력 사역자보다 더 민감해야 하는 조건이 있는 것입니다.

예를 들어 여러 사람이 모여 있는 곳에 갑자기 환자가 생겼다고 합시다. 그 경우 그 곳에 치유의 능력을 받은 사람이 없다면 하나님은 고통당하는 사람을 위해서 그 곳에 모여 있는 성도 중 한 사람을 사용하셔서 치유를 행하십니다. 이 경우 그 가운데 누군가에게 신호를 보내십니다. 그런데 그 신호를 깨닫지 못하고 자신에게는 능력이 없으니까 치유할 수 없다고 단정하고 아무런 행동도 하지 않는다면 그 환자는 고통스러워하게 되고 하나님의 영광이 나타나지 못합니다. 아무런 일도 없었으므로 아무도 문제 삼지 않을 것입니다. 그러나 주님은 이 일을 절대로 잊지 않을 것입니다. 신호를 보낸 그 당사자도 모르지만 하나님은 이 일을 아시는 것입니다. 우리는 우리의 삶의 현장에서 이런 일들이 얼마나 많이 일어나고 있는지 모릅니다.

성령님이 우리에게 감동을 주고 신호를 보내주시는 데도 불구하고 우리는 전혀 깨닫지 못하는 것이지요. 사람마다 성령님이 보내시는 특유한 신호가 있습니다. 이 신호를 파악해야 합니다. 우리가 사는 공간에는 무수한 주파수의 전파가 흘러가고 있지만 우리는 전혀 알아차리지 못합니다. 전파를 잡을 수 있는 수상기가 있어야만 하고 그 주파수에 맞게 투우닝을 해야 하듯이 우리 각 사람에게는 자신에게 주어진 고유한 주파수가 있는 것입니다. 이것을 파악하고 그 주파수에 맞추어야 비로소 우리가 알아들을 수 있는 신호음으로 들려지게 되는 것입니다.

많은 사람들이 자신에게 주어진 고유한 기능들을 제대로 알아차리지 못합니다. 이것은 경험과 지식이 부족하기 때문이지요. 그러므로 현명한 사람이라면 지도자의 지도를 받아 그 첫 단추를 찾을 필요가 있습니다. 세상의 학문도 어느 정도의 수준에 이르기까지 부득불 스승으로부터 배우지 않습니까? 자신이 스스로 할 수 있을 정도까지는 도움을 받는 것이 안전하고 빠른 길이지요. 물론 혼자 독학으로 배울 수도 있습니다. 그런데 말이 쉬워서 독학이지 그 어려움이란 말로 다할 수 없습니다. 그래서 대부분의 사람들은 스승을 통해서 배우게 되는 것이지요.

경험과 지식이 많은 지도자는 그 사람에게서 일어나는 변화를 단번에 알아차리고 어떻게 해야 할지를 압니다. 이것이 전문가와 아마추어와의 차이이지요. 지금 당사자의 내면에서 일어나는 영적 충돌과 변화에 대해서 정확하게 알기 때문에 그에 따라서 적절한 조언과 지도를 할 수 있는 것입니다. 우리가 영적으로 거듭나고 성령님이 우리 가운데 거하시면 그 다음에는 환경과 몸에 변화가 일어나게 됩니다. 이 변화가 급격한 사람이 있기도 하고 미미한 사람이 있기도 합니다. 어떠하든지 변화가 일어납니다. 이 변화는 자신을 이끌어 가시는 성령님의 신호입니다. 이 신호를 눈여겨보아야 하고 관심을 집중해서 연구하고 기억해 두어야 합니다.

성령님이 내 안에 거하시겠지 하고 막연하게 생각하기 때문에 그 신호를 놓치고 맙니다. 어느 정도 기간 동안 성령님은 악령의 접근을 차단한 채 오로지 성령님만이 그 사람을 상대로 여러 가지 신호들을 보내주십니다. 이 기간이 우리의 영적 삶의 인큐베이터로서 아주 중요한 기간입니다. 그런데 이 기간을 아무런 의미도 두지 않고 그냥 소모해버리는 사람들이 대부분입니다. 그 기간이 지나면 보호는 사라지고 마귀는 우리를 더욱 괴롭게 합니다. 혼동과 갈등으로 인해서 성령님의 신호에 대해서 회의를 느낍니다. 알 수도 없고 알려고 하면 할수록 혼란만 생긴다고 푸념합니다. 어떤 때는 맞고 어떤 때는 안 맞고 도무지 어디에 기준을 두어야 할지 혼란스러워합니다. 그래서 마침내는 성령님의 신호는 없다고 생각하고 포기합니다.

이것이 대부분의 사람들이 겪는 과정입니다. 다수가 이렇게 실패함으로써 교리적이고 인습적인 지성에 의존하는 신앙생활을 절대적인 것으로 여기고 살아갑니다. 그것이 갈등이 없고 편하기 때문이지요. 그렇지만 우리는 하나님의 현존하시고 날마다 자신의 삶 속에서 깊이 관여되어 인도하시는 그 즐거움을 잃어버리게 되고, 하나님의 영광을 드러내어야 할 자리에서 전혀 그렇게 하지 못하는 무기력한 종교적인 삶을 살아야만 하는 댓가를 치르고 있는 것입니다. 10년 신앙생활을 한 사람이나 20년 한 사람이나 전혀 다를 바 없는 평범한 일상으로 살아가는 것입니다.

주님을 처음 영접하고 성령을 처음 경험하는 사람의 삶은 신바람이 나는데 곧 얼마가지 않아서 그 즐거움이 시들해지고 마는 것이 도대체 어떤 이유인지를 이제 알겠습니까? 우리는 신호를 잃어버렸기 때문입니다. 우리 몸이 우리에게 끊임없이 보내오는 신호를 우리는 무시한 까닭입니다. 영의 신호는 지금도 자신에게 주어지고 있습니다. 그 신호를 제대로 해석하지 못하였기 때문입니다. 당신은 이 책의 글을 처음부터 다 읽었다면 아마도 지금쯤은 영의 신호에 매우 민감해 있을 것입니다. 제가 알려드리는 내용의 글들을 읽고 삶 가운데 적용해 보았다면 적어도 지금은 많은 부분에서 성령의 역사하심을 경험하였을 것이라고 생각됩니다.

여성들이 임신하면 몸의 변화가 스스로 나타나는데 하물며 하나님의 영이 우리 안에 들어와 계시는데 그 변화가 나타나지 않는다면 이것이 이상하지 않겠습니까? 감각이 무디고 둔한 여성은 심지어 자신의 몸에 아이가 생긴지 3~4개월이 지나도록 전혀 눈치를 채지 못하는 경우도 있다고 합니다. 특히 나이가 어린 십대 미혼모들에게서는 이런 일이 많다고 합니다. 이처럼 자신의 영 안에서 일어나는 변화를 전혀 눈치 채지 못한 채로 수년간을 흘려보낼 수도 있는 것입니다. 자신에게 능력이 주어졌음에도 불구하고 전혀 알아차리지 못하고 있을 수도 있습니다.

자신의 몸에서 변화가 일어나는 일을 발견해야 하는 책임은 자신에게 있습니다. 스스로 발견할 수 없다면 지도자의 도움을 받아야 합니다. 우리는 서로 서로를 이끌어주고 격려하고 고무해야 합니다. 이것이 성도들의 책임입니다. 그런데 육신적인 헌신은 사랑이라는 이름으로 합니다. 그런데 영적인 일은 그렇지 못합니다. 오히려 부정적인 시각을 가지고 방해합니다. 자신이 아는 만큼 다른 사람들을 도와야 합니다. 서로 이끌어주고 이끌리어 영의 세계로 한 걸음씩 안전하게 다가가는 것이지요.

우리는 이제까지 성령의 인도하심에 대해서 포괄적이고 원론적이고 추상적으로 배워왔고 그렇게 가르치고 있습니다. 성령의 인도하심은 그런 것과는 오히려 반대입니다. 구체적이며, 개인적이며, 상황적이며, 현실적입니다. 그렇기 때문에 매우 세밀하고 특별한 것입니다. 절대적 기준이 아니라 상황에 따라서 항상 융통성이 있어야 하고 어느 한 가지에 매이지 않는 아주 다양한 것입니다. 그렇기 때문에 개인적입니다. 개인적이므로 자신에게만 적용되는 것이지 다른 사람에게 그대로 적용하려고 할 때는 매우 신중해야만 합니다. 타인에게 적용할 때는 그 원리를 이해한 후에야 가능한 것입니다.

개별적이기 때문에 1대1의 지도가 필요합니다. 여러 가지 변수가 있고 독특하기 때문에 원론적인 것으로는 파악하기 어려운 점이 많습니다. 그러므로 지도자라고 해도 이런 부분을 제대로 다룰 수 있는 사람이 많지 않은 것도 현실입니다. 우리의 현실은 지도자를 제대로 양성하지 못했기 때문에 더욱 그러합니다. 신학교에서 성경공부 정도를 마치고 지도자의 자리에 섭니다. 영적인 일에 전혀 경험도 없고 지식도 없는 상태에서 지도자의 자리에 서기 때문에 많은 갈등을 겪습니다. 아예 무시해버리는 것이 현실입니다. 알려고 하지도 않고 알고자 하는 사람들에게 찬물만 끼얹습니다.

우리 모두가 이런 부분을 심각하게 반성해야 합니다. 알지 못하면서도 알려고도 하지 않는 태도를 회개해야 할 것입니다. 아주 실제적인 도움을 줄 수 있기 위해서는 실제적인 신호에 민감해야 하고 그 신호를 제대로 파악할 수 있는 능력과 지식을 갖추어야 하는 것이지요. 그리스도 공동체는 서로의 짐을 덜어주고 서로 도와 주님께 더욱 가까이 나아가는 것입니다. 그러기 위해서는 우리는 피차 배워야 하고 가르쳐야 하는 것입니다.

영적인 신호를 잘 알아내려면 영이 민감해야 합니다. 영이 민감하게 하기 위하여 깊은 영의기도를 많이 해야 합니다. 그리고 성령의 역사가 강한 장소에 가서 영성훈련을 하는 것도 영을 민감하게 할 수 있는 방법입니다. 성도는 영적인 존재입니다. 영이 민감하여 영의 신호를 알아 차려야 자신의 영을 자신이 지킬 수가 있습니다.

자기의 영을 자신이 지키는 것은 아주 중요합니다. 말씀과 성령으로 자신을 정확하게 보는 눈이 열려야 합니다. 그래야 자신의 부족한 부분을 보고 고칠 수가 있기 때문입니다. 예수님은 믿고 성령으로 거듭난 성도는 인격이 변화되는 것에 관심을 가져야 합니다. 제가 매주 토요일 날 오전 오후 2시간 30분씩 하는 집중치유를 인도하다가 느낀 것은 목회자나 성도나 할 것 없이 자신의 심령이 변화되는 것에는 별로 관심이 없습니다. 그저 성령의 불이나 받고, 성령의 은사나 받고, 영안이나 열리고, 능력이 나타나기를 소망합니다. 저는 집중치유 시작하기 전에 치유받고자하는 문제나 원하는 것들을 종이에 적어놓으라고 합니다.

그러면 하나같이 영안이 열리고, 성령의 은사를 받아 방언통역을 하고, 귀신을 쫓아내고 병을 고치는 은사가 나타나게 해달라고 합니다. 10명이면 한 명 정도가 성령으로 상처와 질병이 치유되어 영의통로가 열리고, 하나님이 기뻐하는 심령이 되게 해달라고 기록합니다. 기도를 시작하여 성령이 임재 하여 성령으로 불세례를 받고, 성령이 장악을 하면 은사 받게 해달라는 사람치고 상처가 없는 사람이 없고, 귀신이 말도 못하게 떠나갑니다. 물론 여기저기 돌아다녀서 심령이 혼탁한 것은 두말할 필요도 없습니다. 이런 심령상태를 가지고 은사를 받고 능력을 받게 되면 오히려 자신에게 해악이 된다는 것을 모릅니다. 이런분들 심령을 들여다보면 사람들 앞에 내가 이렇게 은사가 많고 능력이 있다고 자랑하려고 하는 자만심이 다분하게 잠재하여 있습니다.

이래서는 안 됩니다. 자신의 심령이 변해야 성령의 은사가 정확하게 나타납니다. 성령의 은사는 성령의 열매가 나오는 심령에서 나타나야 하나님께 쓰임을 받으며 축복을 받을 수가 있습니다. 성령은 먼저 자신을 고치기를 원하십니다. 자신이 고쳐지고 가정을 고쳐서 천국을 만들고, 전도의 사명을 감당하기를 원하십니다. 성령의 은사를 가지고 사역하는 것은 영적인 전쟁입니다. 자신의 심령이 치유되고, 영적으로 변하지 않은 상태에서 사역을 하면 자신에게 귀신들이 덤벼들게 됩니다. 이는 사도행전 9장의 제사장 스게와의 일곱 아들들의 경우를 보면 아주 잘 알 수가 있습니다. 아무나 예수 이름을 사용한다고 귀신이 떠나가지 않습니다. 오히려 자신에게 덤벼듭니다. 자신에게 심각한 해가 됩니다. 문제는 해가 되어도 당장은 알지를 못합니다. 영적인 수준이 되지 않았기 때문입니다. 그래서 시간이 경과된 다음에 알게 됩니다. 그러나 때는 늦었습니다. 회복하려면 많은 시간이 걸리게 됩니다. 말씀과 성령으로 자신의 심령을 먼저 고치십시오. 그러면 은사도 나타나고 영안도 열리고, 말씀의 비밀을 깨닫는 능력이 나타나지 말라고 해도 나타납니다.

31장 마음에서 영적 충돌을 일으키는 원인

(고전 2:11)"사람의 일을 사람의 속에 있는 영외에 누가 알
리요 이와 같이 하나님의 일도 하나님의 영외에는 아무도 알지
못하느니라"

저는 십년이 넘게 성령치유 사역을 했습니다. 집회를 수도 없
이 많이 인도를 했습니다. 집회를 인도하다가 보면 지은 죄가 심
하여 어떤 특정한 영(강한귀신)에 사로잡힌 사람이 있으면 성령
의 역사가 반감하고 집회를 인도하는 제가 힘이 많이 듭니다. 이
는 영적인 충돌이 일어나기 때문입니다. 이때에는 특정한 영에
사로잡힌 사람을 집중 치유하여 영향력을 발휘하는 힘을 제거해
야 합니다. 특정한 영에 사로잡힌 사람이 치유에 적극적이지 못
하면 하는 수없이 내보내는 것이 상책입니다. 그래야 다른 사람
들도 은혜를 받고 사역자도 평안한 가운데 사역을 할 수가 있습
니다.

우리가 중보기도를 할 때 어떤 사람은 기도가 잘 되는 데 어
떤 사람은 전혀 기도가 되지 않는 것을 경험하였을 것입니다. 어
떤 특정한 사람에게 기도가 되지 않아서 힘이 드는 것입니다. 묵
상으로 기도하는 사람의 경우에도 묵상이 잘 되고 이미지도 잘
떠오르는 데 어떤 사람의 이미지는 떠오르지 않습니다. 몇 번
을 시도해도 역시 잘 되지 않지요. 구송기도 또는 방언 기도에

서도 다른 사람에게는 지식의 말씀도 임하고 기도제목이 제대로 떠올라 기도가 잘 되는 데 유독 어떤 사람에게만 전혀 감동이 오지 않고 기도의 말문이 막힙니다. 이런 경우를 우리는 영적 충돌(spiritual collision)이라고 부릅니다. 이는 어떤 특정한 사람과 자신 사이에 영적으로 충돌을 일으키기 때문입니다. 이런 영적 충돌을 일으키는 원인에 대해서 살펴보기로 하겠습니다. 일반적으로 중보 기도자가 경험하는 영적 충돌의 가장 흔한 까닭은 그 사람과의 영적 코드가 맞지 않기 때문입니다. 영적 코드의 불일치는 그 사람과의 영적 색깔이 다른 것으로부터 시작하여 영적 수준이 다른 것까지 포함하지만, 수준이 다른 경우는 충돌에까지는 이르지 않습니다. 그러므로 영적충돌이 생기는 것은 영적 색깔 즉 영적인 성향이 다르기 때문입니다. 종교적 성향이 다르면 우리는 일상에서도 많은 마찰을 경험합니다. 서로 종교적으로 추구하는 바를 이해하지 못하기 때문에 대화가 제대로 되지 않습니다. 대화한다 하더라고 피상적이고 깊은 공감을 피차 얻지 못하기 때문에 자연적으로 그 사람과 거리가 생깁니다.

종교적 성향이 다르다는 것에는 은사가 다른 것까지 포함합니다. 구체적인 일에 있어서 은사가 다르면 충돌을 일으킵니다. 특히 교회에서 봉사하는 경우 주어진 은사에 따라서 헌신해야 하는데 이런 은사를 무시당하고 은사와는 상관없는 부서에서 봉사하도록 강요당하는 경우 영적 충돌이 강하게 나타납니다. 이런 일로 인해서 영적 상처를 입게 되고 심하면 갈등으로 인해서 교회를 떠나는 경우까지 있게 됩니다.

둘째로 흔한 까닭은 죄와 연관이 있습니다. 이는 그 사람의 죄가 우선입니다. 그리고 다음이 그 사람과 자신과의 사이에서 발생한 죄로 인한 것입니다. 죄의 문제에 있어서 그 당사자의 죄가 심각하여 하나님의 징계가 임박한 경우 중보기도자의 기도가 힘을 잃게 되는 것입니다. 이는 반드시 징계에 들어가게 되며 어느 정도 죄에 대한 징계를 거쳐야 비로소 중보기도가 받아들여지게 됩니다. 당사자가 여러 사람의 중보기도와 하나님의 권유에도 불구하고 계속적으로 회개하지 않고 죄를 짓고 있는 경우 하나님은 그 사람에게 최후 수단으로 징계를 결정하게 되는 것입니다. 이렇게 되면 마귀는 그 사람을 괴롭힐 수 있는 합법적인 권리를 취득하게 되고 그 사람은 극심한 마귀의 시험과 올무에 걸려 고통을 당하게 되는 것입니다. 이런 경우에 들어서게 되면 그 사람에 대한 일체의 중보기도를 하나님은 거부하시는 것입니다.

중보기도를 하는 사람과 그 사람 사이에 불편한 관계에 있을 경우 기도가 막힙니다. 이런 경우에는 그 불편함을 먼저 처리해야 합니다. 그 사람과의 오해나 다툼이 있는 경우 우리의 영은 상처를 입게 됩니다. 이 상처가 그 사람으로 인해서 계속 낫지 않고 고통을 주기 때문에 기도가 되지 않는 것입니다. 그러므로 그 문제를 해결해야 하는 것입니다. 육신적으로 생긴 마찰은 육신적인 방법으로 처리해야 합니다. 그 사람과 화해한 후에야 비로소 진정한 중보기도가 되는 것입니다.

셋째로 나타나는 원인은 아직은 그 사람에 대한 중보기도의 단계가 아니거나 자신에게 합당하지 못한 경우입니다. 자신과 구체적인 연관과 관련이 적은 대상에 대해서는 중보기도가 막연하게 이루어집니다. 막연한 대상에 대해서는 중보기도의 효율이 떨어지는 것입니다. 중보기도는 자신과 거의 직접적인 연관이 있는 사람들에 대해서 가장 효과가 큽니다. 그리고 그런 사람들에 대해서 중보 기도해야 하는 것입니다. 자신과 너무 막연한 관계에 있는 사람에 대한 중보기도는 일시적일 수밖에 없습니다. 그런 사람에 대해서 계속 중보기도를 하는 것은 별로 유익이 없습니다. 그러므로 실질적 연관이 있는 사람에 대해서 기도하는 것이 좋습니다. 막연한 대상에 대한 기도는 형식에 머무르기 때문에 그런 사람에 대한 기도는 한두 번에 그치고 말지요. 그리고 구체적으로 진행되지 못합니다.

자신이 그 사람에 대해서 중보할 수 있는 자격이 없거나 합당한 위치에 있지 못한 경우 중보기도가 되지 않습니다. 그 까닭은 자신이 알 수 있는 경우도 있지만 모르는 경우가 더 많습니다. 자신이 그 사람에 대해서 영적 도움을 줄 수 있는 자리에 있지 못하기 때문인데 그 원인 중에 하나는 자신의 처리되지 못한 죄와 그 사람의 처리되지 못한 죄가 일치하는 경우 그 사람에 대한 중보기도의 위치에 있지 못하는 것입니다. 처리되지 못한 죄는 우리의 기도를 약하게 만드는 가장 큰 원인이 됩니다. 자신의 죄의 유형과 그 사람의 죄의 유형이 같거나 비슷한 경우 그 사람에 대한 중보기도자로 합당하지 못합니다. 그 문제에 대해서 자신은 자격이 없는 것입니다. 등잔 밑이 어둡다는 말이 있듯이 자신이 범한 죄에 대해서 자신이 잘 모르는 경우가 많습니다. 다른 사람의 지적을 받아도 제대로 깨닫지 못하지요. 이런 까닭은 그 죄로 인해서 영적 양심이 무디어져 있기 때문입니다.

자신에게 심각한 죄가 있음에도 불구하고 여전히 중보 기도할 수 있는 것입니다. 자신의 죄와 구체적으로 연관되어있지 않은 부분에 대해서는 중보기도의 힘은 나타납니다. 그러나 죄와 관련된 부분에서는 전혀 힘을 쓰지 못하게 되는 것입니다. 영적 충돌의 또 다른 까닭은 앞에서 언급한 것들과는 다른 각도의 내용으로써 중보기도자의 영적 성숙을 위한 것입니다. 이런 경우는 어떤 특정한 사람에 대한 충돌이 아니라 중보기도 대상자 전체에 대한 것으로 나타납니다. 그러나 그 초기에는 부분적으로 충돌이 나타나기 시작하는 경우도 있습니다.

잘 되던 중보기도가 언제부터인지는 몰라도 서서히 기도 중에 충돌이 일어나는 것을 느끼게 됩니다. 예민한 사람은 즉시 느끼지만 대부분은 그렇지 못합니다. 왜냐하면 영적으로 배워가는 과정에서 나타나기 때문입니다. 중보 기도하는 사람이 막연한 기도를 하는 것에서 벗어나 구체적으로 기도해야 할 정도의 영적 성숙이 이루어지게 되면 이제부터는 성령의 인도하심에 따라 중보 해야 하기 때문에 변화를 일으키게 되는 것입니다. 영적 중보기도의 단계 즉 예언적 중보기도를 이루기 위해서는 반드시 지식의 말씀을 받아야 하는 데 그러려면 성령의 인도를 받는 기도를 할 수 있어야 하는 것입니다. 그렇기 때문에 이제부터 성령께서 인도하기 위해서 중보기도자의 기도를 가로막는 것입니다.

육신적 기도를 가로막고 영적인 기도로 이끌기 위해서 영적 충돌을 광범위하게 일으킵니다. 모든 사람에 대해서 기도가 막히고 되지 않습니다. 분위기도 삭막해지고 힘이 들어 육성으로 기도하는 것이 어려워집니다. 방언으로 기도해도 답답합니다. 일반적인 기도는 잘 되는 데 중보기도는 되지 않습니다. 이러한 변화가 자신에게 나타나면 이것은 자신의 영적 수준이 한 단계 상승되는 징조로 받아들여야 합니다. 자신에 대한 기도를 마치고 중보기도에 들어가려는데 충돌이 일어나면 기도를 멈추고 하나님을 바라보십시오. 기도 대상이 되는 사람의 이름을 떠올리고 그 사람을 주님 앞에 내려놓고 기다리십시오. 이 기다림에 익숙하지 못한 사람은 그 짧은 시간이 지루하게 느껴질 것입니다. 그러나 기다리는 것이 성령의 인도하심을 받는 기도의 가장 기초적인 요소입니다.

잠시만 기다리면 자신의 생각 속에 지식의 말씀이 임하게 됩니다. 이 말씀을 가지고 중보기도를 하면 됩니다. 그러면 그 사람에 대한 하나님의 뜻을 알게 되고 이렇게 안 지식을 바탕으로 기도하는 것이 예언적 중보기도이며, 성령의 인도에 따른 중보기도가 되는 것입니다. 성령의 인도하심에 따른 기도를 하기 원하면 주님 앞에서 잠잠히 기다리는 법을 배워야 합니다. 우리가 능력 있는 삶을 살기를 원한다면 하나님을 바라보면서 기다려야 합니다. 기다림은 능력으로 나아가는 지름길입니다. 기다림을 통해서 우리는 하나님으로부터 은혜를 받습니다. 중보기도 역시 기다림을 통해서 능력 있는 길로 나아가게 되는 것입니다. 영적 충돌은 우리에게 기다림을 요구하시는 하나님의 신호이기도 합니다. 이런 신호가 오면 하나님 앞에서 잠잠하고 기다려야 합니다. 다윗이 하나님 앞에서 잠잠하고 참아 기다려 은혜를 받았던 것처럼 말입니다.

당신은 이 책에 기록되어 있는 글을 이해할 수 있는 내용이 있고, 어떤 것은 이해가 되지 않는 것이 있을 것입니다. 저의 책을 찾는 모든 분들이 하나같지 않습니다. 영적 수준이나 성향도 다양할 것입니다. 그러므로 저는 이런 다양한 분들을 염두에 두고 이런 글을 씁니다. 그러므로 자연적으로 그 내용이 보편적일 수밖에 없습니다. 예를 들면 공교육은 학력 차가 있는 여러 학생을 대상으로 합니다. 그러나 학원교육은 최고의 수준을 겨냥하여 교육합니다. 그러므로 공교육이 사교육보다 구체적이지 못한 것은 당연합니다. 이와 비슷한 이치로 해서 이 글도 역시 그런 것을 염두에 두고 기록하고 있습니다. 그러므로 일정한 수준 이상으로 들어갈 수 없습니다.

그리고 포괄적으로 다루어야 하는 한계가 있다는 점을 이해하기 바랍니다. 더 깊고 구체적인 내용은 개별적으로 다루어야 하는 것이지요. 그러므로 더 깊은 내용을 알기를 원하시면 개인적으로 저에게 메일로 질문을 주기 바랍니다. 그러면 자신의 영적 수준에 맞는 맞춤식의 도움을 드릴 수 있게 됩니다. 이것이 공교육에서 오는 한계를 사교육으로 보충하는 원리와 같습니다.

그런 까닭에 충만한 교회에서 훈련 과정을 마련하고 있는 것입니다. 충만한 교회에서는 이론만이 아니라, 실제적으로 훈련을 통해서 그 능력을 소유하게 될 것입니다. 자신의 영적 수준에 맞는 전문적인 교육과 훈련을 통해서 주님과 깊은 교제를 이루는 실질적인 길을 열어드릴 것입니다.

32장 영적 침체시기를 대비하여 예방하라.

(요일 2:27)"너희는 주께 받은바 기름 부음이 너희 안에 거하나니 아무도 너희를 가르칠 필요가 없고 오직 그의 기름 부음이 모든 것을 너희에게 가르치며 또 참되고 거짓이 없으니 너희를 가르치신 그대로 주 안에 거하라"

성도들은 영적침체의 시기가 있다는 것을 알고 미리 대비하는 신앙이 되어야 합니다. 영적침체에 빠지면 여러 가지 이해하지 못할 일이 일어납니다. 우선 기도가 되지 않고, 짜증이 나고, 조그만 일에도 혈기가 나옵니다. 교회가 가기가 싫어지고 매사에 부정적이 됩니다. 지금 영적침체에 빠진 것입니다. 될 수 있는 한 빨리 해결해야 합니다. 전문적인 치유를 하는 사람을 만나 치유하는 것이 제일 빠른 길입니다. 혼자 해결하기가 쉽지 않기 때문입니다.

언제부터인지는 확실하지는 않지만 자신에게서 능력이 나타나지 않고 기름부음이 사라져 사역하는 일이 힘들고 의욕도 생기지 않고 사역에 회의가 들기 시작합니다. 자신이 전하는 말씀에 회중이 은혜를 받아 집회에 기쁨이 넘치던 것이 지금은 그렇지 못하고, 맥없는 집회가 되고 말았습니다. 자신이 이제까지 해온 일이 허무하게 느껴지고 의욕이 사라지면서 사역에 깊은 회의감을 느끼기 시작하면서, 사역을 그만 두어야겠다는 생각에 시달리기 시작합니다.

영적 침체는 자신의 사역의 원동력인 성령의 기름부음이 사라지면서 나타나기 시작합니다. 기름부음(anointing)이 사라지면 사역에 힘이 빠지고 능력이 나타나지 않습니다. 회중에게서는 즉각적인 반응이 나타납니다. 회중이 졸고 하품을 하며, 지루하게 느끼고 기쁨이 사라지고 집중이 되지 않고 산만해집니다. 모이는 사람의 수가 점점 줄어듭니다. 목사님 말씀이 예전 같지 않다는 말이 나옵니다. 기름부음이 사라지면 그 자리에 서서히 인본주의가 나타나기 시작합니다.

이러한 영적 침체에 빠지는 까닭이 무엇일까요? 가장 큰 이유는 사역자가 주님의 뜻대로 행하지 않고 있기 때문입니다. 사역자가 하나님으로부터 능력을 받아 사역하기 시작하면서 주어진 은사와 능력에 대한 이해가 부족하여 주님의 영광을 들어내기보다는 자신의 출세를 위해서 능력을 사용하거나 사람들의 비위를 맞추기 위해서 하나님의 뜻을 서서히 저버리기 시작했기 때문입니다. 성령의 능력을 받아 사역하는 사역자에게 있어서 가장 경계해야 할 부분이 사람의 비위를 맞추는 태도입니다. 이는 성경에서 '넘어지게 하는 것'이라고 표현하고 있는 것으로써 헬라어로 'stigma'라는 말입니다. 이는 거침돌이라고 표현되는 말로써 유대인들이 주님의 은혜로부터 멀어지게 된 요인이 이 스티그마입니다.

우리 전래동화 팔러가는 나귀에서 나오는 것처럼 두 부자가 주변의 사람들을 의식한 나머지 마침내는 나귀를 어깨에 메고 장에 가게 되지 않습니까? 사역자가 부닥치는 문제도 이와 같습니다. 성령의 사역은 우리의 상상을 초월하며, 우리의 고정관념으로써는 전혀 이해하기 어려운 일들을 행하십니다. 사역자에게 나타나는 역사가 사역자 자신도 이해하기 어려운 일을 행하시는 경우가 많습니다. 이런 경우 주변의 사람들은 자신들이 느끼는 대로 이런 말, 저런 말을 하게 됩니다. 저도 사람들로부터 오해와 도전을 받았습니다. 지금까지도 그렇습니다. 이는 앞으로도 그럴 것입니다.

우리의 교회사에서 볼 때 능력 있는 사역을 행하는 사람들은 예외 없이 이단이라는 말을 들었습니다. 사람들로부터 이런 비난의 소리를 듣게 되면 자신의 사역에 대해 커다란 갈등을 겪게 됩니다. 이런 과정에서 사역자는 필수적으로 세 가지 중 하나를 선택하게 됩니다. 사람들로부터 받는 평가를 두려워하여 그들의 요구에 복종하려는 마음과 그들의 말을 무시하고 자신의 입장을 고수하려는 생각과 이 두 가지를 적당히 혼합하려는 태도입니다.

필연적으로 이 세 가지 중 어느 하나를 선택하게 됩니다. 사람들의 비판의 소리에는 여러 가지 의미가 있을 것입니다. 정말로 관심을 가지고 비판하는 사람이 있고, 사역자를 시기하는 마음에 비난하는 사람이 있으며, 무지로 인해서 자기 멋대로 판단하는 사람이 있습니다.

사역자는 이들의 비판에 대해 충분한 고민을 해야 할 것이지만, 그보다도 더 중요한 것은 주님의 뜻을 헤아리는 것입니다. 사람들이 이해하지 못하는 현상이 나타났다고 해서 그 현상을 거부하는 것은 올바르지 못한 태도이며, 이것이 자신의 기름부음을 심각하게 훼손할 수 있다는 점을 먼저 기억해 두어야 합니다. 성령의 기름부음을 통해서 나타나는 모든 현상은 전능하신 하나님, 인격적이신 하나님이 행하시는 일입니다. 주님의 주권적인 일은 사람의 동의를 요구하지 않습니다. 오직 순종만을 요구할 뿐입니다.

주님의 주권적인 일은 흔한 일은 아니지만, 그렇다고 희귀한 것도 아닙니다. 특히 새로운 시대를 열어갈 때에 집중적으로 나타납니다. 이 현상은 처음 나타나는 것이기 때문에 사람들은 놀라워하고 이상하게 생각하는 것입니다. 새로운 것을 경험할 때 누구나 그렇습니다. 지금 자신을 통해서 나타나는 현상에 대해 사람들의 판단하는 것은 그것이 생소하기 때문입니다. 전혀 보지 못한 것에 대한 이해가 부족하기 때문이지요. 사역을 행하는 자신조차 처음 보는 현상이 아닙니까? 그렇다면 사람들이 의아해하는 것은 당연합니다.

주님은 자신을 통해서 이 현상을 세상에 처음 드러내는 것입니다. 그러기 때문에 자신에게 그 현상을 받아들일 충분한 기름부음을 주신 것입니다. 그 누구보다도 자신에게 나타나는 이 현상을 옹호하고 사람들에게 충분히 납득이 되도록 설명하고 이 입장을 옹호해야 할 책임이 자신에게 있는데 이러한 입장을 버리고 사람들의 비위에 맞추기 위해 그 사역을 적당히 얼버무리고 포기한다면 성령의 뜻을 심각하게 훼손하는 결과가 되며. 그 때문에 기름부음이 사라지고 주님으로부터 부적격자로 인정되어 사역에서 제외되는 것입니다.

쉬운 예를 들자면 자신이 인도하는 집회에서 사람들이 마구 넘어지거나 엉엉 소리내어 울거나 마구 웃는 현상이 나타났는데 그런 사람들의 행동이 전혀 절제되지 않아서 다른 사람들에게 방해가 되는 경우에 사람들은 사역자가 적당히 통제하고 절제시켜야 한다고 생각합니다. 인도자가 절제를 시키지 않고 그대로 둔다면 사람들은 그 인도자가 성숙치 못하다고 비난하기 시작합니다.

이런 소리를 사역자가 듣게 되었고, 다음부터 그런 현상이 나타나면 절제시켜야겠다고 생각하고, 그 다음 집회에서 그러한 현상이 나타나면 절제하라고 당부합니다. 그리고 실제로 그러한 현상이 나타나면 회중의 반응을 살피고 적당하다고 생각되는 시점에서 절제를 시킵니다. 이 행동은 매우 세련되고 바람직한 행동이라고 생각하겠지요. 그러나 여기에는 사역자가 모르는 치명적인 실수가 있다는 사실을 알아야 합니다. 집회 중에 성령의 임재로 인해서 절제할 수 없도록 심하게 우는 사람이 있다고 합시다. 그 울음소리로 인해서 다른 사람들이 방해를 받아 집회가 제대로 이어지지 못하게 되었지요. 그래서 그 우는 사람을 통제한다면 이는 주님을 무시하는 결과가 됩니다. 그렇게 심하게 울어 집회가 방해된다는 사실을 주님이 모르고 그런 강한 기름부음을 주셨을까요? 그리고 지금 심한 울음소리 때문에 집회가 방해를 받고 있다는 사실을 모르고 계실까요? 아니지요. 모를 리가 없습니다. 그러한 은혜를 부어주신 분이 주님이십니다.

지금 그 사람에게는 이런 강한 기름부음이 필요한 것입니다. 우리는 그 사람의 사정을 모르지만 주님은 아시고, 그에게 강한 기름부음을 주시고 계시는 것입니다. 그런데 이것이 자신의 입장에서 방해된다고 해서 절제시키는 것은 주님의 일에 간섭하는 것입니다. 주님은 오늘 이 집회를 바로 이 사람을 치유하기 위해서 또는 위로하기 위해서 열고 있을지도 모릅니다. 이 한 영혼을 어루만지기 위해서 이 집회를 열었다면 어떻게 해야 할 것입니까?

수많은 사람이 간음한 한 여인을 에워싸고 돌로 치려는 현장에 주님이 오셨습니다. 그리고 그 여인을 구원하셨습니다. 이 현장에 주님이 오신 까닭은 그 여인을 구원하기 위해서입니다. 많은 회중은 그곳에서 주님의 가르침을 받았지만, 그러나 그 현장에서 주님은 오직 한 여인에게 관심이 있었고 그 여인을 구원하시는 일만 하셨듯이 지금 이 집회를 오직 이 사람을 위해서 열고 계실 수 있다는 사실입니다. 다른 사람들은 그날의 집회를 세월이 가면 잊어버리겠지만 그 사람은 그 날을 결코 잊지 못할 것입니다.

사역자는 이 사실을 회중에게 이해시켜야 할 의무가 있는 것입니다. 한 사람에게 중요한 이 집회 그리고 당신은 이 사람을 함께 축복하기 위해서 이 자리에 초청된 하객들일 수 있다는 점입니다. 마치 혼인잔치에 초대된 하객들처럼 오늘 이 사람의 영혼을 위해서 내려주시는 은혜의 기름부음에 당신이 초대되어 함께 그 즐거움을 맞보고 있는 것입니다. 그러므로 우리는 이 사람 때문에 우리에게도 은혜를 부어주신 주님을 찬양합시다. 라고 증거 해야 할 것입니다.

주님의 일은 사람들에게는 넘어지게 하는 걸림돌입니다. 그런 걸림돌을 오히려 모퉁이 돌로 이해시켜야 할 의무와 책임이 사역자 자신에게 있음에도 불구하고 그것을 걸림돌로만 보아 빼어버린다면 주님은 다시는 그를 통해서 이런 일을 행하지 않을 것입니다. 이것이 사역자에게는 영적 침체로 나타납니다. 많은 사역자들이 주님으로부터 능력을 받아 사역을 시작하였지만 몇년이 못 되어 그 능력을 상실하게 되는 경우를 봅니다. 그들은 자신에게 사라진 능력에 대해 올바른 이해를 하지 못하고 변명을 합니다. 그런 사역자들이 주로 하는 변명은 이런 것들입니다.

'말씀이 들어오니까 능력은 사라지더라.' '능력은 말씀 사역자로 세우기 위해서 자신을 이끈 수단이다.' '능력보다 더 중요한 것은 말씀이다.' '능력은 한때 잠시 주시는 것이며, 목회는 말씀으로 해야 한다.' '능력으로 영혼을 구원하는 것이 아니다.' '오직 말씀으로 구원해야 한다.' 이런 등등의 말로 자신을 변명합니다.

이 주장을 옹호할 수 있는 성경 말씀이 어디에 있습니까? 오히려 이 주장을 반박할 수 있는 성경 말씀은 너무나 많습니다.

영적 침체에 빠진 사역자가 취한 또 다른 태도는 적당히 혼합하는 것입니다. 자신에게 주어진 능력도 포기하지 않고 사람들의 비난도 받지 않는 수준을 유지하려고 하는 태도를 취합니다. 이러한 태도도 역시 주님에게는 용납되지 못합니다. 사람들의 비난을 일부는 수용하고 일부는 거부하는 태도는 주님의 능력을 어느 정도 시점까지는 유지할 수 있을지 모르지만 결국에는 기름부음이 사라지고 맙니다.

수많은 능력 사역자가 부르심을 입어 사역으로 나아옵니다. 그럼에도 불구하고 처음의 기름부음을 끝까지 유지하는 사람은 많지 않습니다. 이는 걸림돌에 걸려 넘어졌기 때문입니다. 사람들의 눈에 거슬리면 안 될 것 같은 두려움 때문입니다. 이는 걸림돌을 다루는 배척의 학교를 통과하지 못하였기 때문입니다.

주님은 사역을 행하는 당사자조차 이해할 수 없는 이상한 일을 행하십니다. 그 일은 자신을 통해서 나타나므로 그 진정성(verity)은 누구보다도 자신이 잘 압니다. 이 현상이 지금 주님의 기름부음을 통해서 나타나고 있다는 점을 말입니다. 그러므로 누가 이단이니 귀신의 일이니 하고 말해도 이에 굴복하지 않고 이를 무지한 회중에게 이해시켜야 할 책임 또한 자신에게 있음을 알아야 합니다.

성도들이 원하는 목회자는 성도들의 영적 육적 고통을 해결해

줄 수 있는 사도 바울 같은 목회자를 원합니다. 언제든지 달려가서 목사님을 만나면 질병이든 문제이든 막힘없이 예수님처럼 상담과 해결책을 내놓고 말씀과 성령으로 해결하는 목회자를 원합니다. 기도 한 마디, 말씀 한 마디에 귀신과 사단이 벌벌 떨며 나가는 능력 있는 초대교회 목회자상을 원합니다. 말만 잘하는 설교자, 능력 없는 설교자는 이 시대에 원하지 않는다는 사실을 명심해야 할 것입니다. 성도들은 다 알고 있습니다. 목회자의 수준을 말입니다.

영적 침체는 이러한 목회자의 의무와 책임을 다하지 못함으로써 주님의 기름부음이 서서히 사라지는 과정에서 오는 경고의 신호입니다. 계속 기름부음을 거부하고 사람의 눈치를 본다면 주님이 버리겠다는 강력한 경고입니다. 그런데 이 경고를 무시하면 결국은 버려지게 되고 기름부음은 사라집니다. 기름부음이 사라졌다고 해서 그가 사역을 하지 못하는 것은 아닙니다.

일반 목회자로 목회의 사역을 하게 됩니다. 그러나 주님 앞에서는 아주 부끄러운 일꾼이 되고 만 것입니다. 사울은 이러한 불순종으로 왕위에서 버림을 받았지만, 그가 죽는 날까지 이스라엘의 왕이었습니다. 사람들이 눈에는 여전히 이스라엘의 왕이었던 사울이 하나님에게는 어떤 사람이었습니까? 버림을 받은 사람이었습니다. 우리도 사울과 같이 되지 말라는 법이 없습니다. 항상 깨어서 기도하며 자신을 성찰하여 영적 침체가 찾아오지 못하도록 해야 할 것입니다.

33장 성령의 사람은 말과 몸에 권세가 있다.

(행 1:8)"오직 성령이 너희에게 임하시면 너희가 권능을 받고 예루살렘과 온 유대와 사마리아와 땅 끝까지 이르러 내 증인이 되리라 하시니라"

예수를 믿고 성령을 체험한 그리스도인이 되면 무엇보다도 가장 즐거운 일이 하나님의 권세를 입게 된다는 사실입니다. 만물을 창조하신 전능하신 하나님의 그 권세를 보잘 것 없는 우리에게 주어진다는 사실이 생각만 해도 얼마나 즐거운 일이겠습니까? 그런데 이런 사실을 머리로만 알고 있지 실제로 실감하는 사람들이 흔하지 않은가 봅니다. 하나님의 권세가 자신에게 주어졌다는 사실을 안다면 그 권세를 사용하여야 하지 않을까요?

하나님의 권세를 우리가 소유하고 있다는 사실을 먼저 확인해야 그 권세를 적합하게 이용하게 될 것입니다. 그러므로 먼저 자신에게 그런 권세가 주어졌는지를 살펴봅시다. 하나님의 권세의 내용은 다양하지만, 그 권세가 나타나는 통로는 의외로 간단하여 크게 두 가지입니다. 즉 말의 권세와 몸의 권세입니다. 말의 권세란 우리 입에 하나님의 권세를 부여하는 것을 말합니다. 하나님의 자녀가 된 사람은 기본적으로 말에 권세가 주어집니다.

하나님의 자녀가 되는 순간 우리는 하나님으로부터 이 세상을 능력 있게 살아갈 수 있도록 권세를 주시는 것입니다. 하나님을 알지 못했을 때에는 우리는 본질적으로 마귀에게 매여 살았습니다. 그런 까닭에 마귀가 우리 편이었습니다. 그런데 하나님으로부터 구원을 받는 그 순간부터 우리는 마귀와 원수 관계가 되는 것입니다. 그래서 이런 원수로부터 공격을 받게 되기 때문에 마귀를 이길 수 있도록 권세를 주시는 것입니다.

말의 권세는 말에 주어지기 때문에 우리가 하는 모든 말에 권세가 실리는 것이지요. 그런데 이 말의 권세는 마귀에게 가장 효과적으로 나타납니다. 마귀를 이기게 하기 위해서 주어진 권세이기 때문에 마귀에게 강력한 힘을 발휘하는 것이지요. 마귀는 그리스도인의 명령에 굴복합니다. 어떤 마귀이든지 반드시 굴복하게 되어있습니다. 마귀를 굴복시키는 권세를 하나님이 주셨기 때문인데 이 권세를 우리가 믿음으로 사용하지 못하거나 죄를 지으면 그 권세가 약하게 됩니다.

거듭난 그리스도인은 자신의 말에 권세가 실려 있다는 사실을 믿음으로 받아들이고 말에 신중해야 합니다. 자신이 하는 말대로 이루어질 수 있기 때문입니다. 특히 마귀와 연관된 영적 싸움에서는 강력하게 역사합니다. 우리가 일반적으로 하는 말과 달리 단정적이거나 명령적인 말에는 권세가 실리는 경우가 많습니다. 그러므로 성경은 우리에게 축복하고 저주하지 말라고 경고하고 있습니다. 누구를 만나든지 어느 곳에 가든지 그 대상을 위해서 축복할 것을 가르치고 있습니다. 이런 축복은 대상에게 해당하지 않으면 자신에게 돌아옵니다.

이처럼 저주도 역시 마찬가지입니다. 사람을 미워하면 그 미움이 자신에게 돌아와 문제를 만듭니다. 입술에 권세가 있는 우리는 축복하고 저주하는 일을 하지 말아야 합니다. 그런데 우리는 자주 이런 사실을 잊고 다른 사람을 비난하거나 욕하는 경우가 있습니다. 이런 언행은 곧 우리의 입술의 권세를 약하게 만들게 됩니다. 이런 일들을 계속 반복하면 입술의 권세가 거의 힘을 쓰지 못합니다. 어떤 사람이 억울한 일을 당해서 자신에게 와서 하소연합니다. 이야기를 듣고 나서 아무런 생각도 없이 위로하는 마음으로 "그 사람 혼이 나야겠구만 어디 팔이라도 부러져야지"라고 말했습니다. 그런데 며칠이 못되어 그 사람이 팔이 부러졌습니다.

불신자인데 하나님을 모독하고 돈이 많다고 돈을 자랑합니다. 예수 믿는 너희들은 왜 가난하냐면서 거드름을 피웁니다. 행복이 돈에서 오는 것이 아니라, 하나님을 믿는 믿음에서 온다고 해도 콧방귀를 뀌면서 비웃습니다. 돈이 있어야 사람대접을 받고 돈이 있어야 예수도 필요하다면서 자신들은 예수를 안 믿어도 이렇게 잘 살지 않느냐면서 예수 믿는 것은 능력 없는 사람들이 신에 의지해서 살아보려는 나약한 증거라면서 하나님을 멸시합니다. 도무지 참을 수가 없어서 "당신이 자랑하는 그 돈이 얼마나 갈지 봅시다. 그리고 행복한 삶이 무엇인지를 곧 알게 될 거요"라고 말했습니다. 이런 말이 선포된 지 1년도 못되어 아들이 속을 썩이더니 이혼하고 이어서 사업이 어려워지고 자신도 불륜이 탄로 나서 이혼을 당하였습니다. 망신을 당하고 지역사회에서 고립되어 고통스런 삶을 살게 되었습니다. 이것이 입술의 권세입니다. 하나님을 비웃고 욕되게 하는 자에게 향해 바울은 그 사람의 눈을 멀게 했습니다.

두 번째가 몸의 권세입니다. 몸의 권세도 마귀를 이기기 위한 것입니다. 그러므로 성령으로 충만한 성도가 무당이 굿을 하는 곳에 가면 그 무당에게 굿하도록 시키는 귀신이 물러가서 무당이 더 이상 굿을 할 수 없게 됩니다. 우리가 어떤 장소에 가면 우리로 인해서 우리가 머무는 동안 그 장소는 정결해집니다. 손님이 없어서 썰렁한 가게에 들어가면 갑자기 사람들이 모여옵니다. 물건을 흥정하고 있으면 사람들이 모여들어 흥정을 제대로 하지 못할 정도입니다. 이와 같은 현상은 그 가게에 있던 마귀가 우리의 권세에 눌려 방해할 수 없기 때문에 사람들이 영적으로 방해를 받지 않고 자연스럽게 들어올 수 있게 되는 것입니다.

우리 몸의 권세로 인해서 우리 몸에 접촉하는 사람들이 건강해지고 정신이 맑아집니다. 몸의 권세가 강한 사람을 만나면 기운이 솟고 힘이 납니다. 기분이 우울하던 사람이 그런 사람을 만나면 기분이 상기되고 생기가 솟아납니다. 믿음이 식었던 사람이 믿음이 되살아납니다. 몸의 권세가 있는 사람은 그가 머무는 곳마다 축복된 장소가 됩니다. 그가 만지는 물건마다 복된 것이 됩니다. 이 모든 것은 몸의 권세를 받은 사람에게서 나타나는 현상입니다.

그러므로 몸의 권세가 있는 사람은 정결한 행동을 해야 합니다. 부정한 것을 만지거나 가까이하면 그 권세가 약해집니다. 우리는 우리 주변에 있는 부정한 것들로 인해서 우리에게 주어진 권세가 약해진다는 사실을 잘 모르고 있습니다. 수많은 인형이나 짐승들이 그렇습니다. 악마적인 상징을 한 장식물이나 이교적인 제기들은 부정합니다. 성경은 부정한 것들에 대해서 언급하고 있습니다. 신약시대를 사는 우리는 그런 것들로부터 직접적인 침해를 받는 것은 아니지만 우리의 영적 권세는 그런 것들로 인해서 타격을 받게 됩니다.

몸으로 행하는 범죄도 우리의 몸의 권세를 약화시킵니다. 악습이나 그릇된 행동을 계속하면 권세가 나타나지 못합니다. 죄는 모든 권세를 가로막는 심각한 장애물입니다. 하나님은 우리에게 기본적인 권세를 주었지만 우리가 그 사실을 제대로 알지 못해서 그 권세를 잘 이용할 줄 모릅니다. 그래서 묻어두고 지내는 경우가 많지요. 권세는 사용해야만 더욱 강해지고 넓어집니다. 사람들이 권세가 있는 사람에게는 함부로 하지 못합니다. 우리 앞에 오면 알 수 없는 어떤 힘이 자신들을 눌러 기를 쓰지 못하게 한다거나 까닭 없이 두려움이 생겨 함부로 대하지 못합니다.

저는 외출할 경우 저의 집에 어떤 외부인도 불법으로 침투하지 못하게 명령합니다. 물론 도둑이 들어와 가져 갈 것도 없지만 말입니다. 그래서 아주 편하게 집을 비울 수 있습니다. 차를 운전할 때도 역시 그렇게 합니다. 일일이 하지 않아도 저의 몸에 권세가 있다는 사실을 시인하고 믿기 때문에 걱정이 없습니다. 정해진 시간에 목적지까지 가야 하는데 길이 막힐 걱정을 하지 않습니다. 막혔던 길도 트입니다. 정해진 시간에 충분히 도착할 수 있습니다. 그러나 아무 때나 그런 것은 아니지요. 정당한 이유가 있을 경우입니다. 급하지 않거나 서둘러야 할 일이 없으면 아무런 변화도 없습니다. 급히 여행을 가야 할 일이 생겼는데 표를 예매하지 못했을 경우 믿음으로 역에 나가면 표가 준비되어 있습니다. 붐벼서 표를 살 수 없는데도 정확한 시간에 표를 환불하려고 오는 사람이 있습니다. 이런 것들이 몸의 권세를 가진 사람이 누리는 특권입니다.

저는 하나님이 특별한 은혜를 부어주십니다. 군대에서 출세하겠다고 군에 입대하여 열과 성의를 다하여 군 생활을 했습니다. 그런데 마음대로 승진이 되지 않았습니다. 그래서 사십대 초반에 전역을 했습니다. 하나님에게 무엇을 해야 할지 매달리며 기도하니 목회자가 되라는 것입니다. 순종하고 경기도로 올라와 신학을 했습니다. 신학 하는 기간 동안 큰 어려움 없이 신학을 하고 정상적으로 미치게 되었습니다. 그것도 신학대학원을 수석으로 졸업하게 하셨습니다. 교회를 개척하고 어려웠지만 형통하게 풀렸습니다. 그래서 서울로 올라와 지금 성령치유와 영성 목회를 하고 있습니다. 무엇하나 막히는 것이 없이 술술 잘 풀렸습니다. 저의 자녀들 역시 잘 풀리고 있습니다.

이것이 또한 몸의 권세가 주는 유익입니다. 몸의 권세가 있으면 두려워할 것이 없습니다. 형통의 복이라고 합니다. 하나님이 함께하시니 형통하게 일이 잘 풀리는 것입니다. 마치 보디발의 집에서 머슴을 사는 요셉에게 하나님이 함께하니 형통한 것과 같은 것입니다. 몸이 피곤한데 앉을 자리가 없을 정도로 사람들이 가득합니다. 그런데 자신이 서 있는 바로 그 자리에 어떤 사람이 급히 일어나면서 자신에게 앉으라고 자리를 양보하고 사라집니다. 자신의 몸을 위한 이러한 일들이 자주 일어납니다. 이런 일들이 일어날 때 하나님이 자신에게 몸의 권세를 주신 것에 감사하기 바랍니다. 그리고 이런 권세들을 주님의 영광을 위해서 자신의 몸을 귀하게 여기고 죄에서 떠난 삶을 살도록 주신 주님의 뜻을 깨닫고 그런 삶을 살아야 할 것입니다.

몸으로나 입으로나 죄를 지어서는 안 됩니다. 죄는 우리에게 주신 특권인 권세를 약하게 만듭니다. 죄로 인해서 권세가 나타나지 않는다면 그 죄를 회개하고 다시 권세가 불일 듯 일어나도록 간구하십시오. 입술과 몸의 권세는 우리와 이웃을 행복하게 만듭니다. 악한 자가 그런 사람에게 가까이 하지 못합니다. 범죄행위가 날로 늘어나는 이때 특히 여성들은 여러 가지로 위험한 세상 속에서 살아가고 있습니다. 주님이 주신 이런 권세로 자신을 보호하기 바랍니다. 먼저 자신에게 이런 권세가 있는지를 확인하고 이 권세가 얼마나 자주 나타나는지도 살피십시오. 항상 나타나야 합니다. 그러기 위해서는 하나님을 기쁘시게 하는 삶을 살아야 합니다.

34장 은사는 영적 삶의 질을 높여준다.

(고전 12:4)"은사는 여러 가지나 성령은 같고"

성령의 은사는 성도의 삶에 질을 높이는 수단이 됩니다. 기도하지 못하던 사람이 기도를 하게 됩니다. 지혜롭지 못한 사람이 지혜롭게 됩니다. 다른 사람 앞에서 말을 하지 못하던 사람이 담대하게 말을 합니다. 악한 영의 역사에 대하여 대적하여 몰아냅니다. 하나님의 뜻을 알고 하나님께 순종합니다. 하나님의 비밀을 알게 됩니다. 은사는 이렇게 성도의 삶의 질을 높이는 수단이 됩니다.

고린도 전서 12장에서 바울은 우리들에게 은사가 무엇이며, 무슨 목적으로 주어지는 것인지에 관해서 상세하게 다루고 있지만, 우리 교회는 이 부분에 관해서 성경이 지시하는 바를 제대로 수용하지 못하고 있는 것이 현실이라고 하겠습니다. 12장을 읽어보지 않은 성도는 거의 없을 정도로 관심이 많은 부분이지만 그럼에도 불구하고 이 말씀이 교회 안에서 그리고 각 성도들의 삶에서 의미 있게 적용되고 있는가 하는 질문을 한다면 '아니오'라는 대답을 할 수밖에 없습니다.

고린도전서 12장의 말씀이 이처럼 소홀히 다루어져도 상관이 없는 가벼운 내용을 담고 있을까요? 결코 그렇지 않습니다. 바울은 이 말씀에서 그리스도의 몸과 지체라는 표현을 사용하고 있습니다. 성도들이 모인 회합인 교회는 그리스도의 몸이며, 그 안에 있는 성도 개인은 지체라고 표현하고 있습니다. 지체들이 모여서 그리스도의 몸이 되기 때문에 각 성도 한 사람이 중요하며, 그 성도들이 그리스도의 몸이 되는 것은 은사를 통해서 가능하다는 사실을 우리들에게 가르치고자 하는 것이 바울이 고린도전서를 쓴 의도이기도 합니다.

바울은 단 한 지체만 있다면 몸은 어디냐고 질문합니다. 즉 모든 성도가 다 같은 하나의 모양을 취한다면 몸이 될 수 없다는 것입니다. 이 주장에 따르면 교회는 다양한 모습을 가진 사람들과 화합이 되어야만 하고 그것을 가능하게 하는 것이 바로 은사라는 것입니다. 즉 은사가 다양하게 주어지는 것은 몸을 구성하기 위해서인 것입니다. 따라서 "눈이 손더러 내가 너를 쓸 데가 없다 하거나 또한 머리가 발더러 내가 너를 쓸 데가 없다 하지 못한다"는 것이 바울의 주장입니다. 그런데 우리는 이런 바울의 주장과는 다르게 행동하고 있지는 않습니까? 교회 안에서 오로지 직제만 존재할 뿐 은사는 무시되고 있습니다. 바울은 그리스도의 몸을 구성하는 지체는 직제가 아니라 은사임을 분명히 하고 있습니다. 따라서 건강한 몸이 되기 위해서는 반드시 은사가 교회 안에 풍성하게 있어야 하는 것은 당연한 것입니다. 여러 지체가 교회 안에서 서로 돌보게 하기 위해서 은사를 주신 것입니다.

성령이 각 지체가 그리스도의 몸이 되게 하기 위해서 주신 은사는 받는 것으로 이런 일들이 저절로 되는 것은 결코 아닙니다.

그리스도의 건강한 몸이 되기 위해서는 분쟁이 없어야 하기 때문에 서로 같이 돌보는 것이 필요하며, 이를 위해서 일정한 제도와 가르침이 필수적으로 주어져야 하는 것입니다. 가르침과 일정한 규율이 없으면 무질서하게 되기 때문인데, 그러기 위해서 교회는 영적인 일에 대한 지식을 갖추어야 하는 것이 필수입니다.

이제까지 우리는 제도화에만 매달려왔고, 그것으로 그리스도의 몸이 이루어졌다고 생각했지만 이는 우리들의 무지함에서 온 심각한 착각입니다. 그리스도의 몸을 구성하는 우리는 두 가지 차원의 삶을 살 수밖에 없으며, 이 두 차원의 삶을 결코 분리되어 있는 것이 아니라 하나인 것입니다. 즉 육신적 삶과 영적 삶입니다. 이 두 가지는 보이는 것과 보이지 않는 것으로 구성되며, 서로 유기적으로 영향을 주고받기 때문에 결코 분리할 수 없는 것입니다.

우리가 건강한 삶을 살기 위해서는 반드시 육신적인 것과 영적인 것이 균형을 이루어야 합니다. 육신적 삶을 통해서 얻는 다양한 성취물과 영적 삶에서 얻는 보이지 않는 성취물이 우리 안에 현실적으로 공존하고 있지만 제도와 틀만을 보면 우리는 육신적인 것만 취하게 됩니다. 바울은 한 지체가 고통을 당하면 모든 지체가 같이 고통을 당하는 것이 몸이라고 설명합니다. 그 고통은 육신적으로 영적으로 오는 것입니다.

육신적으로 오는 것은 제도와 틀에 의해서 풀어낼 수 있지만 영적으로 오는 것은 은사를 통해서 풀어내지 않으면 안 되는 것들입니다. 따라서 지체가 고통으로부터 풀려나게 하기 위해서 은사를 주시며, 이 은사는 서로를 돕기 위해서 주어진 것임이 분명합니다. 따라서 우리가 어려운 문제를 만나거나 보다 나은 삶을 살기 위해서는 서로에게 도움을 청하는 것은 당연한 권리이기도 합니다.

성도들 가운데는 예언을 받거나 치유를 받는 것을 마치 신앙이 성숙하지 못해서 타인에게 의존하는 것으로 여기는 사람들이 적지 않습니다. 이런 생각을 하는 사람들도 자신의 몸이 아프면 의사에게 보이며, 법률적 문제가 있으면 변호사를 찾아갑니다. 이런 육신적 도움을 받는 일은 지극히 당연하다고 생각하면서 예언을 받거나 치유를 받는 것은 자신이 부족하기 때문이라고 생각합니다.

그래서 어려운 문제가 있어도 스스로 풀어내려고 하는데, 이는 병이 들고 법률문제가 있음에도 불구하고 의사를 찾거나 변호사에게 의뢰하는 것은 자존심이 상하는 일로 생각하고 자기 스스로 풀어내려고 하는 어리석음과 같다고 하지 않을 수 없습니다. 예언을 받고 치유기도를 받는 것은 의사를 찾고 변호사를 찾는 일처럼 아주 당연한 권리에 속합니다. 물론 그에 따른 의료비와 수임료를 지불해야 하는 경제적인 부담을 지는 것은 피할 수 없지만, 교회 안에서 이런 도움은 그런 부담마저도 없거나 가볍습니다.

성령께서 은사를 주심은 각 지체가 서로 유기적으로 돌보기 위함입니다. 어려운 문제 즉 고통스런 문제가 있다면 다른 지체도 함께 고통스럽게 되는 것이므로 이를 극복하게 하기 위해서 은사를 내려 주신 것입니다. 이런 사람들에게서 도움을 받는 것은 신앙의 연륜이나 체면과는 아무런 상관이 없습니다. 왜냐하면 은사는 결코 자격증이 아니기 때문입니다.

하나님이 부족한 지체에게 귀중함을 더하여 여러 지체가 서로 돌보게 하기 위해서 은사를 나누어 주신 것입니다. 이 돌봄을 지배나 가르침으로 오해하기 때문에 예언을 받거나 치유를 받는 일은 자존심이 상하거나 자신의 부족함을 드러내는 수치스런 일로 여기는 것입니다. 이런 태도는 성경을 충분히 이해하지 못하고 임의로 생각하였기 때문에 생긴 오해인 것입니다.

우리는 사회생활을 하면서 모든 일을 자급자족하겠다고 생각하고 그렇게 한다면 이는 어리석어도 한참 어리석은 일입니다. 근대화가 되지 않았던 조선 후기까지 자급자족으로 모든 것을 해결해야 했습니다. 그런 생활이 얼마나 힘들고 거칠고 비문명화된 사회입니까? 오늘날 이와 같이 풍요로운 삶을 살게 된 까닭은 바로 분업화해서 서로의 필요를 채워주려는 전문화 시대를 열었기 때문입니다. 우리 교회를 면밀히 들여다보면 조선시대와 같다고 할 것입니다. 자급자족의 시대와 다를 바가 없습니다. 다른 지체로부터 도움을 받으려고도 하지 않고 도우려고도 하지 않습니다. 그렇기 때문에 삭막하고 단조롭고 거칩니다. 그나마 육신적인 일은 제도화를 통해서 어느 정도 서로 돕는 문화가 마련되어 있지만 영적인 일에 있어서는 전무한 실정입니다. 자급자족 사회를 우리는 원시 공동체라고 부르며 전근대화 사회라고 부릅니다. 그 사회에서의 삶의 질은 말할 수 없이 낮았습니다.

근대화사회 즉 전문화된 사회는 풍요를 가져오고 삶의 질이 높아집니다. 더욱 풍성한 삶을 위해서는 더 많이 세분화되어야 하며 그것이 곧 일자리 창출이라는 것입니다. 세상의 교회들을 보면 일자리가 거의 없기 때문에 교회 안에서 빈둥대는 사람들이 대부분입니다. 제가 어릴 적만 해도 영농기가 끝나면 일자리가 없어서 모든 사람들이 빈둥대면서 농한기를 지냈습니다. 그래서 농촌에서는 놀음이 성행했고, 주색잡기에 탐닉하는 사람들이 많았습니다. 그러니 살림살이가 말이 아니었습니다.

우리 교회의 영적 실태가 5~60년대의 생활을 보는 것 같습니다. 교회 안에서 할 일이 없어서 손을 놓고 있는 성도가 얼마나 많습니까? 일자리 창출이 되지 않아 영적 삶이 단조롭습니다. 성령께서는 은사를 부어주시지만 교회는 이를 외면합니다. 서도 도움을 받는 일을 창피하게 생각하고, 또한 도움을 주는 사람은 무언가 특권을 가진 것처럼 으스댑니다. 이 모든 것이 성경을 바르게 이해하지 못했고, 교회 안에서 바른 가르침이 없었기 때문입니다.

은사를 베풀고 도움을 받는 이 모든 일은 서로 돕는 일상적인 일 그 이상도 아닙니다. 자랑할 것도 없고 부끄러워할 것도 없는 영적 서비스일 뿐입니다. 한 몸이기에 고통을 서로 나누는 것일 뿐입니다. 의사도 변호사 신세를 지고, 변호사도 정비소의 신세를 집니다. 당연한 서비스입니다. 목사도 치유 기도를 받아야 하고, 성도도 받아야 합니다. 아주 일상적인 일 그 이상의 의미가 있는 것이 아닙니다. 바울은 12장의 결론 부분에서 "다 ~이겠느냐?"라는 말씀으로 맺습니다. 우리가 살고 있는 영적 삶은 자급자족의 삶이 아닙니다. 그렇게 살면 힘들고 삶이 거칠어질 뿐입니다. 우리의 삶은 전문화시대이며, 근대화된 시대입니다. 영적 근대화가 이루어져야 풍요로운 삶이 가능해집니다. 그렇기 때문에 성령이 우리들에게 나누어주신 은사를 개발하고 사용할 수 있는 매뉴얼을 개발하는 일이 시급한 것입니다.

하나님이 성도에게 성령의 은사를 주시는 것은 하나님의 복을 받는 성도가 되게 하기 위해서 은사를 주시는 것입니다. 첫째는 하나님 앞에 자신을 성찰하여 부족한 것을 치유하는 것입니다. 둘째는 가정의 문제를 성령의 은사로 찾아내서 고치는 것입니다. 그리하여 가정 천국을 만드는 것입니다. 그리고 유형 교회와 세상에 나가서 불신자를 전도하고, 교회에 들어온 성도들을 보살피는 것입니다. 성령의 은사는 영육의 삶의 질을 높이기 위해서 예수 믿고 성령으로 거듭난 성도에게 하나님이 주시는 선물입니다. 그밖에 성령의 은사에 대한 상세한 내용은 **"성령의 은사와 사명 감당"**을 참고하시기를 바랍니다.

35장 자신만의 색깔을 찾아야 한다.

(고전 2:13)"우리가 이것을 말하거니와 사람의 지혜가 가르
친 말로 아니하고 오직 성령께서 가르치신 것으로 하니 영적인
일은 영적인 것으로 분별하느니라"

저는 항상 이렇게 말합니다. "자신만의 신앙의 색깔을 찾아
라. 남이 잘 한다고 따라가지 말라라. 2등 밖에 못한다." 한마디
로 자신만의 색깔을 찾아서 행하라는 것입니다. 매년 2월이면
수많은 예비 사역자들이 학교를 나와 사역의 터전으로 들어서게
됩니다. 대부분은 교회의 전임 전도사로 일을 시작하지만 더러
는 개척을 합니다. 특히 나이가 들어서 부르심을 받은 사역자들
은 부득불 개척하게 됩니다. 이 분들은 학교 교육을 마쳤으므로
사역할 수 있는 자격을 공식적으로 인정받게 된 것이지요. 사람
들에게 말입니다.

젊은 전도사는 아직 세상에 대해서 경험이 부족하고, 영적인
것에 대해서도 경험적으로 아는 바가 거의 없기 때문에 자신이
배운 학문에 전적으로 의존하게 됩니다. 그렇게 시작한 사역이
세월이 흘러가면서 그 제도와 틀 속에서 생존하는 법을 익히게
됩니다. 선배 사역자들의 경험을 그대로 따라 하게 되는 것이 일
반적입니다. 이렇게 사역에 들어선 분들 가운데 성공적으로 목
회를 하는 분들도 있지만 그렇지 못해서 어려움을 겪는 분들이

있습니다.

목회에 성공하지 못하는 이유는 사람에 따라서 천차만별이겠지만 제게 상담을 해온 분들을 보면 대부분이 자신의 목회에 대한 분명한 색깔을 찾지 못하고 성공한 목회자들의 뒤를 따라 별다른 의식 없이 목회를 시도하는 경우가 많습니다. 존 윔버가 예비 사역자의 시절에 교회 성장 세미나에 참석하였다고 합니다. 그는 그 세미나를 인도하는 강사들이 정말로 자신들의 교회가 성장했는지를 살펴보았는데 대부분은 전혀 성장하지 못한 무능한 사역자라는 사실을 발견하고 실망했다고 합니다. 우리나라도 이와 비슷한 것 같습니다. 부흥회를 인도하는 부흥사들이 전부는 아니지만 대다수가 자신이 담임하는 교회가 부흥하지 못했는데 부흥사로 다닙니다. 물론 이렇게 해서 사례비를 받아 어려운 삶을 이어가는 수단이 되기도 하지만 엄격히 말하면 모순이 아닙니까? 그 과정을 통해서 훈련을 받는다고 생각하고 위로를 삼지만 한 편으로는 안타깝습니다. 사실 자신의 교회부터 부흥시키고 그 경험을 바탕으로 부흥에 대해서 말씀을 전해야 하지 않겠는가 하는 생각이 듭니다.

우리는 경험이 없이 오직 지식만으로 그 경험을 대신하려고 하는 성향을 가지고 있습니다. 이것은 경험한다는 것이 어렵고 힘들기 때문이며, 고통도 따르기 때문에 주저하는 것이지요. 경험 없는 지식은 실험실 없는 과학과 같지요. 이론적으로는 모르는 것이 없지만 현실적으로 그것을 이용하는 데는 실전적인 훈련이 가장 중요하지요. 우리의 삶은 영적 전쟁을 치르는 것이니까, 싸움에서 이기는 사람은 실전 경험을 많이 한 장군입니다. 사역자가 자신의 색깔을 찾는다는 일이 그리 단순하거나 쉬운 것이 아닙니다. 자신에게 향하신 하나님의 뜻을 분명하게 인식하고, 그 일에 헌신하는 분이 얼마나 되겠습니까? 대부분의 사역자들은 이럴 것이다. 라는 막연한 가정(assumption)을 가지고 사역합니다. 이 점이 참으로 안타깝습니다. 사도행전에 보면 사역자들이 성령의 음성을 듣고 그 말씀에 따라서 행동한 것을 많이 봅니다. 성령이 일일이 지시하시는데 그 음성을 제대로 듣지 못하는 사람에게는 여러 가지 다른 방법을 통해서 지시하셨습니다. 저에게 상담을 의뢰하는 분들에게 성령님은 분명하게 가르쳐주시고 저는 그 내용을 자세하게 설명해 드립니다. 그리고 믿음으로 그 내용을 수용하지 못하는 분에게는 두 가지 증거를 드리기까지 하면서 하나님의 뜻을 받아들이도록 촉구합니다. 자신들이 생각했던 것과는 다른 내용인 분들도 있고, 어렴풋이 느끼고 있었지만 확신하지 못해서 주저하고 있었던 분들도 있습니다. 저는 하나님이 원하시는 바를 과감하게 행동에 옮길 것을 촉구하지만 여러 가지 이유로 선뜻 받아들이지 못하고 이런 저런 이유를 들면서 적당히 타협하거나 거부하기도 합니다.

특히 죄와 연관된 부분에 대해서는 변명하면서 완곡하게 거부하는 경우가 많습니다. 이런 경우 대부분은 그 죄를 인정하면서도 그럴 수밖에 없었던 자신의 입장을 합리화하려고 합니다. 우리는 이런 성향을 본질적으로 가지고 있지요. 하나님이 사울을 책망할 때 그는 그 죄를 인정했지만 그러나 부분적으로 죄의 책임을 백성들에게 돌렸습니다. 이런 태도는 지도자로서는 합당하지 못한 행동이지요. 지도자는 자신이 결백하다 할지라도 자신의 지도 아래 있는 사람들의 죄에 대해서 책임을 질 줄 알아야 하지요. 모세는 이런 부분에서 탁월한 사람이지요. 아브라함 역시 그렇습니다.

자신의 죄를 주님으로부터 사람의 입을 통해서 지적 받았음에도 불구하고 그 사실을 인정하려 하지 않는 것은 매우 심각합니다. 이런 일은 하나님을 대신하는 사역자의 자격과 연관된 시험입니다. 사울이 선지자의 입을 통해서 죄에 대해 책망을 받을 때 그가 이 질문이 하나님이 자신에게 하시는 것이라는 의식이 있었더라면 그런 변명을 하지 않았을 것입니다. 땅에서는 절대적인 권력을 가진 왕이지만 그 권력보다 더 큰 하나님이 있다는 사실을 그는 제대로 인식하지 못한 것이지요. 사람의 입을 통해서 말씀하시는 그 말씀을 우리는 가볍게 여기는 실수를 하기 쉽습니다. 영적 증거를 제공함에도 불구하고 이를 무시하는 결과는 심각합니다. 이런 실수를 하는 배경에는 영적 무지함이 있는 것입니다. 이 무지함을 주님은 은혜를 받지 못한 결과라고 지적합니다. 이사야를 통해서 너희는 늘 듣지만 깨닫지 못하고 보기는 늘 하지만 알지 못한다(사 6:9)라고 말씀하십니다. 근본적으로 죄에 대해서 돌이킬 마음이 없기 때문에 은혜가 임하지 않는 것입니다. 바울은 자신에게 주어진 소명이 무엇인지 분명하게 인식한 사람이지만, 그 일로 쓰임을 받게 되기까지 14년의 세월을 광야에서 보냈습니다. 그리고 때가 이르러 성령님이 바나바를 이용하여 안디옥 교회로 인도하고 그 곳에서 다시 1년을 보낸 뒤에 사역에 나서게 되었습니다. 이렇게 절차가 있습니다. 이런 절차들은 당사자에게 많은 인내를 요구하십니다.

긴 시간이 걸리는 동안 주님은 아주 서서히 전혀 급하지 않게 일을 추진시키고 계십니다. 급한 것은 언제나 우리들이고 주님은 하루가 천년 같지요. 바쁠 것이 없습니다. 사역자는 주의 일을 하는 것이지 자신의 일을 하는 것이 아님에도 불구하고 이 사실을 잘 알면서 여전히 자신이 일을 하려고 서두르기만 합니다.

자신의 일을 곧 주님의 일로 여기고 하는 것이지요. 이렇게 생각하는 사람들은 그 일이 정말로 주님의 일인지 확증을 얻어야 합니다. 자신이 하는 일이 모두 주님이 인정하는 일인지를 정말로 확증해야 합니다. 다윗은 하나님의 뜻에 합한 자였습니다. 그러므로 그가 행하는 모든 일을 하나님은 인정하였습니다. 말하는 데로 이루어주셨습니다. 이와 같이 자신이 하나님의 뜻에 합한 자라면 자신의 입에서 나오는 모든 말에 하나님은 책임을 지시고 그대로 행하시는 증거가 나타나게 됩니다. 그렇지 않다면 자신이 하는 일이 모두 주님의 일이 될 수 없는 것입니다. 증거 없는 막연한 기대는 스스로를 속이는 것입니다. 자신에게 주님이 모든 일에서 함께 하신다는 확증이 없다면 그 사역은 자신의 일일 수밖에 없는 것이며, 이런 사역자는 심각하게 하나님의 뜻을 물어야 할 것입니다. 자신의 마음대로 하나님의 일을 하지 말라는 것입니다. 목회만 하나님의 일이 아닙니다. 성도가 하는 모든 일은 하나님의 일입니다. 영적 무지로 인해서 자신의 일을 하나님의 일로 착각하고 자기 생각대로 하는 것은 아닌지 심각하게 고민해야 합니다. 우리는 너무 조급한 나머지 가정을 진실로 착각하고 행동하는 경우가 있는 것입니다.

어떤 목회자에게 불신자 친구가 있었습니다. 그는 이 친구를 전도하기 위해서 갖은 노력을 다했지만 그 친구는 전혀 예수를 믿지 않았습니다. 그러던 이 친구가 어느날 갑자기 예수를 믿게 되었는데 믿자마자 성령의 은사를 받아 성령님의 음성을 듣게 되었습니다. 이 친구는 기도하기만 하면 주님이 말씀을 주시는 것이었습니다. 이런 친구를 본 그 목회자는 갈등이 생기게 되었습니다. 목사인 자신은 성령의 음성을 듣지 못하는데 믿은 지 얼마 되지도 않은 친구는 성령의 음성을 듣고 주님이 시키는 대로 하는 것입니다.

그리고 그 친구는 하나님이 자신에게 전하라고 말씀을 주신 것을 전하기까지 합니다. 이런 것을 겪으면서 이 목사는 갈등이 생겼습니다. 그래서 그 친구와 가까이 하기 싫어졌고 고의로 멀리하기 시작했습니다. 그런데 이런 마음까지 주님이 그 친구의 입을 통해서 지적하면서 자신을 책망하는 소리를 듣게 되었습니다. 이 일로 인해서 이 목사는 영적 도전을 받게 되었습니다. 그래서 이 목사는 자신이 듣지 못하는 것을 부끄럽게 여기고 기도에 전념하였습니다. 이런 일이 계기가 되어 주의 음성을 듣게 되었고 자신에게 향하신 주님의 뜻을 분명하게 깨닫게 되었습니다. 이런 일이 있은 후 이 목사는 성령의 지시하심에 따라서 행동하는 법을 배우게 되었습니다.

사역의 길로 나서는 수많은 예비 사역자들은 자신의 생계 때문에 또는 다른 사람들이 다 그렇게 하니까 자신도 따라 한다는 막연한 생각으로 조급하게 사역에 나서는 것이라면 다시 돌이켜 주님에게 신중하게 여쭈어야 할 것입니다. 성령의 음성을 제대로 듣는 능력이 없다면 신실한 사람들의 경건한 조언에 귀를 기우려 선한 판단을 해야 할 것입니다. 조금 늦더라도 자신에게 향하신 분명한 주님의 뜻을 발견하는 것이 무엇보다 소중합니다. 긴 인생의 삶에서 1~2년은 아주 짧은 것입니다. 주님에게 간절히 그 해답을 구하기 바랍니다. 자신에게 부여된 신앙의 색깔에 맞는 목회를 발견해야 합니다. 그래야 헛수고를 하지 않습니다.

36장 전문 영역은 전문인의 도움을 받아라.

(요일 2:27)"너희는 주께 받은바 기름 부음이 너희 안에 거하
나니 아무도 너희를 가르칠 필요가 없고 오직 그의 기름 부음이
모든 것을 너희에게 가르치며 또 참되고 거짓이 없으니 너희를
가르치신 그대로 주 안에 거하라"

많은 그리스도인들이 영적인 일에 대해서 너무도 막연한 생각
을 품고 있다는 사실이 저로 하여금 안타깝게 합니다. 원론적인
지식이 모든 것을 해결할 것이라는 막연한 생각을 가지고 있는 것
입니다. 성경을 읽고 자기 나름대로 판단해서 그렇다고 생각하고
있는 사실을 아무런 검증도 없이 단순하게 믿고, 그것을 바탕으
로 다른 사람들을 가르치고, 그 가르침을 아무런 의심도 없이 곧
이곧대로 인정하는 것이 우리들의 현실입니다.

성경은 모든 세대에 모든 인류에게 적용되는 보편적인 원리를
제공하고 있지만, 그 원리가 각 사람에게 구체적으로 적용되기
위해서는 우리가 알아야 할 많은 세부적인 것들이 있습니다. 이
를 알기 위해서는 오랜 세월동안 수많은 경험과 자세한 관찰이 필
요합니다. 교리적인 부분에 관해서는 거의 2000년 동안 수많은
다툼을 통해서 세부적인 것들이 정리되어 있지만, 영적인 내용에
관해서는 세부적인 지식이 거의 전무한 실정이라고 해도 과언이
아닐 것입니다.

대부분의 신학자들이 성경에만 매달려 연구했고, 후학들도 그 일을 반복하는 것으로 삶의 대부분을 쏟아 부었기에 영의 일에 관심을 둘 여유가 없었습니다. 그리고 교회 체계를 공고히 하는 일에 우선순위를 두다 보니 자연적으로 영의 일에는 관심을 기우릴 필요를 느끼지 못했던 것입니다. 그래서 영의 일에 관해서는 대충 얼버무리거나 아니면 가장 원론적인 가르침만 제공하고 있습니다.

귀신의 역사에 관한 것 하나만을 예로 살펴보아도 성도들이 일반적으로 알고 있는 상식 수준의 지식으로는 실제로 귀신에 대항해서 아무런 일도 할 수 없는 것입니다. 우선 알고 있는 것이 그리스도인은 성령을 받았기 때문에 귀신이 들지 않는다는 것과 설령 귀신이 들었다고 해도 예수의 이름으로 쫓아낼 수 있다는 것입니다. 귀신들린 사람이 믿음을 가지고 예수의 이름을 의지하면 귀신은 두려워하면서 떠난다는 것입니다.

성령으로 충만하지 못하고, 영의통로가 열리지 않은 귀신들린 사람이 스스로 귀신을 쫓을 수 있다고 생각하는 것은 너무도 순진하고 무지합니다. 그리고 누구든지 예수의 이름으로 귀신을 쫓을 수 있다고 생각하는 것 역시 너무도 무지합니다. 바울이 두란노에서 2년간 사역하고 있을 때 놀라운 기적들이 많이 나타났습니다. 바울이 지닌 손수건을 환자들 몸에 올려놓아도 귀신이 떠나가는 일이 벌어졌습니다. 이런 일들이 입소문을 타게 되자 마술을 하는 유대인들이 시험 삼아서 예수의 이름으로 귀신을 쫓았습니다. 이런 일들을 지켜보던 제사장 스게와의 일곱 아들들이 자기들도 할 수 있겠다고 생각하고 예수의 이름으로 귀신을 쫓으려고 했지만 악귀가 오히려 덤벼들어 그들을 해쳤습니다.

악귀들이 '예수도 알고 바울도 알거니와 너희들은 누구냐?'라면서 그들에게 덤벼들자 그들은 옷을 벗긴 채로 달아났습니다(행 19:15~16). 심하게는 이렇게 봉변을 당하기도 하는 것입니다. 그러나 이런 예는 극단적이며, 대부분의 귀신들은 아무런 대항도 하지 않고 가만히 피해버리고 맙니다. 그런 귀신에게 예수의 이름으로 아무리 쫓으려고 해도 꿈쩍하지 않으며 소리 지르는 자신의 목만 아플 뿐이며, 괜스레 창피만 당하고 맙니다.

귀신들려 어려움을 호소하는 사람이 인터넷에 올린 글에 위로 차원으로 댓글을 달기도 하는데, 귀신은 그리 호락호락 물러나는 존재가 아닙니다. 원론적으로는 예수의 이름으로 쫓겨나며, 성령을 받은 사람에게는 귀신이 근접도 못합니다. 그러나 현실에서는 전혀 그렇지 않다는 것입니다. 예수의 이름을 아무리 들이대도 전혀 요동치도 않는 귀신 앞에서 당신은 어떤 생각을 할 것입니까? 그리고 성령을 받고 신앙생활을 하는 자신에게 귀신이 들렸다면 어떻게 되겠습니까? 어떤 사람은 귀신들린 까닭은 겉으로는 신앙인이지만 속으로는 불신자이거나 거듭나지 못했기 때문일 것이라고 말합니다.

이런 말을 하는 사람은 가뜩이나 귀신이 들려 고통을 당하는 사람에게 위로는 못될망정 더 가혹한 상처를 준다는 사실을 모르는 것입니다. 우리 속담에 '밥은 못 줄망정 쪽박은 깨지 말라'라는 말이 있습니다. 귀신도 못 쫓으면서 상처만 줍니다. 제가 쫓아낸 귀신들린 사람들의 경우 대부분이 목회자를 비롯해서 능력 사역 자들로부터 축사를 여러 차례 경험했으나 쫓지 못해서 절망에 쌓여있던 믿는 사람들이 많습니다. 이런 저런 축사 사역자들이 축 사를 했지만 귀신은 쫓겨나가지 않았습니다.

귀신은 이처럼 단순하지 않다는 것입니다. 그래서 귀신을 쫓 으려면 철저하게 연구하고 준비해야 합니다. 성령의 임재 하에 예수 이름으로 쫓는 것이지만, 그 과정이 단순하지 않다는 것입 니다. 이런 세부적인 방법들에 대해서 전혀 지식과 경험이 없는 사람들은 예수 이름이면 무조건 귀신이 두려워서 쫓겨 갈 것이라 고 생각하는 것입니다. 성경을 보십시오. 귀신은 예수에게 당당 히 도전하지 않습니까?

귀신은 예수께 "나사렛 예수여 우리가 당신과 무슨 상관이 있 나이까? 우리를 멸하러 왔나이까?"라고 반문하였습니다(막 1: 24). 예수께도 이렇듯이 당당하게 맞서려고 하는 귀신이 우리들 에게 고분고분하겠습니까? 절대 그렇지 않습니다. 그들은 자신 들이 할 수 있는 갖은 수단을 다 써서 축사자를 따돌리려고 합니 다. 그리고 능력이 약한 사역자에게는 거세게 도전하여 제압합니 다. 그리되면 영적으로 눌려서 기도도 못하고 혼미해져서 실패하 고 마는 것입니다.

성령을 받았다고 해서 귀신이 안 들어오는 것이 아닙니다. 귀신은 주님이 사역하시는 동안 항상 그 주변에 있었을 뿐만 아니라 사단은 하나님 곁에 서 있습니다. 사단이 예수만 보면 혼절해서 달아날 것이라고 생각하는 것은 너무도 무지할 뿐만 아니라, 귀신들린 성도들을 더욱 깊은 좌절로 내모는 결과가 됩니다. 귀신이 들린 성도들은 자신이 하나님으로부터 버림을 받은 것이 아닌가? 그렇다면 이제까지 신앙생활을 한 것이 도대체 무어란 말인가? 하는 깊은 갈등에 휘말리게 됩니다. 더 나아가서 불필요한 고통을 당하면서 살아가는 것입니다. 영적인 무지는 불필요한 고통을 야기합니다.

귀신이 들린 성도를 둔 가족들 역시 자신들의 신앙생활에 갈등하지 않을 수 없습니다. 예루살렘 망대가 무너져 사람들이 죽은 사건이 있었습니다. 그 사건의 희생자가 다른 사람들보다 결코 죄가 더 많았던 것이 아닌 것처럼 귀신들린 사람에게 성령이 없는 것이 아닙니다. 우리가 성령을 받았음에도 불구하고 계속 죄를 짓지 않습니까? 그 때문에 마귀로부터 지속적으로 유혹에 시달리지 않습니까? 그럼에도 불구하고 성경은 우리들을 거룩한 백성이라고 주장하고 있습니다.

귀신들린 사람이 우리보다 특별히 죄가 많고, 성령이 충만하지 않기 때문이라고 생각하지 마십시오. 우리는 도토리 키 재기입니다. 그 차이는 미미할 뿐입니다. 도대체 어떤이는 귀신이 들리고, 어떤 이는 안 걸리는지 우리는 알 수 없습니다. 마치 질병에 걸리는 것과 같다고 할 것입니다. 원론적으로는 건강관리에 소홀히 하면 질병에 걸리는 것이지만 절대는 아닙니다. 평생 신실한 신앙생활을 하고 건강관리도 꾸준히 한 장로가 폐암에 걸렸습니다. 그런데 평생 술만 먹고 방탕하게 지내는 사람인데도 여전히 건강합니다.

어떤 일에 전문가가 되기 위해서는 적어도 10년 이상 그 일에 몰입해야 합니다. 그래도 아는 것이라고는 자신이 아직도 멀었고, 아는 것이 없다는 사실을 깨닫는 정도입니다. 그런데 이런 과정도 전혀 밟지 않은 문외한이나 다름이 없는 사람이 어러쿵, 저러쿵 말하는 것은 무지하기 때문입니다. 영의 일은 고도의 전문성을 요구하는 일입니다. 미묘한 차이를 극복하지 않으면 올바른 사역을 감당하기가 쉽지 않습니다. 우리가 하나님의 음성을 듣고자 할 때 내 생각인지 성령의 생각인지 도무지 구분이 되지 않아 힘들지 않습니까?

제가 자세히 설명을 해 주어도 감이 잡히지 않습니다. 축사를 할 때 사역자에게 느껴지는 미미한 느낌들을 극도로 예민하게 달련된 지각을 사용해서 점검하고 분별하려는 노력을 하게 됩니다. 그리고 마음속으로 이 귀신을 어떻게 쫓아낼 것인지를 판단하게 되고, 그런 다음 성령께서 자신에게 주신 권세와 능력을 효율적으로 사용해서 집중적으로 귀신을 공격해서 단번에 제압하게 됩니다. 귀신은 이렇게 저렇게 축사자를 속이려고 하지만 실패하게 되자 그들은 미련을 품고 떠나게 됩니다.

말로 하면 단순한 이 작업을 몸에 익히기까지는 많은 노력이 필요합니다. 대부분의 과정을 성령께서 하시지만, 그 성령의 역사에 사역자가 호흡을 정확히 맞출 수 있다는 것이 결코 쉬운 일이 아닙니다. 축사와 치유 사역은 현실적인 것입니다. 그 효과가 바로 눈으로 볼 수 있도록 나타나는 것이기 때문에 말이 필요 없습니다. 그래서 주님은 바리세인들에게 이런 질문을 던졌습니다. "'네 죄가 용서받았다'는 말과 '일어나 자리를 들고 걸어가거라'는 말 중 어떤 말이 더 쉽겠느냐?"(막 2:9).

죄가 용서 받았는지는 우리로서는 알 수 없습니다. 그러나 자리를 들고 일어나라고 하는 말은 눈으로 확인이 되는 현실적인 것입니다. 그런데 주님은 우리들에게 죄를 용서 받았다는 말보다 자리를 들고 걸어가라는 말이 훨씬 더 쉽다는 사실을 일깨워주셨습니다. 왜냐하면 죄를 용서 받았다는 사실을 아는 것은 오로지 주님만이 할 수 있는 일이기 때문입니다.

우리는 주님만이 할 수 있는 일을 더 쉽다고 생각합니다. 왜냐하면 증거가 즉시 나타나지 않기 때문입니다. 축사는 이렇게 하는 것이고, 치유는 저렇게 하는 것이다. 라는 말을 쉽게 합니다. 실제로 그렇게 하지도 못하면서 말입니다. 그런 말을 하는 사람들은 할 줄은 몰라도 원리는 안다고 말할 것입니다.

그러나 원리가 현실에 적용되기까지 얼마나 많은 과정이 있다는 사실은 모르고 있고 아무도 이에 대해서 가르쳐주지 않았기 때문입니다. 식자재만 있고 요리책만 있으면 그걸로 누구나 맛있는 요리를 할 수 있을 것이라고 생각하는 것과 같습니다. 세상일이란 우리가 생각하는 것처럼 그리 단순한 것이 아니듯이 영의 일도 그렇습니다. 그래서 그 일을 할 줄 아는 전문가에게 배워야 하는 것입니다. 전문적인 분야는 전가의 도움을 받아야 합니다. 우리가 세상의 병원에 가더라도 전문이의 특진을 받아야 마음이 편안하고 믿을 수 있지 않습니까? 영적인 일은 전문적인 일입니다. 아무나 할 수 없는 일입니다. 영적인 일과 문제는 될 수 있으면 빨리 전문가와 상담하여 해결하는 것이 치유의 지름길입니다.

얼마 전에 지방에 있는 어느 목사가 저에게 전화를 했습니다. 책을 읽고 은혜를 받고 있다는 것입니다. 그런데 문제가 있다는 것입니다. 자신에게 신유은사가 있어서 신유 사역을 하는데 어느 정도까지는 치유가 되는데 더 이상 진전이 되지 않는다는 것입니다. 자신이 노력은 많이 하는데 잘 되지 않는다는 것입니다. 이유가 무엇인지 알고 싶다는 것입니다. 제가 이렇게 대답을 했습니다. 목사님의 수준이 거기까지입니다. 더 깊은 사역을 하고 성도를 영적으로 변화시켜서 하나님의 군사가 되게 해야 합니다. 그렇게 되려면 주변에 체험이 있고 말씀과 이론에 박식한 전문 목회자에게 찾아가서 말씀을 듣고 기도하여 심령을 정화하라고 했습니다. 사역자도 전문 사역자의 도움을 받아 수준을 올려야 합니다. 혼자 앉아서 기도한다고 노력한다고 되지 않습니다. 지금 하나님은 사람을 통하여 역사하시기 때문입니다.

이 책을 통해 예수님이 땅끝까지 전파 되기를 소원합니다.
(출판으로 인한 이익금은 문서선교와 개척교회 선교에 사용합니다.)

신령함과 권능을 개발하는 법

발 행 일 l 2014.06.18초판 1쇄 발행

지은 이 l 강요셉

펴 낸 이 l 강무신

편집담당 l 강무신

디 자 인 l 강은영

교정담당 l 원영자 최옥희

펴 낸 곳 l 도서출판 성령

신고번호 l 제22-3134호(2007.5.25)

등록번호 l 114-90-70539

주   소 l 서울 서초구 방배천로 4안길 20(방배동)

전   화 l 02)3474-0675/ 3472-0191

E-mail l kangms113@hanmail.net

유   통 l 하늘유통. 031)947-7777

ISBN l 978-89-97999-23-1 부가기호 l 03230

가   격 l 18,000원